兩性教育
Gender Education

劉秀娟／編著

林　序

「天地之始，肇端陰陽，家庭之始，起於夫妻。」一個家庭的形成，一個社會的建立，均需依賴兩性的攜手與共同努力。兩性都是獨立的個體，在成長和教化的過程中也均應受到平等對待。然而，觀察現今社會，女性的確因為遭受到差別待遇而難以為國家社會提供更多的貢獻，這實在是相當可惜的事，也妨礙了國家的發展。

民國八十四年，我在中國國民黨中央婦女工作會服務期間，即與一群致力兩性平等的朋友們，將長久以來的觀察轉化為一股實踐的力量，編制公佈《婦女政策白皮書》，並循此推動，期待能夠經由社會的反省，促進婦女權益的提昇。欣慰的是，我們因此凝聚了更多的共識與力量。現今，我們希望這股反省的精神與實戰的力量能以文化及教育的方式，落實在社區發展與社區文化中，因為兩性平等教育絕不能等到幼兒長大之後進入學校才開始，在家庭、社區教育中就必須及早學習。

目前，無論是教育體系或是社會福利體系，都察覺到兩性不平等帶來的衝擊，同時也清楚地體認到，一旦缺乏長久適切的兩性教育工作，更容易助長嚴重的兩性問題。教育工作不僅可以達到矯治功能，更具有預防作用，同時也有較長遠的影響作用，然而這是必須由家庭、學校、社會共同合作努力以赴的，這是一整個團隊的教育工作。

劉秀娟女士和我討論了撰寫此書的動機與期待，也分享了收集資料歷程中的種種觀察，透過這些資料的分析，更覺得兩性平等的教育或運動，並不是爲爭取單一性別的權利，或是挑戰另一性別的權力，而是希望每一個人，自幼在發展歷程中，即能瞭解自己與他人之別而尊重別人，男女兩性應互助而非互相剝削，或在性別上惡性競爭。促使每個人都有發展的能力，並且都能適性發展是我們對兩性關係與平等教育的理念。很欣慰自己的學生多年來爲了理想而努力學習與付出，更期待兩性共榮共存的平等理想，能藉此書落地生根，帶來更多的實踐力量。

林燈枝

民國八十六年四月廿二日

自　序

　　基於長久以來的觀察與體驗，我對兩性之間的「關係」一直充滿了好奇與反省，特別在我接觸了M. Heidegger和J. Habermas的論述之後，更讓我覺察個體如果不能在現存角色中理解存在的意義及文化情境脈絡的限制，將失去生命存在的樂趣與意義。

　　這並不意謂著個體必須在性別角色中作出類似接受或顛覆的抉擇，而是提醒每一被「拋入」現存社會中的個體正視自身的角色，在不斷地反省中發現自身的潛力，從而協助自己適性發展，性別不應只爲標記，更應成爲個體發展的獨立特色之一，是不受差別待遇意識型態所左右的。

　　在學習路上，我一直沒有放棄探索、觀察與實踐，也在多重角色的生活中，察覺推動兩性平等與尊重的必要性，我曾經陪伴許多掙扎於性別不平等待遇及經歷親密關係之間暴力的朋友們走過艱辛的路，當然我也在這條學習及實踐的歷史線上得到許多朋友的扶持，但是這些經驗却也讓人更感孤獨與無力。很明顯的，我們期待的不只是這樣的社群力量，我們需要的是社會中所有社群（無論優勢或弱勢）發揮團隊精神與力量，共同來建構一個尊重兩性平等的社會資源網絡。

　　本書期待透過觀察與反省來提醒讀者對現況的頓悟與省思，因爲我們常在習慣中忽略生活的意義或漠視他人的需求與掙扎。

因此兩性教育若能由尊重個人（自己及他人）開始，置平等於互動關係中，那麼性別之間的親密、依附和愛才不致成為枷鎖。此外，希望以現有相關法規的參考附錄來提醒現階段的兩性關係教育不能只放在引導與教學，因為協助讀者瞭解兩性互動的行為後果與影響也是必要的教育價值。

這本衍生著作能夠付梓，感謝所有師長、家人及朋友們的鼓勵和協助，揚智文化事業股份有限公司葉忠賢先生的支持和閻富萍編輯的費心，關秀君小姐為本書所設計的漫畫作品，以及黃郁凱、彭日伸、彭曉婷、陳妍廷、陳昱兆、柏思彤所提供的彩圖照片，都使本書更具可讀性，在此一併致謝。同時也感謝自出版以來，各位師長先進與讀者們的包容、鼓勵、給予嘗試及成長的機會，殷殷敦促與指正，實為恩典，後學銘記於心並珍惜。

身為學習者與教育者，我的沈重來自於對自己能力限制與潛力的逐步瞭解，然而我深信如果不在學習歷程中嘗試實踐自己的理想，終將成為失去回饋力量的觀察者，並且喪失在對話中成長的機會，衷心地期待各位先進能不吝指正與提醒，因為——努力的人仍在路上。

劉秀娟

一九九八年二月

目　錄

第四篇　兩性關係與教育的省思

圖　次

表 次

專欄次

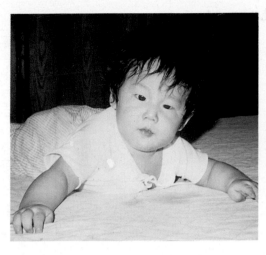

這些幼兒是男孩或女孩？
你如何來判斷？

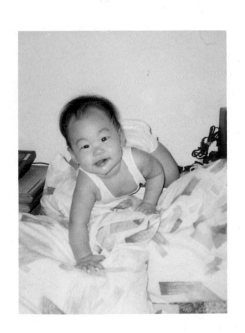
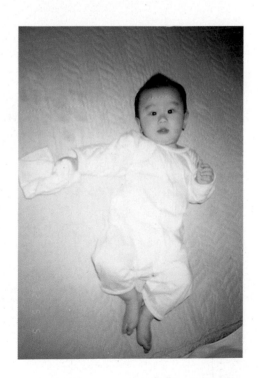

女孩的典型裝扮與外型

男孩的典型裝扮與外型

男孩的典型印象——即使穿了粉紅色上衣，我們
仍會推論男孩愛玩車子

有違傳統性別印象的男孩，其所受到的
壓力是極大的

對許多女孩來說，似乎這是社會化歷程中的重要經驗

男孩被期待為獨立的，女孩被期待為依賴的、可（被）照顧的

全球愛滋疫情

烏克蘭

在 1995 年，黑海城市尼可拉耶夫的毒品使用者感染比例從 1.7% 暴漲至 56.6%

美國

X 世代成為新的愛滋人口。在舊金山、紐約和匹茲堡，約有 8% 的 17-22 歲之同性戀與雙性戀男子感染愛滋

撒哈拉南部

全世界 63% 的愛滋人口集於此

拉丁美洲與加勒比海

婦女與孩童罹患愛滋比例上升。在巴西聖保羅的性病中心內，男性 HIV 感染比例自 1993-1994 年都很穩定，但女性感染人數增加五倍

愛滋疫區	北美	拉丁美洲	加勒比海	撒哈拉南部	北非及中
感染人數	750,000	1,300,000	270,000	14,000,000	200,00
1992 至 1996 感染人數增減	-13%	43%	47%	37%	46%
愛滋人口中女性占的比例	20%	20%	超過 40%	超過 50%	20%
15 歲至 45 歲人口中感染愛滋的比例	0.5%	0.6%	1.7%	5.6%	0.1%
1996 死亡人數	61,300	70,900	14,500	783,700	10,80
主要傳染途徑	1 男同性戀性行為 2 靜脈毒品注射及異性戀性行為	1 男同性戀性行為 2 靜脈毒品注射及異性戀性行為	異性戀性行為	異性戀性行為	1 靜脈毒品 2 異性戀性

彩圖一　全球愛滋疫情分布情況

資料來源：「UNAIDS」. 1996 年 12 月., 引自《解讀時代美語雜誌》. 1997, 二月號 .pp.42-43.

俄羅斯
在 1994 年，靜脈注射毒品者的 HIV 測驗並未發現呈陽性反應者。但兩年後在 45,507 名受測者中有 190 人呈陽性反應

中國大陸
感染者數目自 1993 年的一萬人增至 1995 年的十萬人

前蘇聯
在不作防護的性愛氾濫之下，性病比例激增。世界衛生組織怕 HIV 病例會迅速增加

緬甸
娼妓感染率自 1992 年的 4% 上升至 1995 年的 18%

印度
孟買的娼妓有 50% 感染。可能因為卡車司機及流動性工人的傳播，鄉村地區也已出現病例

泰國
防治措施使男性感染率降低，但婦女與兒童感染率則上升。每年約有 6,400 名兒童感染

越南
娼妓感染率自 1992 年的 9% 上升至 1995 年的 38%

蒲隆地與盧安達
非洲最早發現 HIV 的地區之一。懷孕婦女感染率超過 20%

巴布亞新幾內亞
太平洋區感染比例最高，四百萬人口中就有四千人感染

非
93-1995 年，自由省孕女子感染率自 4% 升至 11%

柬埔寨
自 1991 至 1995 年，金邊捐血者 HIV 陽性反應的比例自 0.1% 暴漲至 10%

馬來西亞
娼妓感染 HIV 比例自 1992 年的 0.3% 上升至 1995 年的 10%

西歐	中歐、東歐及中亞	南亞及東南亞	東亞及太平洋地區	紐澳
510,000	50,000	5,200,000	100,000	13,000
2%	238%	261%	658%	-14%
20%	20%	超過 30%	20%	20%
0.2%	0.015%	0.6%	0.001%	0.1%
21,000	1,000	143,700	1,200	1,000
靜脈毒品注射及異性戀性行為男同性戀性行為	1 男同性戀性行為 2 靜脈毒品注射	異性戀性行為	1 靜脈毒品注射及異性戀性行為 2 男同性戀性行為	1 男同性戀性行為 2 靜脈毒品注射及異性戀性行為

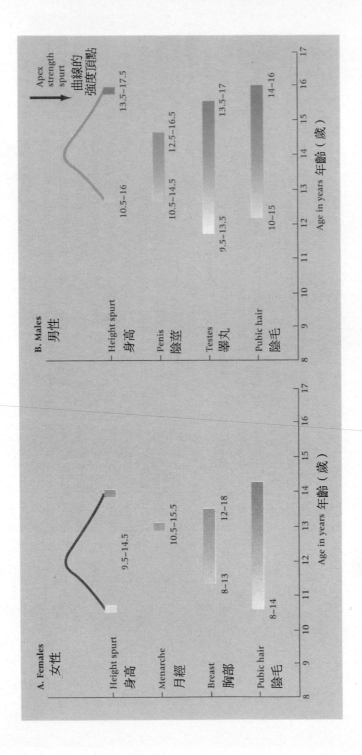

彩圖二　女性與男性部分生理發展比較

資料來源：J. M. Tanner, 1990. *Fetus into Man : Physical Growth from Conception to Maturity* .
引自 D. R. Shaffer, 1996. p.184.

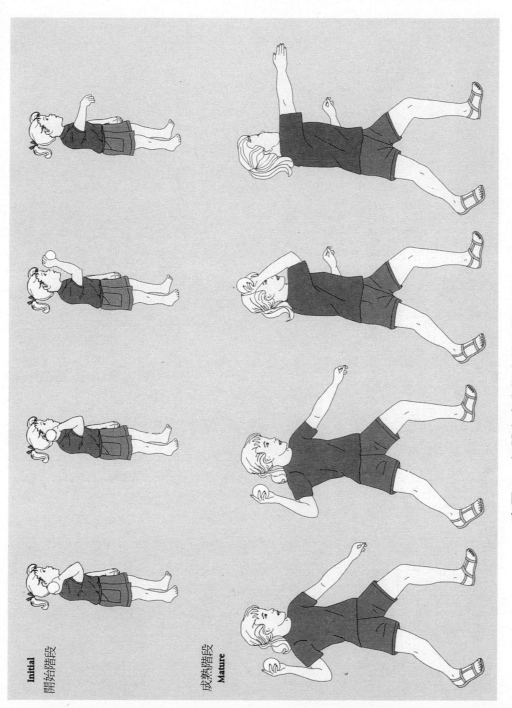

彩圖三　個體在青春期之前丟擲能力的發展情況
資料來源：D. R. Shaffer , 1996. *Developmental Psychology* . p.181.

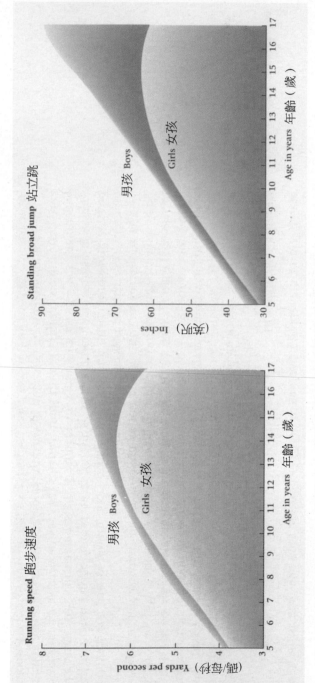

彩圖四　兩性在跑步速度和站立跳的比較

資料來源：D. R. Shaffer, 1996. *Developmental Psychology*. p.181.

第一篇

導　論

第一章
性別角色與性別刻板印象

威：老師，皓皓用水潑我……。

皓：他罵我呀，而且一直笑我！

威：本來就是啊，皓皓是女生啊。

皓：我不是女生！你才是咧。

威：哈哈哈，我站著尿尿吔，老師，皓皓坐在馬桶上尿尿，好像女生一樣啊！

皓：我不是女生啊……人家累了啊，我想坐下來嘛……我還是用陰莖尿尿啊……

——劉秀娟，1995，台北

這是一段觀察記錄，你覺得有趣嗎？如果是，為什麼？在閱讀完這一章之後，希望你能找到答案。其實在分享這段對話的時候，我們已經開始在探索兩性關係中性別的一些基本概念了。在日常生活中，我們常常會說「男性」、「女性」，並且根據某些因素來作這樣的區分，例如穿著打扮（她穿裙子、波浪般的長髮）、生理特徵（他有喉結、她的月經來了）、工作性質（男醫師、女護士）、行為舉止等。這樣的區辨，有些是來自生理上的判斷，有些則是來自我們對男性化及女性化特質的一種主觀感受及認同。事實上，我們一般所稱的「性別」包括了兩個部分：一是性（sex），另一則是性別（gender）。

在這一章，我們將先釐清性別的定義，從生物學與社會建構的角度來討論性別，並且藉由理論的論點來看性別認同及發展，瞭解為什麼你知道自己是男性，或是女性。接著我們將討論男性化特質與女性化特質，在本章最後的篇幅中，我們將會探討一些有關性別刻板印象的看法與資料，也就是討論我們對男性及女性應該如何表現（即性別角色）的一些觀點。

性別認同與發展

一、性別的定義

性別（gender），也就是我們常稱呼的男性（male）與女性（female）的形成原因，有些人認為是來自於生物學的原因，例如染色體X或Y；有些人則認為性別是由社會所建構而成的，亦即每一個社會、文化都會對男性與女性這兩個名詞加以創造出屬於該社會、文化的意義。例如在中國社會中，「男主外女主內」是一項極為傳統的性別角色期待。而我們所討論的性別，基本上包括了這兩部分：性與性別。

性與性別之間有什麼差異呢？雖然在日常使用上，這兩個字眼通常是可以互換的，但是在許多重要的特質上，兩者仍然是相當不同的。性是生物學上的語彙，一個人是男性或者是女性，是因為他們的性器官與基因而定。相對來看，性別則是心理學上與文化上的語彙，是每個人對於自己或他人所具有的、顯露的男性化與女性化特質的一種主觀感受（可視為一種性別認同）。性別，同時也可以說明社會對男性行為及女性行為的一種評價（可視為性別角色）。個體的行為表現與社會上對男性化和女性化定義的相關程度，則稱為性別角色認同（gender role identity）或是性別類型（sex typing）。例如，一位中年女性每天出門上班前必定花半小時的時間化妝，並且換上有跟的鞋子才出門，只因為在她所屬的社會文化中，認為女性應化妝並且裝扮恰當得體才符合女性的角色，而她也如此認為，那麼我們會認為這位女性，對於性別角色的認同是很高的。一般來說，不論男性或是女性，在生命的歷程中，都能夠改變他（她）們原先所依循的性別類型特徵或

性別角色的認同。

　　想要區分性與性別的不同，必須先知道一位女性或一位男性兩者在生物層面及社會層面之間的差異。通常，我們會假定男性與女性的外顯行為以及性格之所以不同，是因為性的不同。換句話說，這些差別是來自於生物學基礎的解釋，例如對一位中學教師來說，當班上一位女學生向老師表示腹痛難耐，老師多半會詢問：「是不是月經來了？」如果前來請假的是一位表示腹痛難耐的男學生，老師多半會問：「是不是吃壞了肚子？」而不會問他：「是不是月經來了？」這是因為面對中學學生腹痛難耐的行為，我們會先以性（生物學的）的差別來作該行為的判斷或解釋。但是根據Basow（1992）、Rhoda Unger（1989）等資料顯示，男女兩性在行為及性格上的差異，大多是由社會因素所造成的，例如社會化（socialization）、社會酬賞、個人出生背景因素及他人的期待等。

　　Rhoda Unger（1989）曾指出，在新興的性與性別心理學中，男性與女性被視為是社會所建構的產物，他們藉由自我表現出來的性別類型來確定自我的性別，並且在不同的社會角色和位置中，表現出男性或女性的特質；然後，持續地表現這些行為或特質，好讓自己能滿足於內在的自我一致性需求，並且符合社會的性別角色期待。由此可知，「性別」是由人（社會）所建構的，是來自歷史、文化，以及心理歷程所共同塑造而成的。舉例來說，美國人把牙醫師這個職業視為一項男性專業，確實在今日的美國社會中，大部分的牙醫師都是男性（Basow, 1992），但是在瑞典，多數的牙醫師為女性，而且牙醫師被視為是女性專業。由此可知，身為牙醫師所需的專業技術並沒有男性與女性的區別，所有的差異（如視為男性專業或女性專業）是來自其所屬的社會為它貼上的性別標籤罷了。

　　在我們所探討的兩性關係中有關性別的部分，正如同先前所

提及的，包括了性與性別；也就是說，我們常稱的男性和女性的稱謂，是涵括了生物學上的性及心理上的、社會的及文化的性別層面，因此由這個角度去思考，我們可以瞭解，當個體（包括我們自己）在生命初始受精的一剎那，生物上的性（sex）就已經在基因中決定了，而個體要瞭解到自己是男性或是女性，以及如何形成性別（gender）概念，則必須透過成長、發展及社會化的歷程學習而來。

二、性別認同與發展

從發展心理學的角度來看，性別認同（gender identity）是會隨著幼兒認知能力的發展而漸漸達成（Kohlberg, 1966；Shaffer, 1996），透過這樣的發展歷程及其所屬社會環境下的社會化過程，幼兒瞭解自己的性別，也體會與性別有關的行為，如對衣著裝扮、遊戲類型和生涯規劃、理想等的性別期待，換句話說，這一察覺自己性別，並且表現出符合自己性的動機、價值和行為的一致性之發展歷程，即性別形成（sex typing）的歷程（Shaffer, 1996：504）。Newman和Newman（1986）、Shaffer（1996）指出個體性別概念的理解與發展可以分為四個階段：第一個階段是正確地使用性別標誌（sex label）；第二個階段是理解性別是具有穩定性（gender stability）；第三個階段是理解性別是具有恆定性（gender constancy）；第四個階段是指對生殖器（生物學上的性）有基礎的理解。

㈠性別認同的發展

● 階段一　正確使用性別標誌

在這個階段的幼兒（約學步期到二歲左右）習慣了別人稱他為男孩（或女孩），他就會把這男孩的標誌跟自己聯結，如同在聯結自己的名字經歷一樣，因為這時候的幼兒是透過符號表徵來代表物體、人的認知發展階段，因此，幼兒也根據他人的衣著、髮

型、特定行為來判斷其為男性或女性，而這些判斷的規準則為明顯可辨的性別標誌。例如穿裙子的是阿姨，穿長褲短髮的是叔叔等。陳皎眉（1996）指出，這時候的幼兒雖可正確使用性別標誌，但尚不能確認自己的性別，要到二歲半、三歲左右，才會進入基本的性別認同階段（basic gender identity），知道自己是男生或女生。

● 階段二　理解性別是穩定的

在這個階段的幼兒（約四歲左右），知道性別是穩定的，也就是說，幼兒會瞭解：豪豪是男生，他長大以後會變成男人，然後會變得像豪豪的父親一樣；柔柔是女生，長大會變成女人，然後就變成母親。對幼兒來說，現在是男生，以後長大就會變成男性成人的角色，然而，這時候的幼兒會認為只要豪豪願意，他可以因為改變髮型（如留長髮）、穿著（如穿了裙子）或行為活動（如喜歡對鏡擦口紅）而變成女生，並進而改變性別（變成母親）。所以這階段的幼兒對性別的概念是處於理解性別具有穩定性的階段。

● 階段三　理解性別是恆定的

在這一階段的幼兒（約六、七歲左右），會理解性別是恆定一致的，不會因為個人的穿著、外表和情境的改變而改變。例如豪豪即使穿了裙子、留了長髮，仍然是男生，幼兒不會認為豪豪會變成女生，長大會變成母親，因為幼兒在這個階段已開始具有物體恆存性的認知能力，他或她已瞭解這些性別標誌的改變，仍不會使男生的豪豪變成女生，同樣地，柔柔玩小汽車或聖戰士（一般視為男孩玩的玩物）也不會因而變成男生。

● 階段四　性別有生殖器基礎

七歲以後的幼兒，會知道因為身體結構上的差異，所以與異性在性別上有所差別，並且知道自己與同性之間的相同之處。例如豪豪會知道自己因為有陰莖所以是男生，柔柔沒有陰莖但是有

表 1-1　性別認同與發展

階段	年　齡	性別概念	Piaget 認知發展能力	典型範例
一	學步期至二歲左右	性別標誌的使用	·象徵符號的認知（感覺動作期）已發展原始的符號，物體概念完備（如語言）來界定人、物，並會預期結果	·豪豪玩車車是男孩；柔柔穿裙子是女孩
二	四歲左右	性別是穩定的	·運思前期 單向思考，並集中在較明顯的外觀上；特定物之間的推理	·豪豪是男孩，長大了會變成父親
三	五至七歲左右	性別是恆定的	·具體運思期 具可逆性及恆存概念	·豪豪即使穿裙子仍然是男孩
四	七歲以上	性別具有生殖器基礎	·具體運思期 具可逆性及恆存概念；具可易（替代）概念	·豪豪因為有陰莖，所以是男孩

子宮和陰道，所以是女生，因為這些生物上（身體結構上）的不同，所以幼兒會對性別的概念有更深的理解，知道男生與女生除了性別標誌、穩定性和恆定性之外，仍有基本上的生殖器差異存在。而也會使幼兒對生殖器相同的同性產生性別認同，並影響與性別有關的行為。

　　由**表 1-1** 可以發現，幼兒的性別認同與發展和認知能力有著相對應的關係。當幼兒在將他人對他的性別稱呼和自己聯結在一起之後（就如同別人喊「豪豪」，他會自然回應的反應一樣），他也會以性別標記來判斷別人是男孩或女孩，隨後，他瞭解了性別的穩定性之後，就會開始認同自己親長（李美枝，1994：288），稱之為「親長倣同」，即會有「我是男的（女的），我要做男人（女人）的事，我要像父親（母親）一樣……」的想法，並且開始認

同同性的角色與行為。當幼兒發展了性別永恆性的概念之後，即等於具備了可逆性及恆存概念，而瞭解即使自己換穿異性衣物或玩具，仍不會失去原有的性別。而七歲左右的幼兒，則瞭解前述階段的性別概念，並知道生理的性差異（如本章開始時皓與威的對話）是自己與異性真正不同的地方。

那麼，除了生物學上性的差異之外，究竟個體是如何發展前述的性別概念呢？在討論了性別認同的發展歷程之後，我們可以透過部分相關的理論來探究性別角色的議題。性別角色（gender role）是性別所反映出來的行為期待；也就是指社會、文化根據性別，為其所屬個體所規劃的行為腳本（陳皎眉，1996：13），即男性（女性）應扮演哪些角色，有哪些行為的要求規範與期許，而個體在發展的過程中，透過社會化學習到社會、文化中對於兩性角色及其行為的信念、價值觀和行為模式。

(二)性別角色的發展

關於性別角色的發展過程，在心理學上有幾種看法，可以協助我們瞭解個體是如何接受並且遵循社會的價值觀。

● Freud的心理分析（psychoanalysis）

在Freud的心理分析中有關性格發展理論（theory of personality development）的部分，提出了與性別角色發展有關的三個基本思想：一、強調兒童期與嬰兒期的重要；二、提出並強調潛意識（conscious）中許多動機（motive）對人的行為的影響；三、人對內在焦慮（anxiety）的防衛機制（defense mechanisms）若運作不當則會造成異常行為（張欣戊，1990：218）。與這三個基本思想有關的即個體的性（sexuality）需求。在Freud的理論中，性為一種生存及延續生命的本能，即指生命的原力，稱為性力（Libido或Libidinal Eneregy），而性力在個體的發展過程中是時時存在的，並會促使個體尋求發洩的方式來因應性力匯集所形成的緊張，並獲得滿足。

表 1-2　Freud 性的本能及需求（男孩）

階　段	年　齡	性力需求 部位	性力的滿足方式
口腔期（oral stage）	一歲左右	口部	・刺激口腔及周邊位置
肛門期（anal stage）	二至三歲	肛門	・控制肛門的肌肉，收縮、 排放排泄物的刺激感
戀母忌父期 （Oedipal stage）	四至六歲	生殖器	・撫弄、摩擦生殖器
潛伏期 （latency stage）	七歲至青 春期	潛意識	・性力在潛伏中，不再對自己 身體或母親感到興趣，而擴 展至關切周遭事物上
生殖期／性器期 （genitial stage）	青春期以 後	年齡相似的 異性	・性交

　　這些獲取滿足的方式會因年齡而異，如表 1-2 所示。在其中戀母忌父期（即三、四歲至六、七歲左右），幼兒的性力集中在性器官，不但對自己生殖器有高度自覺，同時也有極強的性欲。Freud 認為這階段的幼兒對母親有強大的占有欲，並且視父親為競爭對手，希望父親消失，却又擔心強大的父親會報復而切除自己的陰莖，而產生了閹割焦慮，在此焦慮中不免又擔心自己渺小而無力對抗，所以幼兒產生了一種巧妙的心態來化解自己的焦慮，即將自己變得和強勢敵人（父親）一樣強大，這也形成了 Freud 所謂的「認同強者」（identification with the aggressor）（張欣戊，1990：218），這正說明了男孩認同性別角色的歷程。對女孩來說，認同的歷程因為沒有閹割焦慮存在，所以較為緩和，但是認同母親的基礎點則是為了取悅父親。

　　由表 1-2 可發現，以 Freud 有關性心理的發展過程來解釋個

體性別角色發展的歷程，似乎是具有一定程度的解釋力，但相關資料也指出這樣的理論觀點仍受到極大的質疑及爭議（請參考張欣戊，1990；陳皎眉，1996等資料更進一步的討論）。

• Bandura的社會學習論（social learning theory）

Bandura認為個體的行為可以透過觀察（observation）而進入模仿（imitation）具體行為，然而在此之前個體有四項基本能力必須在發展上已經達到準備度（readiness）（Spodek & Saracho, 1994）：(1)能注意觀察被模仿對象的行為細節；(2)能記憶所模仿行為的行為特徵及細節；(3)能呈現出行為特徵及細節；(4)能在外在或內在增強作用之下表現出特定的模仿行為。由這個理論的角度出發，個體的性別角色的發展是來自於幼兒模仿成人各種合乎自己性別角色的行為，因此這是一種社會學習所獲得的社會行為。

幼兒會透過觀察而習得性別有關的行為，但是在幼兒所觀察到的行為中，並不一定全部會模仿、表現出來，這與該行為的表現是否受到增強（reinforcement）有關。例如，豪豪知道自己是男生（大家都說他是男生），他發現哥哥、爸爸、叔叔都留著短髮，和女生的髮型不同，每當他跟爸爸或媽媽去整理頭髮時，對於髮長他都沒什麼意見，只是坐著觀察滿屋子留著各種不同髮型的人，反正頭髮長了就有人替他修剪。直到有一天他隨爸爸就近到一家男士理容院剪髮，他發現裡面都是男性……突然旁人稱讚：「哇！好帥的小男生啊！到男生的理容院剪的頭髮好酷啊……這才像男生啊！」此後，他不願意到媽媽常去的美髮院整理髮型，而堅持和爸爸一樣到男士的理容院。我們可以說旁人的那一席話，對他後來性別角色及行為發展具有增強作用，這是一種學習的歷程。

• Kohlberg的認知理論（cognitive theory）

Kohlberg是以Piaget的認知論為基礎，針對心理分析與社會

學習論的缺失提出性別角色發展歷程的看法。認知理論認為個體
會去模仿或認同某一種性別，是因為其意識並認同了自己的性
別，發展出性別概念與認同，這是一種認知能力（如**表 1–1** 所示）。
換句話說，幼兒先認識了自己的性別，然後發現自己與同性成
人之間的相似性，進而模仿同性成人的行為。例如，豪豪在親子
共浴的時候，發現父親和自己一樣都有陰莖，但母親沒有，而且
母親的乳房比父親大，就會知道自己和父親為同一性別，而開始

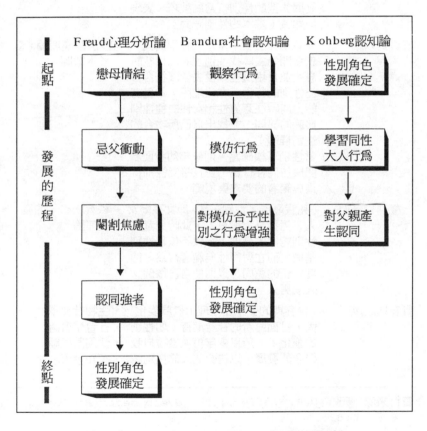

圖 1-1　性別角色發展的不同解釋（男孩）
資料來源：修改自張欣戊,1990.＜性別角色的形成＞，p223.

表 1-3 性別概念形成歷程的整合性理論觀點

發展階段	事件和結果	主要理論觀點
潛伏期	·胎兒發展出生物上的男女特徵，以及當嬰兒出生他人所給予的回應	·生物社會學（參考第三章圖 3-24 ）
出生到三歲	·父母或他人對嬰幼兒貼上男或女的標籤般（如柔柔是女生）。幼兒不斷地被提醒自己的性別，並且開始發展性別一致性行為，不鼓勵異於性別的行為。這些社會經驗使幼兒發展典型的性別行為的技巧、表現與知識（基本的性別認同）	·社會學習論（不同的增強作用）
三歲到六歲	·一旦幼兒發展了基本的性別認同，就會開始去尋找性別差異的相關訊息，並且由這些基模去發展符合自己性別的行為。在這階段，幼兒有能力同時注意男性和女性二種性別典範的異同，並找出自己所吻合的性別群體 ·當性別基模確定，則較年幼者便展開模仿同性行為，並且接受性別行為典範者的要求與規範	·性別基模理論（參考本章圖 1-2 ）
七歲到青春期	·兒童發展了性別一致，即女孩變女人，男孩長大變男人，此時兒童在性別認同的發展上，較不依賴性別基模，而在對同性典範者行為、態度 正的認同，以期使自己像個女人或男人	· Kohlberg 的發展理論
青春期之後	·青春期的少年在生理上發展變化大，且面臨新的社會期待（如性別的強化），所以少年再次檢視自我概念的發展，以符合成人的性別認同	·生物社會學 ·社會學習論 ·性別基模論 ·認知發展理論

資料來源:修改自 D.R. Shaffer,1996.*DevelopmentalPsychology*. p.531.

表 1-4　嬰幼兒性別概念的發展

年齡（月）	已具備的能力
6	‧分辨男性或女性的臉
6	‧分辨父親或母親的臉
12	‧覺察相同性別的類似標誌
15	‧發展出非明確特定的口語的性別標誌
16	‧發展叫「爸爸」、「媽媽」等明確特定口語的性別標誌
18	‧發展符合同性性別的玩具及活動偏好
24	‧發展自我圖像的認同
24	‧非特定明確的稱呼男孩和女孩
26	‧確認男女性對成人的分類
30	‧對有關刻板的態度、行為及角色發展出性別標誌
30	‧偏好描畫同性幼兒
31	‧口語上的性別分類（性別認同）
33	‧偏好同性玩伴
36	‧明確分辨男女性別的幼兒

資料來源：V.B. Van Hasselt, and M. Hersen,1992.*Handbook of Social Development:A Lifespan Perspective*.p.333.

觀察關注父親的行為，並加以模仿，例如站著小便、穿長褲、喜歡玩車子等。

　　綜觀這三個解釋個體性別角色發展的理論，如同張欣戊（1990：222）所指出的，Kohlberg的認知理論是將幼兒對自己性別的認知、概念作為性別角色發展的起點，而心理分析及社會學習理論則視為終點，發展的歷程差異可由**圖 1-1** 發現（以男孩的性別角色發展為例）。

　　最後，綜合前面所提到的一些理論觀點，或許我們可以對性別概念的形成歷程以Shaffer（1996：531）的資料來作一個統整，如**表 1-3**。此外，你也可以參考**表 1-4** 有關嬰幼兒的性別概念發展情況，與**表 1-1**、**表 1-2**、**表 1-3** 作一對照。

　　理論的分析，可以提供我們對個體行為的解釋與瞭解，不同

的理論自然各有其探究的重點與基礎（許多學者相信部分理論具有預測人類行為或解釋其因果關係的功能）。所以，透過前面數種較常被使用來解釋性別認同、性別角色發展的理論，或能提供我們瞭解兩性性別角色發展的歷程及特性。

性別刻板印象

　　由於性別角色是可以透過學習而來的，因此，個體可能在這學習的過程中，沒有自文化中學習到某些角色，或是部分角色的定義已經改變，重新定義或詮釋，例如，單親家庭（角色缺位）中的父職或母職角色、同性戀家庭中的男性／女性與父職／母職等。儘管如此，個體仍然需要在其所處的社會、文化中學習發展適合該文化的性別角色與行為。除了與文化層面有關外（如媒體訊息、社會期許等），在個人的層面上也有些訊息或信念影響著個體性別角色的發展，例如身為男性或女性的特質，對於這些性別特質的信念與態度，將會對個體的性格（personality）產生一定程度的影響（Basow, 1992）。

一、男性化和女性化

　　試著將你對男性化和女性化的描述語句記錄下來，如果你和大部分的人一樣立刻有些想法，那麼，看看**表 1-5** 和**表 1-6** 其中所列的資料與自己的想法是否相吻合。

　　對大多數的人來說，男性化特質這個詞通常會和能力、工具性、活力等字眼有關，而女性化特質則會和溫暖、善表達、養育性等字眼相結合。這些語彙反映了社會中性別角色的標準（即個體要表現出符合其生物學上性的動機、行為、價值觀等），而典型的標準包括了男性的工具性（instrumental）角色，強調個體是果

表 1-5　美國刻板的性別角色描述語

（受試者爲 74 位大專男生及 80 位大專女生，1972 年）

能力特質：男性化部分較受到期待

女性化	男性化
完全不具攻擊性	富攻擊性
完全無法獨立	非常獨立
非常情緒化	完全不情緒化
完全不隱藏情緒	完全不表現情緒
非常主觀	非常客觀
非常易受影響	非常不易受影響
非常順從	富支配性
非常討厭數學與科學	非常喜歡數學與科學
在小危機中感到非常興奮	在小危機中不會感到興奮
非常被動	非常主動
完全不具挑戰性	富挑戰性
完全沒有邏輯	非常重邏輯
非常家庭取向	非常世界觀
完全沒有生意技能	具有生意技能
非常隱密	非常直接
對世界完全不瞭解	對世界非常瞭解
容易傷感	不易傷感
不愛好冒險	愛好冒險
不易作決定	善於作決定
非常愛哭	從不哭泣
幾乎不扮演領導角色	幾乎總是扮演領導角色
完全無自信	非常有自信
對攻擊性感到不舒適	對攻擊性不會感到不舒適
完全不具野心	非常有野心
無法區別感覺和想法	能輕易區別感覺和想法
非常依賴	完全不依賴
對外貌非常自負	從不因外貌而自負
認爲女性比男性優越	認爲男性比女性優越
無法自在地和男人談論「性」	能與男人自在地談論「性」

（續）表 1-5　美國刻板的性別角色描述語

（受試者爲 74 位大專男生及 80 位大專女生，1972 年）

溫暖 - 表達特質：女性化部分較受到期待

女性化	男性化
從不使用嚴厲的語言	會使用嚴厲的語言
擅於交談	不擅於交談
非常機敏	非常遲鈍
非常溫柔	非常粗魯
善於察覺他人的感受	無法察覺他人的感受
非常虔誠	非常不虔誠
對外表非常有興趣	對外表沒有興趣
有潔癖	非常髒亂
非常安靜	非常吵鬧
安全感的需要很強烈	不太需要安全感
非常能沈浸於藝術與文學	完全無法沈浸於藝術與文學
容易表達柔弱的感情	不易表達柔弱的感情

資料來源：I. Broveman, S. R. Vogel, D. M. Broveman, F. E. Clarkson, and P. S. Rosenkrantz,1992. Sex Role Stereotypes :A Current Appraisal, *Journal of Social Issues*.引自劉秀娟、林明寬（1996）,p.8.

斷、獨立、進取、能力及目標導向的（Shaffer, 1996：505）。女性的角色標準則爲表達性（expressive），認爲個體應協調合作性高、仁慈的、養育性的，並且對他人的需求敏感（Shaffer, 1996：506）。從一九六〇年代末到一九七〇年代，研究的確發現男女兩性存在著不同的性別特質（Basow, 1992），即使是在跨文化的研究中（如Williams和Best在1990年的研究），仍然可以發現男女兩性在這些特質上所表現的差別，如與男性有關的描述語有「冒險的」和「強壯的」等，而女性則爲「多愁善感的」和「順從的」等特質的描述。

有關性別特質的描述，反映了個體對於性別角色及其行爲的信念與態度，這與社會化歷程中文化及社會期許是密切相關的，

表 1-6　台灣地區大學生認為適合於男性和女性的性格特質

（受試者為二百多位男女大學生，1985 年）

男性項目	女性項目
粗獷的	溫暖的
剛強的	整潔的
個人主義的	敏感的
偏激的	順從的
靠自己的	純潔的
隨便的	心細的
冒險的	伶俐的
冒失的	動人的
獨立的	富同情心的
武斷的	保守的
浮躁的	膽小的
有主見的	討人喜歡的
深沈的	文靜的
自跨的	親切的
競爭的	愛美的
膽大的	慈善的
好鬥的	甜蜜的
豪放的	溫柔的
穩健的	被動的
自立更生的	端莊的
善謀的	文雅的
有雄心的	依賴的
幹練的	純情的
頑固的	輕聲細語的
嚴肅的	拘謹的
主動的	天真的
行動像領袖的	矜持的
粗魯的	愛小孩的
有領導才能的	害羞的
好支配的	善感的

資料來源：李美枝,1994.《性別角色與性別差異》,p.275.

然後形成一種固定的、刻板的看法及印象，也就是性別刻板印象（gender stereotypes）。這樣的刻板印象，在性別概念形成的初始就已經建立了，例如，一歲八個月到二歲左右的幼兒會區分穿裙子的人是女性。由於性別刻板印象與社會、文化密切有關，所以性別的刻板印象也並不是固定不變的，它會隨著文化的變遷而改變，事實上這也是對傳統以來的刻板印象提出質疑與反省。傳統上，我們將性別分為男性與女性兩種特質，例如慣常使用的是「一種男性化特質」（masculinity），而不是「一群男性化的特質」（maswlinities），男性化特質與女性化特質兩者是涇渭分明的，但是目前的研究已逐漸發現或使用「一群男性化特質」的概念，因為其中強調了性別特質必須從跨種族、階級與性取向等多元向度的角度來定義。例如，傳統的男性刻板印象中包含了三個主要成分：地位（功成名就和受人尊重的需求），堅強（力量及自我信賴）和反女性化（避免從事刻板的女性活動）（Thompson & Pleck, 1987）。此外，傳統的男性被認為在性活動方面是十分活躍積極的，即使是老年男性仍是如此（劉秀娟，1997；簡春安，1997），女性的存在則使得如此的男性化印象更加突顯，然而，在許多人的生活中，仍有一些男性並不是具備如此刻板的性別特質（Ehrenreich, 1984；Keen & Zur, 1989；Kimmel, 1989）。例如，在近來媒體中常出現的「新好男人」、「在家型男人」等角色形象，相信你我都不陌生，在我們平常生活中，的確可以發現一些男性具有非傳統的男性化特質，如溫柔的、敏感的、溫暖的等典型的女性化特質。

這些現象的轉變，提醒我們性別特質或許在傳統的男性與女性兩者的劃分中，並不是那麼絕對的，所以如果將性別上的差別視作個別差異（individual different）來解釋個體的行為可能更為恰當，換句話說，個體獨特性格的描述語可構成其性別特質，是一群的性別特質。例如，對「Vicky」的描述：Vicky，三十五

歲，獨立自信、有企圖心、熱忱、溫暖、體貼，並且充滿吸引力，是一位職業婦女。在Vicky身上，我們可以發現性別特質兼具男性化特質與女性化特質，而並非只以傳統女性化刻板印象來區分，這使我們對這樣的女性有更真切的瞭解。相對於前述的傳統男性刻板印象，在女性的傳統刻板印象中是較為分化的，也就是存在著較多的次級類型（subtype）（Basow, 1992；Six & Eckes, 1991），對於女性，在一般人的心目中至少有三種刻板印象：家庭主婦（傳統的顧家型婦女）、專業的婦女（獨立、有企圖心並且自信）和玩伴女郎（性的對象）（Basow, 1992），這三個分類很明顯地呈現了不同的性別特質，但是卻有共同的性別期許：她們都被期待要生育及教養子女。

這是一個十分值得思考的現象，我們用性別特質來假定或者要求個體的角色功能與行為，却不是站在尊重及欣賞個體性別角色發展的獨特性來看待個體，即使在邁入二十一世紀或者進入後現代主義社會的今日，我們不也是仍在運用傳統的性別刻板印象來描述，甚至評價我們周圍的人們？所以，再次核對你對典型男性和女性的想法，與**表 1-3**、**表 1-4** 上所列二十年前、十年前的描述語，其中的差別有多大，也許你可以試著描述坐在教室中的某位男同學的「一群男性化特質」，看看與**表 1-3**、**表 1-4** 的男性角色之性格特質描述語的差別。

的確，性別刻板印象的存在是相當普遍的，並且堅固而穩定，不過仍有一些現象顯示我們對社會期許的男女兩性特質的態度已有了改變。研究顯示，大學生相信典型的男女兩性特質有明顯的差異（至少在五十三個描述語上），但他們也相信在區分男女兩性的特質中，只有十二個特質是必要的（像是具攻擊性和愛整潔的）（Ruble, 1983），換句話說，如同Basow（1992）所強調的，極端地被標籤為男性化及女性化特質已逐漸減少，性別的區分如果由性格特質來看，大部分的性別特質是兩性化的。

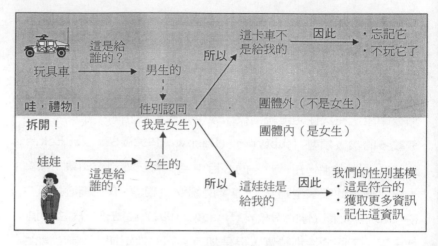

圖1-2　性別基模理論的發展流程

資料來源：修改自D. R. Shaffer, 1996. *Development Psychology*, p.529.

　　所謂兩性化（androgynous），並不代表性別中立或沒有性別，也無關於性取向，而是描述性別在性別刻板行為方面彈性表現的程度。兩個個體的特質是相當複雜的，隨著情境的不同而有不同的表現，這樣的表現可以從個體單一的行為或是一些不同的行為中看出端倪。例如，他可以在朋友受挫折時，充當傾聽者並予以溫暖關懷；在領導團體時，擔任決策者；在小組活動時，作為一位稱職的夥伴。在性別刻板印象部分，我們提到了男性化特質與女性化特質以及兩性化，這些討論都是從性格特質去分析個體的性別類型。近年來，Sandra Bem（1981,1985,1987）捨棄性格特質類型的看法，而試著由認知基模（gender-schema）的觀點來重新建構兩性化和性別形成的概念（Shaffer, 1996：528），如**圖 1-2** 所示，因為只是以「工具性」、「表達性」這樣的簡化特質來說明性別是不夠的，同時兩性化究竟是一個獨特的性別類型（在工具性與表達性之間的交互作用下形成的），或是兩個類型的總合——即工具性與表達性的線性組合，這也是極受爭議的部

分。不過，無論如何，兩性化特質至少提醒我們可以跳脫性別刻板印象的箝制，而能使個人因應環境的能力更具彈性。

　　想一想，在我們自己身上，是不是也同時具備這些典型的性別特質，例如我們可以很溫柔，也可以很果斷獨立；或者可能很粗獷，但也有細心溫暖的一面；多半的時候，我們所具有的這群獨特性別性格特質，會因時因地因人而有不同的表現。瞭解並且接納自己性別特質中獨特的部分，我們才有能力擺脫性別刻板印象的箝制，發現呈現更好的適應能力，實現自我。

對性別的多元觀點

　　在性別角色、性別刻板印象、性別形成及性別典型態度之間，究竟有何關聯呢？雖然我們時常假設有性別典型態度的人（例如，相信性別刻板印象及扮演傳統角色）會有強烈的性別典型並扮演傳統的角色，但是這個假設並非總是被支持，例如，Phyllis Schlafly，在一九七〇年代末期與平權修正案（ERA）的對抗中發出最強有力的聲音，也是男女兩性傳統角色的提倡者，她本身則是位律師及全國知名的公開演說家（並非傳統的女性角色）。態度、性格特質及行為之間的關係在性別這個領域中與在社會心理學的其他領域中一樣，都是相當複雜的（Archer, 1989；Deaux & Kite, 1987）。性別是一個多元向度的構念，而這些向度之間的關係才開始要被瞭解。

　　Janet Spence（1985）計畫用性別認同（對自己本身是男性或是女性的一種現象學上的感受）這個多元向度的概念來取代性別形成（對刻板性格特質的順應）這個限制較多的概念。一個人可以對自己的男性性別有著強烈的性別認同，同時又表現出表達性的性別特質及行為，而且對性別角色抱持著平等主義的態度。

專欄1-1　部分與性別差異有關的迷思

　　D. R. Shaffer（1996）針對Maccoby和Jacklin（1974），以及Block和Robins（1993）的觀點，列出一有關個體性別差異的一些信念與事實的對照表，或許在這表中可以發現一些值得你和其他人討論的空間。

個體性別差異的一些信念與事實的對照表

信　　念	事　　實
1.女孩比男孩更具「社交性」	·基本上男女兩性對社交互動都有興趣，在同樣的回應、增強與可學習的模範影響下，兩性的表現是相同的，甚至於在一定的年齡時，男孩比女孩花更多時間和玩伴在一起。
2.女孩比男孩更容易接受他人的看法	·許多研究指出男女兩性在自信上並無差別，然而，有時候當個人的價值觀和同儕團體衝突時，男孩比女孩更容易接受他人的建議與看法。

　　Spence的性別認同理論認為年齡會影響到性別典型特質、行為及信念之間的關係。當幼兒開始發展其對自己是男性或女性的感受時（大約是三、四歲左右），他們會傾向於採用性別刻板的行為與信念；隨著年齡漸長，他們的性別認同也變得更堅固，而其他因素（例如父母的典範及同儕的期待）也開始塑造他們的行為和信念。此時，我們必須繼續對人類行為的複雜度保持敏感才行（Basow, 1992）。

　　此外，性別必須在社會脈絡中加以討論是相當明確的。與性

信　念	事　實
3.女孩比男孩有較低的自尊	・由幼兒期到青春期，男女兩性在整體的自我滿意感及自信上都差不多，有部分男孩在青少年的自尊高於女性，不過這可能是因為男孩在成為男性(males)工具性角色中有較大的自由及勇氣容許所致。對青少年晚期的兩性來說，與自尊有關的性格特質並沒有差別。
4.女孩對操作簡單的物品較能勝任愉快；而男孩則在要求較高層次的認知發展物品操弄上略勝一籌	・這是沒有任何研究支持或証據的說法。基本上在學習、形式運思概念的發展上並沒有兩性差異（個別差異在男女兩性裡都有的）。
5.男孩比女孩具有分析能力	・我們知道在認知能力上或許有些微的性別差異（參考第三章），但在分析及邏輯推理能力上並無差別。
6.女孩缺乏成就動機	・這是極為荒謬的信念！男孩與女孩都有其個人成長發展及生涯的目標，只有目標會因人而異，在達成目標、實現自我的努力上，成就動機並無差異。

資料來源：修改自 Shaffer,1996. *Developmental Psychology*. p.510.

別有關的行為會受到個人的性別信念系統、他人的性別信念系統及大量的情境線索所影響（如個體扮演何者角色，及其行為如何被增強等）。此外，個體的性別信念系統會被自己的與性別有關的社會角色，其他社會角色及社會化經驗所影響。當我們檢驗這些性別研究的結果時，必須在心中保持一個多元向度的互動模式。無論如何，我們需要先評估這個領域的研究是如何進行的。

第二章
兩性關係的研究方法

千茹夫婦忙著搬新家,小家庭人手少,所以打包工作就全部由自己動手。

某日千茹聽到老公大叫:「老婆啊,妳知不知道衣櫥裡有多少件衣服!?天哪,我算了算,101件啊!101件都是黑白色的吧!」

千茹:「親愛的,你發現没?那101件黑白衣服的手工、質料、型式及花色完全都不同吧,別太在意數量,對我來說,每一件都是獨一無二的。」

——劉秀娟,1996,台北

兩性關係的研究,如同其他的研究領域一樣,都希望透過研究的歷程來探究人類的行為。人類的行為是來自生物學的因素,或是來自文化因素?抑或是二者的交互作用?兩性關係的研究,正是企圖為這些疑問提供一些解答的線索。當我們對兩性行為與特徵進行檢驗時,必須覺知到許多研究上的問題。科學是由人們所建構出來的,同時人們不可能對社會影響力保持價值中立或無動於衷,因此在研究的歷程中,研究者與被研究者的價值有其存在的必要性,然而為避免價值干擾、價值判斷影響了研究的歷程與結果,嚴謹的研究控制是必要的。

兩性關係方面的研究,如同其他領域研究一樣,都有其發展的歷史,相對的,也歷經方法論(methodology)上的種種論戰。Kuhn(1970)在他的著作 *"The Structure of Scientific Revolutions"* 中,呈現了一有關科學發展中,先(pre-)與後(post-)典範(paradigm)的圖象。筆者嘗試將書中的文字意涵以 **圖 2-1** 呈現。在圖中反映了 Kuhn 思想的二個核心概念:「典範」(paradigm)和「科學社群」(scientific community),這兩個概念的關係是十分密切的。Kuhn 所謂的典範是指一組信念、價值、理論、定律和技術等,為某一科學社群的成員所共享的。同時,他指出,

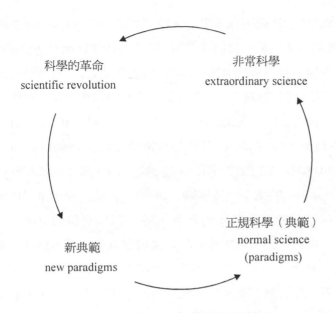

科學的革命
scientific revolution

非常科學
extraordinary science

新典範
new paradigms

正規科學（典範）
normal science
(paradigms)

圖2-1　Kuhn的典範轉換歷程

科學知識的成長並不是許多發現和發明逐漸累積的過程，而是一連串革命的躍變；換句話說，是質變而非量變（增加）。這也是Kuhn所主張強調的「科學的革命」，即典範的轉換。這情形不但說明了他在研究方法論上的主張與思想，更爲他探求「科學家如何決策接納新典範」的行動留下了伏筆。

　　Kuhn認爲理論或典範的選擇是不能透過邏輯或實驗方法來決定的（Kuhn, 1970）。由Kuhn的觀點來看，之所以不能透過比較兩個以上的理論預測及實驗結果來判定優劣並作抉擇，乃因爲所有的預測及實驗都只能在某一典範下進行，因此，當這（某）典範本身有了爭議與質疑，就產生危機（並且沒有意義的）。透過Kuhn如此的分析，不難發現，要瞭解科學革命是如何發生的，或典範是如何轉換的，不能只藉助經驗與邏輯，而須視科學研究者

的團體說服技巧，更明確來說是突顯了對話（dialogu）存在的必要性。這顯示了典範的轉換並非取決於經驗依據，而是在於信仰、價值、理論、定律等的轉變（Kuhn的典範要素）和說服辯論。

這種不能強迫轉變的信仰轉變過程，即如黃瑞祺（1986）所指出的，關鍵在於「共識的檢證」（consensual validation）。這意涵在Habermas所謂的「真理的共識理論」（consensus theory of truth）中得到了詮釋，即共識是溝通而來，真理是奠基於合理的（rational）共識下（黃瑞祺，1986）。因此，黃瑞祺（1986）指出，科學研究者所尋找的真理，是一互為主體的（intersub-jective）問題，必須以理性的討論來尋求共識，而不是只來自經驗證據。因為「一句陳述之為真，意謂著某一社群中的任何人都會被說服，而承認該陳述之真理聲稱」。所以，很明確地，早在一九七〇年，Kuhn即已直接指明典範的變換，是透過革命而來，並且是信念、價值等的轉變所致，非僅經驗而來。

因此，由這一觀念架構（算不算也是一種「典範」呢？）來看，當我們將典範反映在瞭解人的行為（或社會行為）時，是否正呈現出研究人的行為的研究者，對某一典範的認可，如果是，那麼是否也表示這研究者透過方法學對研究過程展現信念、價值、理論、定律、技術等獨特的部分（也許是某科學社群的），而其中所呈現的價值觀念，究竟扮演了怎樣的角色，是頗有趣的議題。兩性關係的研究就如同其他社會科學研究一樣，無法將價值問題排除在研究題材之外，因此，在方法論中，社會科學的研究典範──人類所創（擁有）的價值觀念是應存在於研究題材之中是受到社會科學研究的研究社群所認可，但是，價值存在的必要性，並不表示必然在研究的過程中，研究受到研究對象的影響而作價值判斷。換句話說，只要研究所使用的研究方法嚴謹、誠實，是可以排除價值觀念有形或無形的干擾。

因此，在本章節中，我們將就研究方法上最主要的分類來介

紹一些方法，一為量的研究，另一為質的研究。最後我們希望在瞭解價值存在的必要性之下，來討論一下研究的倫理。

量的研究

一、定義

　　什麼是量的研究（quantative research）？首先躍入腦海的，可能是一些統計數字。對於多數人來說，量的研究就如同一群數字在說話。例如，根據某研究統計發現，贊成大學生男女同住一棟宿舍的比例為68.9%，持反對意見者為12.3%，沒有意見的占18.8%。這是我們對量的研究的粗淺印象，接著你可能會發現，分析指出持贊成意見者有88%為男性、大三學生、理工學院，或曾參加社團等與研究結果相關的因素出現。事實上，量的研究與質的研究向來被視為是相對抗的研究典範（吳芝儀等，1996），前者是應用量的和實驗方法以考驗假設—演繹的類推性，即邏輯—實證論（logical-positivism）；後者可視為以質的自然探究法，以歸納和整理瞭解各種特定情境中的人類經驗與意義，即現象學研究（phenomenological inquiry）。一種典範是一種世界觀，也是一項一般性的觀照角度及分析或瞭解真實世界複雜性的方式。

　　對研究者來說，選擇某種研究方法（method）或研究設計（design），往往因其學術典範或訓練背景而異，當然也反映了研究者在方法論（methodology）的哲學觀點。以研究的典範而言，有關量的研究的部分，可以引用Habermas（1968）所提出的三種典範中的量的階段（Ladder of Materialistic Inquiry）為典範代表（Baldwin, 1991；胡幼慧，1996）。這是大部分實證主義

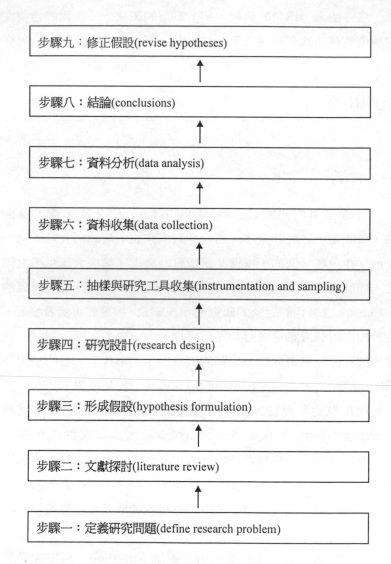

步驟九：修正假設(revise hypotheses)

步驟八：結論(conclusions)

步驟七：資料分析(data analysis)

步驟六：資料收集(data collection)

步驟五：抽樣與研究工具收集(instrumentation and sampling)

步驟四：研究設計(research design)

步驟三：形成假設(hypothesis formulation)

步驟二：文獻探討(literature review)

步驟一：定義研究問題(define research problem)

圖 2-2　量化階梯

資料來源：W. L. Miller , and B. F. Crabtree , 1992 . *Primary Care Research: A Multimethod Typology and Qualitative Road Map.* p.9, 引自胡幼慧 (1996) . p.9.

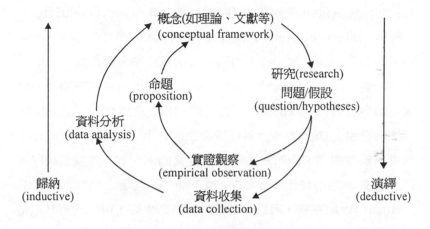

圖 2-3　研究輪狀圖

資料來源：K. E. Rudestam　and R. R. Netwon,1992. *Surviving Your Dissertation : A Comprehensive Guide to Content and Process.* p.5.

的研究模式，此模式相信研究歷程中的「進步」與「單一眞相」（胡幼慧，1996）。因此，研究的方法歷程中就有固定的階梯式步驟，如圖 2-2 所示。量的研究可說是順著此一既定流程進行，而獲得研究者所要探究的眞相或是眞實。

　　不少研究者視量的研究爲「主流派」，因其所主張的客觀是符合對科學（science）系統性與邏輯性的要求，並且可以不斷地透過相同的步驟及流程，加以控制操弄或是重新驗證，這也是一線性的流程（Spradley, 1980：27），我們由圖 2-2 即可以發現步驟與步驟間是相當具有系統與邏輯性的，而這些步驟的發展，也就形成如圖 2-3 所示的輪狀研究圖。

　　所以，當研究者由現象或理論文獻中形成問題與假設之後（例如，玩性高的幼兒其人際關係會不會較好？），便會透過各種方法來收集資料（如實證觀察、訪談或問卷），然後再根據回收的資料加以分析，檢驗當初的假設作成結論或修正假設。而這過程的執

行，即為達到量的研究的科學目的：即(1)解釋 (explanation)；
(2)解釋 (interpretation)；(3)預測 (predication)；(4)控制 (control)。換句話說，透過科學的研究方法來解釋人類行為或現象，探知所發生行為或現象的「發生什麼」(what)，即求取事實，接著超越事實資料，以便發現行為的原則和心智歷程，即試圖瞭解「如何發生」(how) 和「為什麼發生」(why)。進而對未知的行為或現象作預測，例如當我們說 玩性高的人，其人際關係較好，但不論預 測的相關程度有多高，也不能代表兩者之間有因果關係 (causal ity) 存在，因為一個人的人際關係好，可能尚有其他相關因素所 致。於是為 探求真正的因果性，可以以實驗法(experimental method) 控制的方式，加以驗證。

二、方法

基於前述定義與目的的說明，最常被量的研究者採用的方法有下列幾種：

㈠觀察法：描述和詮釋行為

觀察法 (observational method) 是指觀察人類的行為，以便描述、解釋及詮釋人類的行為。「觀察」一詞，時常會與我們平日所稱的「看」相混淆，基本上科學研究所強調的觀察是必須以科學的方法加以控制，例如系統性的觀察法等，也就是強調觀察取得事實資料的客觀性 (objective)，而非平日我們帶有主觀性 (subject) 的「看」。例如，你可能發現班上有班對形成了，因為你「看」到昨日班上同學小強騎機車載小婕回家，但是這現象 (行為) 是否足以說明你對行為的解釋是無誤的 (也許是小婕臨時有事，正好碰到小強騎車經過而請他協助載她一程)？那麼如果你對這行為產生了好奇與興趣 (這是研究者的必要特質)，也許就可以有系統地作一觀察記錄，並加以客觀描述你所觀察到的資料，再加以分析，或許可以獲取事實。

一般來說，科學研究的觀察法有下列幾類：

● **系統觀察法（systematic observation）**

　　系統觀察法是指接受過訓練的科學研究者，依循著一套預設的準則，觀察人們在特定情境中的行為（Aronson, Wilson, & Akert，1994：38）而這行為是研究者先行界定的特殊行為（朱柔若，1996：53）。例如，研究者想知道五歲幼兒在性別概念發展過程中是如何發展及模仿同性行為，則可以在幼兒玩裝扮遊戲或想像遊戲時加以系統化的觀察並作記錄，隨後再依據觀察資料描述量化次數、解釋並預測。所以可以採用下面的方法：

　　(1)時間取樣觀察法（time sampling observation）：即每隔一定時間就觀察特定行為是否出現。如每隔十五秒就看模仿同性行為是否出現，並且記錄行為特徵，如目標幼兒對著鏡子塗口紅，或幼兒表示「我要去買菜了，老公你要吃什麼？」等。觀察的行為可能因時距限制而間斷或漏失。當然你也可以每隔數年為觀察時距，進行發展的縱貫研究，如**圖 2-4** 般記錄其變化。

　　(2)事件取樣觀察法（event sampling observation）：即只要特定行為或事件出現時，即予以記錄，並不受觀察時間間隔（時距）的限制。例如，當幼兒出現模仿同性行為時再記錄，或有持續行為時即持續記錄。但是這方法也有其施行上的限制，如觀察目標幼兒一個早上都沒有發生特定行為。

● **參與觀察法（participant observation）**

　　參與觀察法是指基於某些研究性質及需要，研究者（即觀察者）介入被觀察者的情境中，兩者有互動關係存在，但是前者必須留心勿因介入而改變情境的進行（Aronson, Wilson, & Akert, 1994；Saradley, 1980）。例如，如先前的舉例，許多同學臆測小強和小婕會形成班對，因為在多數的課堂表現及其他場合中，他們的觀念、默契十分相似並且互動頻繁，但是你並不如此認為，於是你很想密切觀察班上同學，探討當他們的想法及他們

圖 2-4　同一女孩穿著同一件泳衣的模樣

資料來源：E. M. Hetherington, and R. D. Parke, 1979, *Child*
Psychology: A Contemporary Viewpoint. p.8.引自
林惠雅(1994). p,34.

在預測幻滅時的反應，你就必須介入其中，即融入團體（immer-
sion），追踪同學們對這主題的對話與想法（特定行為），（而不能
像先前觀察幼兒裝扮遊戲般只在情境外作系統觀察），彷彿自己
也是抱持相同的信念來加入其中而描述整體情境及行為，這樣的
研究情境介入，或許可以逐漸深入觀察其反應，如**圖 2-5** 所示，
而漸澄清特定的部分。

● 檔案分析法（archival analysis）

　　透過檢視一個文化中所累積的文件記錄（或稱為檔案），我們
可以對社會行為瞭解更多。例如日記、隨筆、小說、歌詞、媒體
報導、廣告等，只要這些文案能保留下來，且研究人員也能閱讀，
則可協助對某些特定行為或態度的瞭解。例如，研究者想要探知
台灣地區民眾對「大專女生上成功嶺」事件（1997年1月），有關
兩性平等的看法及態度時，就會在教育部宣布此一政策性措施的
蘊釀、執行前、執行及執行後等階段，收集媒體反應的資料，如

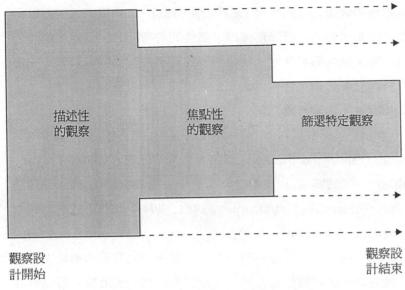

描述性
的觀察

焦點性
的觀察

篩選特定觀察

觀察設
計開始

觀察設
計結束

圖 2-5　參與觀察範圍的改變

資料來源：修改自 J. P. Spradley, 1980. *Participant Observation*. p34.

新聞所作的民意調查，報章討論文章、社論，受訓女學員、教育部、國防部的看法與解釋，監察委員的調查報告，以及結訓之後的立法院公聽會記錄等，整理、分析台灣地區民眾由此事件中對兩性平等的看法。

　　檔案分析法是十分有力的量的研究方法，只要研究的特定行為（如兩性平等）經過明確的定義，研究分析者們求取評分者信度（interjudge reliability）後去除主觀性，達到可令人信服的客觀程度，是足以檢視社會行為隨時間變化的行為及不同的文化情形。例如，經過嚴謹的檔案分析，如內容分析法（content analysis），可以發現、反映童話故事或國小課本的性別角色刻板印象的影響（父親喝茶看報，母親穿圍裙炒菜）；或如Aronson等（1994）所舉的例子，媒體鏡頭中訪問男性多為特寫（強調臉部），女性多

以離鏡頭較遠的方式呈現（強體身體特徵），這透露了性別刻板印象是相當明顯的，因為都強調了男性的心智能力，而在刻劃女性角色時，則突顯其身材，相似的研究結果在黎曼妮（1989）一項針對報紙廣告中女性角色的本土性研究中更可發現。

㈡相關法：預測行為

就量的研究而言，相關法是十分普遍的研究方法。所謂相關法（correlational method）即指此研究方法旨在探究變項（variable）之間的關係，以便對行為有更深一層的瞭解，進而達到預測（predication）的目的（Dooley, 1984：204）。其有下列之方式：

- **觀察法**（observation）

相關研究是以各種不同的方法評量人們的行為與態度，而相關法有時也運用觀察的方式，直接觀察行為去瞭解特定行為與其他相關因素之關的關係。例如，測試性暴力者攻擊行為與他們觀看性暴力錄影帶數量之間的關係，即兩個變項（攻擊行為與性暴力錄影帶）之間的相關性。此研究方法的優點在於可以獲得第一手的觀察資料，而不必依賴回溯性的報告，由於要求特質不明顯，人們較可能有自然的反應，而自然的環境也比較能引發日常習慣的行為。但是，觀察法很難明確地加以分析資料，因為這些反應是整體性的，難以分割成一些獨立的成分；研究結果也相當難以驗證，因為自然事件是不太可能以完全相同的方式再發生一次的，而且這些結果也無法建立因果關係，因為看到兩個事件恰好同時發生，並不表示其中一個事件就是另一個事件發生的原因。例如，即使我們發現教師對異性學生的注意力與學生在問題解決情境中的表現有正相關，也不能就此認為是教師的注意力增進了學生的問題解決能力，因為一個好的問題解決者可能會引起教師更多的注意不一定是因為性別，或者這兩個因素之間存在著第三個未被測量的因素，就像是學生的智力程度或性別認同的發展情況。一般來說，觀察法的價值在於能提供一些重要資料，而這些

資料可以在後續的實驗法中加以檢驗。

● 調查法（servey）

　　有些資料的取得是難以透過觀察方式，如看過多少色情書刊對愛滋病（AIDS）的理解程度或對同性戀婚姻的態度等，就必須採用其它的相關研究方法，最普遍的為調查法。調查法是指運用標準化問卷或訪談的方式，從大量的樣本中獲得所需的資料（Basow, 1992；Moser & Kalton, 1971）。這個研究法的優點在於能夠從許多人身上取得大量的資料，而且能集結許多人對同一份問題的反應。例如，我們可以在短時間內，對大量的人詢問關於月經不順及情緒變化的問題。但是，人們的反應可能是為了讓自己看起來很好（選擇了社會贊許的反應），或者是去討好研究者（作出研究者期待的反應，即所謂的「要求特質」），而且人們可能不會記得自己的行為。因為，調查法的價值乃在於對人們的態度進行粗略的估計，或者是獲得初步的訊息來導引進一步的研究。

　　有許多方法可以收集調查的資料，包括了(1)問卷（questionnaires）；(2)面訪式的訪談（interviews）；(3)電話訪談（telephone interviews）。這也是調查法最常使用的方式，其優缺點請參考**表 2-1**。

㈢**實驗法：行為的因果關係**

　　「實驗法」（experiment）在量的研究科學方法中通常是不可或缺的。在實驗中，研究者直接操弄（operation）的變項稱為「自變項」（independent variable），然後再測量被自變項影響的其它變項，即「依變項」（dependent variable），例如，研究者可能會對視覺空間能力的訓練成果感到興趣，所有的受試者被隨機分配到實驗組中接受特定的訓練，或是分配到控制組中，在相同的時間內從事一些無關的活動。然後對這兩組受試者進行檢定，並且將實驗結果用統計方法加以分析，來決定兩組間的差異是否

表 2-1　調查法收集資料的方式

方　式	優　　　點	缺　　　點
問卷	・經濟省錢 ・資料取得快速 ・可以採用不記名方式	・若採用郵寄問卷則無法在施測時作解釋或進一步追蹤問卷題項外的問題
面訪式訪談	・可檢驗效度（如透過受試者的非語言行為的訊息） ・可以深入追蹤 ・具彈性 ・複雜度深，資料豐富	・較不符合經濟原則，費用高 ・須進行訪員篩選及訓練 ・須檢驗控制訪談的品質
電話訪談	・快速 ・可以不記名方式進行	・訪談時間較易受到限制 ・不易判斷受試者的回答是否受到社會贊許的影響

純屬偶然所致，一般可以被接受的標準是，兩組間的差異可能純屬偶然的機率小於5%（＜0.05），稱為具有「統計顯著性」(statistically significant)，此時，實驗的假設受到支持，而「虛無假設」(nullhypothesis，指認為兩組之間無任何差異的假設) 則受到拒絕而不成立。在實驗過程中必須有嚴格的控制，樣本的選擇必須沒有偏誤 (bais) 而且是隨機分配到各組中，研究者也必須控制受試者的符合期待行為以避免要求特質的產生，其中不免有些控制訊息的意味。

　　例如，受試者可能不知道他們所受的訓練是要增進他們的表現，或者是實驗者期待男性受試者有較好的表現等。實驗者的偏誤也是需要加以控制的，例如，測驗者不應知道那一組受試者曾接受過特定的訓練，或者是訓練者不應知道實驗假設為何。實驗法的優點是，可以在觀念上建立因果關係，任何人都可藉由情境的再塑來重複此實驗，所使用的變項也可以進行嚴謹的分析。然而，實驗法並非毫無缺點：受試者知道他們正在被研究，由於對

表 2-2　量的研究的方法

方　法	目　　的	主要限制
觀察法	描述：行爲的本質是什麼？	・資料驗証不易（難以一模一樣） ・難以確立因果關係 ・觀察者必須保持價值中立
相關法	預測：知道A行爲可以預測 　　　B行爲嗎？（A、B之間 　　　的相關性）	・樣本的代表性 ・回收率（調查法） ・社會贊許的影響
實驗法	因果關係：A行爲可以導致 　　　　　B行爲的發生嗎？	・不易類推研究結果到研究所控制 　的情境之外

自變項及依變項有大量的控制而使得情境變得很不自然。如果能
將實驗移到實驗室外來實施（實地實驗），可能可以解決許多問
題，但是却不見得完全可行。

三、限制

　　量的研究是科學研究的典範之一，並不能代表科學研究的全
貌，而其方法上所重視的客觀性與可驗證性是其優點，相對的也
形成其它典範眼中的不可親近性（可參考P. Winch, 1990有關社
會行動、社會科學方面的書籍）。根據先前段落方法的介紹，將其
主要特點及限制摘要於**表 2-2**。

　　總括來說，沒有任何一種方法是完全沒有限制與缺失的，能
被一種以上的方法所支持的結果，會比只能從一種方法中獲得的
結果更具有說服力。例如，在婚姻諮商的夫妻個案研究中可能會
發現，丈夫比妻子更難對其配偶談論自己的感情，而且難以接收
並瞭解情緒性的訊息；在敎師與家長的討論會中，對夫妻雙方等
待著與自己孩子的老師交談的情境進行自然觀察，一樣可以確定
上述的現象；當我們運用調查法來詢問夫妻雙方，是否經常向配

偶談論自己的感受，他們覺得對方是否瞭解自己的感受等問題時，會發現那是相當常見的情況；而實驗室研究可能會對整個溝通歷程的動力提供更多的訊息，例如，可能是丈夫在瞭解非語言的表達方面有些困難，或者是難以表達確實的情感，或者是用溝通的問題來突顯婚姻的不滿足。因此，每種研究方法都可以提供一些訊息，當不同的方法都獲得相同或更多的結論時，我們也會對人們有更進一步的瞭解。

質的研究

「當今的社會科學是量的研究主導，大部分的學生和研究者提到研究法時，僅想到實證主義論下的量的研究。在『客觀』、『嚴謹』的科學理念下，運用了大量的『機率論』下發展的抽樣和統計技巧……不少學者甚至不知道尚有『質性研究』這種科學探討的領域存在，或在以量的研究的標準檢視之下，對『質性研究』之缺乏『科學性』大搖其頭，嗤之以鼻。」

——引自胡幼慧（1996：7）

一、定義

一般來說，質的研究（qualitative research）多半被視爲是一種相對於量的研究的歸類，其發展不僅快速，同時也深有貢獻。其發展在歷經多次的知識論（epistemology）的演變，已由單純的「現象探索和描述」到「理論建構」的階段，並且演變爲科學知識體系的省思及批判，同時將研究納入實踐行動的層次（王秋絨，1994；胡幼慧，1996；吳芝儀等，1996；賈馥茗等，1993）。在質的研究中，其科學哲學的基礎和方法論並不是來自單一體

表 2-3　質的研究中的差異：理論傳統

觀　點	學科根據	中心問題
民族誌學 （ ethnographic ）	人類學	・這個人群的文化是什麼？
現象學 （ phenomenology ）	哲學	・對於這些人們，其現象經驗的結構和本質是什麼？
發現法 （ heuristics ）	人本心理學	・我對此現象的經驗是什麼？以及其他同時該現象的人之重要經驗爲何？
俗民方法學 （ ethnomethodology ）	社會學	・人們如何理解其日常活動，以便能用其社會可以接受的方式來表現行爲？
符點互動論 （ symbolic interactionism ）	社會心理學	・在人們的互動中，有那些符號或是理解賦予活動意義？
生態心理學 （ ecological psychology ）	生態學、心理學	・人類行爲和環境之間的關係爲何？
系統理論（ general systen theory ）	科際整合	・此一系統如何、爲什麼以一整體來運作？
混沌理論 （ chaos theory ）	理論物理學、自然科學	・什麼是所觀察到的脫序現象（如不可預測性的行爲）之眞實意涵？
詮釋學 （ hermeneutics ）	神學、哲學、文學批判主義	・人類行爲發生的條件是什麼？詮釋者須能投入理解，加以詮釋其意義
導向性的質的探究 （ orientational qualitative inquiry ）	意識型態、政治經濟學	・研究者的意識型態或理論觀點是如何顯現、詮釋現象及人類行爲？

（續）表 2-3　質的研究中的差異：理論傳統

觀　點	學科根據	中心問題
紮根理論 （ grounded theory ）	現象學	・透過研究者根據理論觸覺、邏輯思考、人生經驗及研究上的感受時作的判斷，在研究中反映行為及社會的實體
行動理論 （ action theory ）	實踐取向哲學	・研究是一種實踐、研究過程，是批判式的探討，透過研究者與被研究者的對話，而瞭解、反省、辯論及建構新的理解

資料來源：M. Q. Paffon,1990. *Qualitative Evaluation and Research Methods* ,p,88.,修改自吳芝儀、李奉儒(1996)，p.70.

系，而是有其不同的典範，如**表 2-3** 所示可略窺一二。

　　因此，想要為質的研究作一定義，並不是一件容易的事，因其在發展歷史上有其複雜多元的特性。Denzin和Lincon（1994）將質的研究的發展劃分為五個時期，或許有助於我們對兩性關係的質的研究方法有更進一步的瞭解，此五個時期如下（引自胡幼慧，1996：15～18）：

(一)**傳統期（the traditional period）**

　　由一九〇〇年至第二次世界大戰為止。質的研究仍以對於殖民社會的田野觀察經驗，進行實證主義典範的「客觀性描述」為理念。研究者嘗試將一些社會中的混沌（chaso）現象的事實，整理成一定型的規則，而以科學語言加以解釋及推論。今其所謂「科學」之「客觀」已受質疑。

(二)**黃金期（又稱現代主義時期）(the modernist phase)**

　　此時期質的研究以參與觀察為主，之後並加上問卷使用等多元的研究方法，資料的收集與分析也是經過「標準化」的設計，

其中包括了俗民方法學、現象學、批判理論、女性主義論等，紮根理論也在此時期產生。這階段為學術上及政治上質的研究的高潮期。

(三)領域模糊期 (blurred genres)

此時期因文化人類學者Geertz（1973）提出社會科學和人文科學的領域不應明顯區分，領域模糊論因而產生，各領域開始跨領域尋找理論、模式與方式，如詮釋學。此時，人文視野也開始進入質的研究，帶來了文化批判等理論。

(四)表達的危機期 (crisis of representation)

在一九八〇年代中期出現了表達的危機，視出版的「研究」和「著作書寫」本身即為性別、社會階層、種族的反射（reflexive）因而有所省思。批判性及女性主義的知識論則在此階段突顯，而質的研究者更意識到自身道德權威與科學權威的處境，以及國家、資本社會知識權力所製造的危機（Clough, 1992），研究進入自我反映與自我批判的後現代主義（post modernist phase）。此時，傳統研究的標準（如信度、效度、推論性等）均呈現了問題，並受到批判。

(五)第五期：目前的發展

在方法上，研究者不再被視為旁觀者，更多的行動研究（action research）及運動取向（activist-oriented）的研究正展開，而傳統習慣龐大的研究理論說辭，也轉向區域性的小型理論，以符合說明更具體情境下的具體問題（Lincoln, 1993）。

透過以上質的研究的演變，也許協助我們對質的研究定義的多元及可變性多些理解，胡幼慧（1996）提醒我們質的研究本身並不是靜態一致共識的學問，而是人類對社會知識和知識建構的一系列「革命」（p.18）。或許這段話正回應本章開始Kuhn所提到的「科學的革命」——科學知識的成長是來自一連串革命的躍變，而這躍變是來自反省、批判，才有可能自解構中重新建構更符合

專欄2-1　不同取向的質性研究

　　質性研究本身具有了多元的觀點及取向，學者R. Tesch
(1991：17-25)(引自Dey, 1993：2-3)將其分爲三種基本模式：
其一爲「語言導向」(language-oriented)，這個研究取向著重在人
們是如何溝通和對他們的互動行爲有所感受；其二爲「描述／解
釋」(descriptive／interpretive)，即透過對社會現象的描述和解釋
而有所瞭解其意義，而這意義同時也來自於自身的經驗；其三爲
「理論建構」(thory-building)，即辨別社會現象之間的關聯，如行
動者 (actors) 如何界定情境而建構、影響事件行爲。

　　此外，學者R. Tesch (1990：58) 也整理了四十六種質的研究
的取向 (引自Dey, 1993：2)：

質的研究的不同取向 (依英文字母順序排列)

‧ action research	‧ clinical research
‧ case study	‧ cognitive anthropology

探求人類行爲意義的需求 (雖然Kuhn的典範概念旨在闡述自然
科學，並非針對其所認爲只有「學派」而談不上「典範」的人文
社會科學，但對兩性關係的研究來說，因其爲科學研究，則更需
哲學論證的方法論來指導)。

- collaborative enquiry
- content analysis
- dialogical research
- conversation analysis
- Delphi study
- descriptive research
- direct research
- discourse analysis
- document study
- ecological psychology
- educational connoisseurship
  and criticism
- educational ethnography
- ethnographic content analysis
- ethnography of communication
- ethnomethodology
- ethnoscience
- experiential psychology
- field study
- focus group research
- grounded theory
- hermeneutics
- heuristic research
- holistic enthnography
- imaginal psychology
- intensive evaluation
- interpretive interaction
- interpretive human stadies
- life history story
- naturalistic inquiry
- oral history
- panel research
- participant observation
- participative research
- phenomenography
- phenomenology
- qualitative evaluation
- structural ethnography
- symbolic interactionism
- transcendental realism
- transformative research

二、方法

　　在討論了有關質的研究的定義與內涵之後，如何設計、收集、分析並應用質的資料（qualitative date）是我們必須面對的首要課題。而收集質的資料之方法，最具代表性的有下列三大類（吳芝儀等，1996；賈馥茗等，1992；Dooley, 1984），即：(1)深度、

開放性訪談；(2)觀察；(3)書面文件等。現分述如下：

(一)深度、開放性訪談

訪談的目的在於發現存在他人心中的是什麼。深度（in-depth）、開放式的訪談（open-ended interview）並不是將事件（events）放入他人心中（如研究者預先設想好要得到的範疇），而是去接近受訪者的觀點（因為，事實上我們無法觀察受訪者的感受、想法和意欲）。

訪談在質的研究中是相當重要的方法，依準備類型、概念化及使用工具的不同，可以分為下面三項：(1)非正式的會話訪談；(2)一般性訪談導引法；(3)標準化開放式訪談（吳芝儀等，1996：227～230）。

● **非正式的會話訪談**（informal conversational interview）

非正式的會話訪談，乃是視訪談為持續參與觀察實地工作的部分，訪談的問題會在互動關係（歷程）中自發性地呈現。這是訪談法中最開放的方式，也保有最大彈性，換言之，訪談者可以從情境脈絡的立即性之中掌握問題。主要使用的工具是與參與觀察結合，訪談者（即觀察者）並不在現場作札記等記錄，只有在離開訪談／觀察情境時，才會寫下學習到的重點，在某些情況下，隨手的筆記或錄音也是自然的方式。

非正式訪談所收集的資料，較不易統整及分析。因為不同的問題將會產生不同的反應，研究者必須花費相當多的時間在反應之間追尋，以找出在與不同人所作的不同訪談之不同點上所顯現的模式。相反地，較系統化和標準化的訪談有助於分析，但提供了較少的彈性，以及對個人和情境的差異性較不具敏銳性。

● **一般性訪談導引法**（general interview guide approach）

一般性訪談導引法是指在訪談時使用了一組提綱挈領的論題，而這組訪談使用的主要論題是在訪談進行之前，訪談者（或研究者）和其他受訪者所共同探索而來的，這些受訪者將與議題

有關的反應回饋給研究者而形成一份訪談議題的網要。列在網要中的論題，不必依照任何特殊的次序排列，而且用來引發反應的問題之實際字組（wording）亦無須預先決定。訪談導引只單純作為訪談期間的基本清單，以確信所有與訪談有關聯的主題均已被涵括其中。訪談導引假定在每一位受訪者中均有一些共通的資訊可被蒐集，但並不預先寫下任何標準化或結構性的問題。訪談者於是必須在真實訪談情境中，因應特定的反應者，而調整問題的字組和順序，並且深入追蹤特定反應之後的內涵與意義。

● **標準化開放式訪談**（standardized open-ended interview）

標準化開放式訪談包括一組經過小心謹慎地字斟句酌和組織的問題，意圖讓每位反應者經歷相同的程序，並以同樣字組的相同問題來詢問每一位反應者。調查中的彈性多少受到限制，取決於訪談的性質和訪談者的技巧。標準化的開放式訪談應用於當減低問題呈現於受訪者的變異有其重要性時，此法可降低為不同人作不同訪談時產生偏差的可能性，包括從某些人身上獲得較綜合性資料的難題。當以相同的主題，對大量的人們進行訪談時，標準化開放式訪談尤為適用。因為事實上，除他們自身之外，不同訪談者即使對單一的主題也會以不同方式來詢問問題。藉由控制和標準化該開放式的訪談，訪談者將獲得有關每位反應者的系統的和詳盡的資料，不過，此一過程也相對地降低了訪談資料獲取的彈性和自發性。

以上三種質的研究的訪談法有一共通點，即受訪者以其自身的語彙來反應，表達其個人的觀點，這是與封閉式訪談、問卷、測驗等量的研究最大的不同。質的研究的訪談基本上只提供一個架構，在此架構中，受訪者可以用自己的語彙表達自己的理解與感受，三項質的研究訪談與量的研究中常使用的封閉式訪談之比較如**表 2-4** 所示。

㈡**觀察法**

表 2-4　訪談法的比較

訪談類型	特色	主要工具	優點	缺點
非正式會話訪談	·問題顯現於立即的情境脈絡中，並於事件的自然進行中被詢問 ·沒有任何先決定的問題主題或字組。	·訪談者（即研究者）可能在自然情況下使用隨手筆記或錄音	·增進問題的突顯性和關聯性；訪談被建築於且浮現於觀察中。 ·訪談能夠配合個人和環境氣氛。	·以不同的問題，從不同的人，蒐集不同的資訊。如果特定問題並未「自然地」出現，較不具系統化和綜合性。資料組織和分析可能會相當困難。
訪談導引法	·訪談所要涵括的主題係事先以綱要的形式明定。 ·訪談者於訪談進行中決定問題的順序及字組。	·訪談者 ·訪談大綱 ·隨手筆記 ·受訪者同意下的錄音	·綱要可增進資料的綜合性，並使對每一位受訪者所做的資料蒐集較為有系統。 ·在資料之中的邏輯性鴻溝，能被預測且將之消弭。訪談維持了相當的會話性和情境性。	·重要的且突顯的主題，可能會因疏忽而遺漏。呈現順序和問題的彈性，可能導致受訪者從不同角度發出的不同反應，因而減低了反應的可比較性。

（續）表 2-4 訪談法的比較

訪談類型	特色	主要工具	優點	缺點
標準化開放式訪談	・問題所呈現的精確的字組和順序，係於訪談事前所決定。 ・所有受訪者均被詢問以相同的次序呈現的相同基本問題。	・訪談者 ・標準化的訪談大綱 ・隨手筆記 ・受訪者同意下的錄音	・反應者回答相同的問題，因而增進了反應的可比較性。每一位受訪者在訪談中依據所陳述的主題而反應的資料是完整的。當必須使用數個訪談者時，可減低訪談者效應和偏差。	・訪談對於特殊個人和環境所具彈性極小。 ・問題的標準化字組，可能羈絆和限制了問題和回答的自然性和關聯性。
封閉式、固定反應的訪談	・問題係以完全開放的形式來擬定。 ・問題和反應範疇均於事前決定。 ・反應是固定的；受訪者僅能從這些固定的反應中來做選擇。	・訪談問卷 ・不一定有訪員在場	・資料分析甚為單純；反應可被直接加以比較和易於核計。 ・在短時間內，可詢問許多問題。	・受訪者必須使其經驗和感受適合研究者的範疇。 ・可能被受訪者認為是非關個人的、不具關聯的且機械化的。 ・可能會扭曲反應者真正意思，或完全限制他們的反應選擇。

資料來源：修改自 M. Q. Paffon, 1991.Qualitative Evaluation and Research Method.p.290.，引自吳芝儀、李奉儒(1996),p.235.

觀察法（observation）是質的研究的另一重要方法，由於人類的知覺是有選擇性（selective perception）的，觀察同一現場、情境或事物時，不同的人會看到不同的東西，因為人們所「看到」的一切是取決於其興趣、偏見和背景知識等，所以解釋觀察的結果往往有很大的變異。在成長的歷程中，我們的文化會告訴、引導我們去觀察什麼；在我們幼年時的社會化歷程中，即已開始讓我們在觀察中成長並理解、認同自己的社會及文化。此外，我們所處環境或世界中的價值、信念也指引著我們對所見所聞作詮釋，那麼，觀察而來的資料，究竟如何取得我們的信賴呢？

　　在質的研究中，觀察法十分重視觀察者的訓練以及周密的準備，這也是運用觀察方法的科學研究所要求的。觀察訓練包括學會如何作描述；練習觀察記錄（如記錄確實的語言、非語言資料、情境的描述；瞭解如何區分觀察細節及瑣事；並且能使用精確的方法去證實觀察的事實（吳芝儀等，1996;Aronson, Wilson, & Akert, 1994）。基本上訓練成為一位能進行系統化觀察的人員並不是一件容易的事，卻是必要的步驟。

　　為執行觀察活動所作的準備，和觀察訓練是同等重要的事。準備應包括思想、身體、知識和心理等方面。思想的準備在於如何在觀察過程中集中注意力、全心投入，好比開啟科學之眼、耳、味覺、觸覺及嗅覺般慎重，這部分猶如醫學院學生的訓練以「鷹眼、獅心、纖細的手」來觀察、取得資料一樣。在質的研究中，研究者（觀察者）即工具，如果沒有銳利之眼、開放熱情之心，以及能感受能撫摸的手，又怎能取得質感不同的資料呢？經過訓練和準備的觀察者，才能預示觀察方法潛在的本質。除了觀察員、小型攝影機及錄音機亦是良好的工具。

　　觀察資料的目的在描述（describe）被觀察的場合，及此現場中所進行的活動、人們及其呈現的意義。描述必須真確、詳細，卻不是贅言與瑣事，好的觀察記錄能使閱讀者投入並且理解所描

表 2-5　質的研究主要方法的缺失

方　法	弱　　點
訪談法	·資料易受社會贊許影響 ·資料易受回憶（recall）錯誤的影響 ·資料易受受訪者情緒（當時）的影響 ·資料難以排除自發性的回答 ·資料易受受訪者對訪談者的反應而影響
觀察法	·觀察者的介入與干擾 ·社會贊許的影響 ·觀察資料的有限性，例如只在外顯行為
文件分析	·文件記錄可能有測量上的錯誤或筆誤 ·文件記錄可能經過篩選（如留下受肯定的） ·檔案記錄可能遭到塗改（如磁片）

述的現象 (Dey, 1993；Spradley, 1980)。

　　一般來說，觀察多在實地 (field) 中出現，有一些方式是常使用的 (參考吳芝儀等，1996)：例如參與觀察、實地觀察 (field observation)、質的觀察 (qualitative observation)、直接觀察 (direct observation) 等。Lofland (1971) 對這些方式指出「所有這些名詞指的是在一個不斷發展的社會場合之中，或是在其周遭情況中，進行、完成一項質的分析的目的」(吳芝儀等，1996：162)，這部分可以參考**圖 2-5**。

㈢書面文件

　　書面文件 (document) 可以協助質的研究獲取資料，並進行文件分析 (document analysis)。也就是研究者從組織的、臨床的，或者方案記錄中，產生摘錄、引述，或整個事件的記錄；章程規約和信件、傳真資料、便條資料；官方出版品和報告文件；個人日記；以及對問卷和調查的開放式作答部分等的書面資料中，依據研究者的方法論取向及技巧、敏感度和誠實所作的分析。

透過文件所提供的具體價值，能使研究者瞭解被研究者或現象的形成脈絡，同時也可以協助研究者釐清在直接的觀察或訪談時更重要的問題。

三、限制

基本上，在質的研究方法中，訪談、觀察、文件分析是三者互補的。多數質的研究的設計也是採取綜合性的設計以獲取事實。在**表 2-5** 可發現三種方法的弱點，因此三者在現場情況允許下，依研究需求及不違背研究倫理的原則下，應是可以相互支援的。

研究方法的反省與對話

在兩性關係的領域中，研究方法應可以回到方法論的反省與探究，李美枝（1996）在其一篇討論研究主體性的文章中，深切地展現了對二十多年心理學本土化運動的批判與期許。在先前討論的量的與質的研究中，其有些共通的困境或立場，如樣本的選擇及數量，這部分涉及抽樣（sampling）的原理，也是研究方法（不論質的或量的）都必須面對的挑戰。在抽樣方法上約有如**表 2-6** 所列的方式，可協助我們選擇恰當的樣本。

Paffon（1990）曾指出，無論是量的或質的研究，樣本的規模決定於研究者想瞭解什麼、研究什麼、危機何在、什麼有用（效度）、什麼有信度，以及以現有的資源（時間、精力）可完成什麼，這也是一個廣度與深度的問題。研究者可研究多數人的特定經驗（求廣度），或少數人的多項經驗（求深度），這些因嚴謹的方法所獲取的資料對探索人類行為或現象並記錄與理解其變異情形來說，都是有價值的。

表 2-6　抽樣的方法

類　型	目　的
A.隨機或然率抽樣	代表性：抽樣規模爲對象母群體之函數，並達到預計之信度
簡單隨機抽樣	・允許樣本對其代表之母群體進行類推
分層隨機和組群抽樣	・提高對特別的團體和地區類推之信度
B.立意抽樣	選擇資訊豐富之個案進行深度研究。規模和個案取決於研究之目的。
極端或異常個案抽樣	・從研究現象之極爲異常的表現中瞭解情況，如傑出的成功／引人注目之失敗，優等生／輟學者，奇異的事件以及危機等
深度抽樣	・能有力地說明現象，但又不極端的資訊豐富個案，如好學生／壞學生，平均以上／平均以下
最大變異抽樣	・記錄爲適應不同條件而產生的獨特或不同之變異。辨別變異中重要的共通性組型
同質性抽樣	・集中、減少變異，簡化分析，便利團體訪談
典型個案抽樣	・演示或說明什麼爲典型、正常或平均的
分層立意抽樣	・說明具體研究團體之特性；便於比較
關鍵個案抽樣	・可做邏輯類推。因爲如果這個個案是這樣，其他的案例也會如此，所以資訊有最大限度的應用性

類　型	目　的
雪球或鏈式抽樣	・透過不斷認識資訊提供者，瞭解要研究個案之情況，即適於研究之好個案、好的訪談人選
標準抽樣	・選擇所有符合某一標準之個案，如所有在某醫院受虐待之兒童；品質保證研究
理論或操作建構抽樣	・發現理論建構之表徵，以闡明和檢驗該建構
驗證性和否證性抽樣	・闡明和深化最初之分析，尋找例外，檢驗變異
機會抽樣	・實地工作中掌握新線索，利用偶發事件及彈性之機會
隨機立意抽樣（仍為小型樣本）	・當潛在立意樣本太大難以對付時，增加樣本之信度。減少立意範疇中之判斷（不求類推性或代表性）
政治上重要個案抽樣	・吸引他人對研究之注意（或為避免不必要的注意，有目的地從樣本中排除政治敏感性個案）
便利性抽樣	・節約時間、金錢和精力。最無理性；最低信度。產生資訊貧瘠之個案樣本。
綜合或混合立意抽樣	・三角測定，具彈性，滿足各種不同的興趣和需要

資料來源：M. Q. Paffon,1990.*Qualitative Evaluation and Researcl Mothods*,引自吳芝儀、李奉儒(1996).p.147.

一、量的研究與質的研究之對話

　　歐用生（1989）曾針對量的與質的研究的典範指出，倘若質的研究者或質的研究者各自固守其研究典範，則質的研究者可能

表 2-7　量的研究與質的研究的比較

項　目	量的研究	質的研究
主要的慣用語	·實驗的、硬體資料、外在觀點、經驗的、實徵的、社會事實、統計的	·俗民學的、現象學的、生態學的、田野研究、個案研究、生活史、紀錄文件、符號互動、軟體資料、內在觀點、自然的、描述的、參與觀察
主要的相關概念	·變項、可操作的、信度、效度、假設、統計上的顯著、可複製的	·意義、常識的理解、不遽下斷言、情境的釋義、日常生活、理解、歷程、磋商的順序、實際的旨趣、社會建構
相關的理論主張	·結構功能論、實在論、實徵論、行為主義、邏輯經驗論、系統理論	·符號互動論、俗民方法論、現象學、文化人類學、觀念論
研究的設計	·精密的、集中的、預定的、有對研究文獻評析的、假設的列舉	·開展的、彈性的、共通的、大致的、粗略的
樣本	·大型的、分層的、控制組、精確的、隨機的、控制外在變項	·小型的、非特定的、合於理論架構的抽樣
研究方法	·實驗、調查研究、結構化的唔談、準實驗法、結構化的觀察、資料的組合	·觀察、文獻及文件的評析、參與觀察、開放式的唔談
研究工具	·量表、問卷、建立指標、電腦、標準測驗	·錄音機、錄影機、攝影機
與研究對象的關係	·有界限的、有距離的、短暫的、置身事外的、少溝通的	·設身處地的、互相信賴的、平等的、深入的接觸、朋友關係

（續）表 2-7　量的研究與質的研究的比較

項　目	量的研究	質的研究
資料分析	演繹的、可作成結論的、統計的	持續的、主題化的、概念化的、歸納的、比較的
限制	很難控制研究外的變項、易淪爲物化、不週延、缺乏效度	耗時、分析困難、缺乏信度、程度很難標準化、不適用於大規模的團體

資料來源：賈馥茗、楊深坑(1993)，《教育學方法論》，p.237.

爲了深度而犧牲了廣度，量的研究者可能爲廣度而犧牲了深度。兩種研究是否能截長補短而合併使用呢？歐用生認爲許多研究常併用兩種途徑，但是這兩種典範，無論在理論、假設、研究技巧和工具方面都不一樣，兩種方法併用的研究，往往都不能滿足任一方法要求的標準，這種研究結果易淪於方法的研究，忽略了眞正要研究的主題（p.29）。於是許多學者探求「融合」這兩種典範的基礎，以構築一個統整的方法。古希臘神話中，有個強盜名叫Procrustens，傳說中，他在捉到旅客後，把旅客綁在床上。爲了使被綁的人適合他的床，就把高個子的腿砍短，把矮個子的身體拉長。Howe和Eisenhart認爲若將研究典範截然劃分爲質的研究典範與量的研究典範，則研究典範就和故事中Procrustens的床沒有兩樣，所謂的適合將失去原有的意義。Procrustens因爲拘泥於他的床，而使得要臥床的主體——人，變得不成人樣。若研究者執著於任一研究典範，則研究將無法求得眞相，更甚者可能會歪曲、誤解眞相。研究者在選擇研究典範時，應依研究題材和問題來決定，也應瞭解每種方法都有其限制（如表2-7），正因探求全貌必須由多元角度去觀照，更應增加不同典範之間的對話空間，以探求事實眞相。

第二篇

兩性的比較

第三章
性格發展與社會發展

郁凱：媽咪，「河東獅吼」是什麼意思啊？

媽媽：比喻女生兇巴巴的叫罵聲啦。你怎麼知道這四個字啊？這是有故事的……

郁凱：喔！隔壁韜韜哥哥形容他媽媽每天管東管西、囉哩囉嗦、又吼又叫的時候說的……他還說每一個家裡都有一隻母老虎當管家婆。真奇怪，怎麼又是獅子、又是老虎的。媽咪，你是獅子還是老虎啊？

媽媽：那就問問你囉，小乖乖，我有大吼大叫、囉哩囉嗦的嗎？

郁凱：……是沒有像獅子、老虎那麼兇啦，不過，如果可以像熊一樣冬眠的話，我的耳朵可能會舒服些！

——劉秀娟，1995，台北

　　對於存活於世的每一個人來說，除了生物學上結構的獨特性之外，基本上兩性在生理上的發展和認知能力的發展等方面的「性別差距」，並不會特別明顯於「個別差異」（參考彩圖二、三、四的部分文獻資料）。或許，在本章所討論的性格發展和社會發展，可以提供我們機會去思考：真正的性別差異究竟是什麼所造成的？它反映了什麼？

　　一般來說，當我們提到男性化與女性化的時候，就是在談論某種性格和社會特徵。如同第一章的形容語彙，女性多半被視為情緒化、順從、敏感、多話的，而男性則多半是展現了正向特質，在圖 3-1 中，我們可以十分清楚地發現這樣的評價。

　　在回顧研究結果和文獻中，我們必須承認在性格及社會發展的領域中存在著極為驚人的個別差異（Basow, 1992），然而，這些差異是建構在研究對象、方法及社會文化之上，所以我們很難推論、預測個人的表現，當然也難以區分兩性之間的具體差異，尤其個人在決定行為及表現行為時，情境因素會和個人因素產生

我們這裡不能有女人！　　因為女人是　　　你知道的，女人
　　　　　　　　　　　不講邏輯的！　　　也是不講理的！

女人老是在表現　　　女人眞是太情緒化了！　她們和我們是不相同的！
她們的感受！

圖 3-1　性格方面的「差異」？

資料來源：S. A. Basow,1992.*Gender:Stereotypes and*
Roles.,引自劉秀娟、林明寬(1996).p.101.

交互作用 (interaction)，即相互影響，這情形再度提醒我們，以
個人的性別性格來揣測個人的社會行爲是必須謹愼的。

性格發展

性格 (personality) 又稱人格，是指個人特有的特質、行爲、
情緒與思想 (Basow, 1992；Scupin, 1992；Shaffer, 1996；
Zimbardo & Weber, 1994) ，換言之，即個人在不同時間裡面
對各種情境時，所表現出來的獨特心理特質，並據以決定個人的
行爲模式和思維。此外，在談論一個人的性格時，多半會涉及氣
質 (temperament) 一詞，氣質指的是情緒性的心情與傾向。我
們假設在這兩方面都有性別差異存在，例如有人會覺得小男孩比

小女孩較不怕生、較活潑好動，或者「比較難帶」等，不過，根據性格理論的相關文獻指出，在性格研究這部分，個別差異是比性別差異明確的（Basow, 1992：34；Scupin, 1992），但是從Freud的心理分析觀點來看則性別差異則是十分鮮明的（回想第一章提到性別概念形成的部分）。於是讓我們進一步來看看性格與性別形成或概念的關係。

一、性格發展

在第一章我們提到性別概念形成時，可以發現幼兒是在二、三歲左右開始學習性別刻板印象的，但幼兒並不一定會完全依照這些方式來表現，如果以刻板印象中遊戲或活動類型來觀察，不難發現女孩玩「男生的」遊戲比例極高，但男孩玩「女生的」遊戲則不多見（Basow, 1992；Spodek & Saracho, 1994）。例如，我們看見三歲的小女玩裝扮、想像遊戲的主題是救火的消防員或醫師（這被視為是極為平常且自然的傳統的男性職業），七歲的女孩跟男孩一塊玩騎馬打仗等狂野遊戲也是常有的，但是在社會戲劇遊戲中，要求五歲男孩扮演新娘可能就會遭到拒絕（劉秀娟，1995）。

同樣的，在傳統的刻板印象中，女性化特質是被視為表達性的，即女性較男性善於表達情感、敏感、溫暖等，但在一項有關幼兒性格特質之一「玩性」（playfulness）的研究中（N＝2316, 1995）發現，五、六歲的男孩在「歡樂情感」（joy of affection）的表現顯著優於女孩，也較常使用「我覺得這很好玩」或在遊戲中作「如果你打針不那麼用力，我會覺得比較不痛」等口語、非口語的表達，一年之後，研究者又再度研究三、四、五（六）歲的幼兒（N＝1247, 1996），結果發現在研究中的性別差異幾乎不存在，此外，幼兒在玩性這項性格特質及社會遊戲（social play）中，男孩僅在活動類型上略較女孩偏好動態的（如舞刀、比劍）

活動，但在認知、社會、身體自發性（玩性本質的部分）及社會性邀請、互動回應、討論溝通等方面（社會遊戲內容部分），男女兩性的表現並無差別（劉秀娟，1995；1996）。

　　的確，在性格發展的領域中，性別差異是受到不少學者質疑的（Basow, 1992），但是從青春期的早期開始，個人要適應來自社會文化的性別期待的壓力便逐漸增加，這時候的青少年與先前學齡兒童對自我概念的描述不同，會十分明顯地與性別角色期待一致（Basow, 1992）。例如女孩會比男孩更常使用體貼來描述自己。但是近年來，有關男性化及女性化特質的研究也產生了一些變化，在男性化特質上的性別差異已經降低（Gill, Stockard, Johnson & Williams, 1987；Snell, 1989），如獨立、果斷也會出現在部分女孩的描述中，而在傳統表達性的女性化特質仍具有十分明顯的差異（Basow,1992），或許這現象是值得我們思考的。

　　由於性別刻板印象的存在相當普遍，所以我們無需因大多數人都以如此符合性別角色的角度來看待其行為而感到訝異，因為他們是否真的以這種方式來表現仍是另一回事，這個問題是本章隨後的關注焦點。即使我們發現行為上有一些差異，都極有可能是情境因素、不同的學習機會，或是對不同的性格所給與的社會酬賞所造成的。

　　性格和行為之間的關係是很重要的課題。普遍來說，女性會覺得自己比男性更具有表達性特質，而男性則覺得自己比女性更具有工具性特質，我們很容易將這些特質視為天生的，或者，至少基本上區分為屬於男性或女性的特質。因為如此，我們似乎會認為是不同的兩性性格「造成」了不同的兩性行為，然而，**圖 3-2** 提醒我們，有可能是因為兩性的行為差異才「造成」了兩性的性格差異，也就是說，可能是因為兩性所扮演的特殊角色以及其面臨到的不同情境，所以發展出不同的特質（Epstein, 1988）。例如，一個人如果耗費大量的時間去照顧他人，特別是幼兒時，將

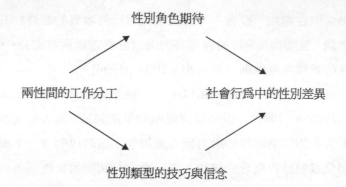

性別角色期待

兩性間的工作分工　　　　　社會行為中的性別差異

性別類型的技巧與信念

圖 3-2　表現在社會行為中的性別差異的社會角色理論

資料來源：A. H. Eagly, 1987. *Sex Differences in Social Behavior: A Social-Role Interpretation*. 引自劉秀娟、林明寬譯 (1996). p. 1.

會受到鼓勵去發展出養育的及表達性的特質；如果一個人花費大量的時間在互相競爭的階層化情境中，也將會被鼓勵去發展果斷性的特質。在一個跨文化的研究中，Whiting和Edwards（1988）發現，花費足夠時間與嬰兒相處的個人將成為一位具表達性、養育性特質的個人，然而在大多數的文化中，與嬰兒長時間相處的通常都是女性。

　　到了青少年期，男孩與女孩也會花費大多數的時間去從事不同的事物（Timmer,Eccles, & O'Brien, 1985）。青少年期的女性比男性同儕花更多的時間去從事家務工作及梳洗妝扮的活動，而男性則會花較多的時間去參與運動活動。這些不同的活動，正符合性別刻板印象，可能會增進其發展出不同的特質與行為。例如，對於運動的參與，將會比做家事更能促進競爭特質的發展。

　　這種角色和經驗會影響到性格的發展。雖然大多數的研究都集中在兒童及大學生身上，性格發展却是終其一生持續不斷的，倘若我們將性格發展定義為自我（ego）的發展（對自我及他人的

知覺複雜度的增加，Loevinger, 1976），兩性差異從兒童期到青少年早期（十三歲左右）就會不斷增加，然後在青少年期維持一適當的程度，到了大學階段會逐漸減少，接著在大學生涯結束前幾乎會消失（Cohn, 1991）。這個差異的指標對女性較有利，倘若男女兩性在成熟過程中，從衝動性到自我保護、順應社會、自我覺知、良知的產生，最後是依循自我的看法及自律性（能達到最後階段者只有少數），即使在同一階段中，女性也較男性發展得更好。

　　為數不少的研究報告中發現，當人們從青少年後期到成年中期的成熟過程中，會傾向於成為更具兩性化特質的個體（也就是說，結合表達性及工具性的能力）（Mitchell & Helson, 1990）。隨著年齡的增長，男性會變得更能接受表達性特質，而女性則會變得更具自信。在二十多歲準備為人母時又呈現表達性的女性化特質，在接近三十歲到四十五、六歲之間，當她們養育兒童的責任逐漸卸下時，又會顯得比較兩性化。因此，在整個人生歷程中要對性格的性別差異加以推論時，必須十分注意研究對象的發展階段與角色。

　　部分的性格學家，主要是心理分析論者，仍假定性格上基本存在著性別差異。Freud認為五、六歲的幼兒會因生理結構上的差異再加上性心理（psychosexual）的動力，而使得男孩和女孩發展出不同的性格特質。因為Freud認為，陰莖在本質上是優勢的性器官，根據他的陳述，當男孩意識到自己有陰莖而女孩沒有時，會感到優越，並且在性心理發展的性器期發展出主動獨立特質，同時，男孩和女孩都會藉由對同性成人的認同而發展出自我的性別認同。在這個觀點中，女孩必須對那些擁有弱勢性器官的個體認同，然後便會發展出弱勢的情感以及虛榮、被動和依賴的特質；這些情感與特質是「正常且自然的」。我們在其他章節中可以看到，Freud理論在這個層面上並沒有得到足夠的實證支持，雖然如

此，它仍明顯地指出性別差異的文化理論的存在。

二、氣質

在氣質方面，我們常常會認為女性比男性更順從被動，然而，「被動性」（passivity）這個詞代表了許多不同的意涵：順從、對性缺乏興趣、依賴、不活潑等。從有關的研究中可以清楚瞭解，女性比男性被動的說法，並沒有得到足夠的支持（Basow, 1992）。

「氣質」通常表示基本的情緒傾向，是性格的一部分，即個體如何表現行為特質的總稱，亦即指行為的「如何性」（how）（Thomas & Chess,1977）。以嬰兒為對象的研究中顯示，在情緒這個領域中只呈現極少的性別差異，但是和女嬰比較起來，男嬰會顯得更暴躁易怒、情緒不安定、不在意他人、較少的社會性反應（Van Hasselt & Hersen, 1992）。但是基本上的性別差異並不明顯，在**表 3-1**可以發現一般新生兒到三歲幼兒情緒發展的概況。對於三到五歲的男孩和女孩來說，引起情緒爆發的情境是不相同的，男孩子通常會對挫折情境、與成人之間的衝突，及造成恐懼增加的情境產生反應，而女孩則大多是對同儕間的衝突產生反應。產生情緒反應之後，女孩也會比男孩更快排除這些情緒（Basow, 1992）。

青少年期間，男孩和女孩經驗到了相同強度的情緒發展，但是情緒的類型却是不同的，這些感受最為強烈且經常發生，此外，兩性在情緒產生的情境上也有差異。Stapley和Haviland（1989）發現，十二歲以上的學生最容易出現三種情緒——歡樂、興趣及生氣；研究結果顯示，女孩的負向情緒表現比男孩更顯著，尤其是沮喪、羞澀、羞愧、罪疚和自我的敵意等；另一方面來說，男孩比女孩更易感受到屈辱的情緒。男女兩性在情緒引發的情境或事件方面也有差異，女孩的強烈情緒通常與自己相關的事件有

表 3-1　人類基本情緒的發展情況

最常見的年齡（月）	愉快－高興	擔心－恐懼	生氣－憤怒
0-3	・自發的微笑	・驚嚇	・不舒服的痛苦
3	・愉快	──	・生氣；沮喪
4-5	・欣喜；主動微笑	・擔心；憂愁	──
7	・高興	──	──
9	──	・恐懼；厭惡（陌生人）	──
12	・非常開心	・焦慮；立即的恐懼	・惱怒；憤怒
18	・對自己的正向評價	・害羞	・挑戰
24	・喜歡	──	・有意傷害
36	・驕傲；愛	──	・內疚

資料來源：L. A. Sroufe.1979, Socioemotional Development, in J. D. Osfsky(ed.). *Handbook of Infant Development.* 引自郭靜晃、吳幸玲(1993).P.237.

關，而男孩的強烈情緒則多半與活動和成就有關；因此，並不能說女孩會比男孩更容易經驗到激烈的情緒，因為兩性的情緒差異是在於情緒的類別及其產生的情境所致。

　　性別差異也可能是性別期待的結果（如圖 3-2 所示），女孩，尤其是具有高度「女性化」特質的女孩，可能比較被認可表現出害怕及焦慮，因為這些認可是社會所接受的，而且是被期待和贊許的。關於這一點Birnbaum和同事（Birnbaum & Croll, 1984；Birnbaum, Nosanchuk, & Croll , 1980）研究發現，一般人對於學前幼兒的情緒有著不同性別的刻板標示，例如女孩通常會與害怕、沮喪及快樂聯結在一起，而男孩則是與生氣聯結在一起。除此之外，父母也會持有相似的刻板印象來對待自己的年幼子女，而電視節目中也可看到這類的刻板印象。例如，電視播放的卡通影片中，可以發現男孩在活動或成就受挫時是以生氣的表情與行為來表現，這在目前十分吸引學童觀看的〈灌藍高手〉卡通

專欄3-1　氣質的向度

　　由於各家學説所著重的論點不同，對質氣向度之劃分亦有所不同，最廣爲運用者乃是Thomas和Chess之研究小組以因素分析法將其紐約縱貫研究（N.Y.L.S.）的訪談資料分爲九項相互獨立的具體行爲因素：

1.活動量（activity level）

　　指特定個體的機能性活動内容以及每日活動、不活動的時間比例。

2.規律性（rhythmicity or regularity）

　　指各種機能時間的可預測性。例如：睡與醒的週期。

3.趨避性（approach or withdrawal）

　　對新刺激（如新食物、新玩具或陌生人）的最初反應。「接近」是屬於正向的，而「躲避」則屬於負向行爲。

4.適應度（adaptability）

　　對新情境或情境改變的反應，即個人朝向被期望的方向調整

主角之一的櫻木花道身上最爲明顯（如圖3-3），或是以挑戰挫折、解決困難爲行爲特質，例如偵探卡通片中柯南所扮演的角色。實際上，父母比較能接受男孩表現出生氣及女孩表現出恐懼，反之則不然（例如，在〈小叮噹〉卡通中的男孩大雄及女孩宜靜）。由於恐懼對女孩來說是受到社會接納的，甚至是贊許鼓勵的，所以女孩可能會比男孩更易表現出害怕，而這樣的刻板印象也可能造成女孩在研究結果中出現較多的害怕情況。這種害怕與女性化

反應的難易程度。

5.反應閾 (threshold of responsiveness)

　　喚起可辨認的反應 (discernible response) 所需刺激量大小的程度。

6.反應強度 (intensity of reaction)

　　指反應量的大小，與反應的質或方向無關。

7.情緒本質 (quality of mood)

　　總計表現愉快、有趣、友善或不愉快、哭泣、不友善等行為的數量。

8.注意力分散度 (distractibility)

　　受外在環境的干擾而改變正在進行的工作的難易程度。

9.堅持度 (attention span and persistence)

　　包括：注意力持續度及堅持度。「注意力持續度」(attention span) 是指兒童進行特定活動的時間長度。「堅持度」是指當持續的活動受到干擾時，繼續原來活動的耐力 (Thomas & Chess, 1977)。

之間所劃上的等號，也可用來解釋為何男性要常常參與冒險的活動來證明自己不會害怕 (如〈灌藍高手〉的櫻木花道、赤木岡憲)，也就是不會有女性化傾向，並且具有相當強度的男性化特質。

　　所以，就情緒發展來說，男孩原本比女孩有更多的情緒化表現，到了學齡及青少年階段便有相反的現象，尤其是在害怕及哀傷情緒方面，男孩則避免這些情緒出現；相對的，女孩會不斷抑止表現出生氣及敵對或害怕，甚至不承認自己有這類情緒。有趣

圖 3-3　八歲男孩描繪生氣的男性卡通人物速寫
資料來源：黃郁凱(1997).

的是，這個領域的研究只將情緒定義在害怕或是許多心緒的紛亂，然而事實上情緒涵蓋了相當廣泛的感受，應該也包括敵意在內。但是，雖然男性比女性表現出更多的敵對感受，我們却很少用「情緒化」來描述男性，就像**圖 3-1** 中描寫的（仔細看一看、想一想，情緒化表現的性別差異在哪裡？）。我們必須承認，「情緒」本身是由社會文化中的印象所建構的（Basow, 1992）。

根據前述所提的發展模式，社會化的歷程可能會主動激勵男孩儘量減少或偽裝他們的情緒表現。然而女孩却相對自在地持續對這些情境產生情緒反應。這些差異在青少年階段變得更加強烈，我們可以清楚地看到女性一如其性別刻板印象般地表現她們情緒化的一面以符合社會贊許。發展模式認爲在情緒表達方面的性別差異，是兩性社會化及社會角色的結果，而不是它們的基礎，其它有關於社會化歷程的研究也支持這個結論（Balswick,

1988；Basow, 1992；Brody, 1985；Fivush, 1989)。總括來說，如果認為女性比男性更情緒化那是不正確的。

社會發展

就如同前面章節所提到的，人們多半認為女性比男性更在乎以關係 (relationship) 為主的互動型態，即男性比女性更關心以權力 (power) 為中心的互動，這信念似乎反映了女性在人際關係上的經營能力與專業，然而，在許多研究中，這樣強烈主張性別差異的信念是受到質疑與爭論的，因為這似乎暗示了在社會發展上女性比男性更傾向於利社會行為的表現，而男性較具攻擊性(在第三章我們提到攻擊行為可能是相當具有性別刻板印象的一致性的)，因此我們或許可由下列利社會行為中來探究一下性別的影響程度。

利社會行為 (prosocial behavior) 包括了同理心、助人、分享行為、援助、保護及防衛等，並包括了道德及認知發展的觀點 (Van Hasselt & Hersen, 1992)，這是一種反映人類互動中社會道德本質的行為發展。從一九八〇年代開始，有關利社會行為中的性別差異即為研究所關切的重要議題 (Van Hasselt & Hersen, 1992)，因此，我們將就利社會行為中的一些主要議題加以討論。

一、合作行為 (affiliation)

幼兒的合作行為在三、四歲時即有明顯的行為表現 (劉秀娟，1996)，特別是在遊戲互動中，如共同建構積木、合作角色扮演等即可發現。在兒童期之後，幼兒會顯得更對他人感興趣，並且關懷他人，而女性在社會互動方面會比男性更加對合作行為感到興

趣，也會表現出更多的正向情感（Maccoby & Jacklin, 1974；Pollak & Gilligan, 1982）。舉例來說，當我們要求青少年們對一些他們個人覺得關心的事物，並且根據其重要性來加以排序時，男女兩性都將認同與性方面的事排在前兩項，然而，到了第三項便出現了性別的差異，女孩認為人際關係對她們來說是第三重要的事，而男孩則是將獨立自主放在第三順位(Strommen, 1977)。的確，與人際關係方面有關的事物是年輕女孩所關注的重心，而意識型態才是男孩所重視的（Cilligan, Lyons, & Hamnor, 1990）。不只是人際關係對女性來說比對男性來得重要，在人際問題情境的解決方面，青少年期的女孩也表現得比男孩好（Murphy & Ross, 1987）。所以，儘管差異到了青少年後期便已不再明顯，而且在兒童期階段，所發現的性別差異也相當的微弱，但是與性別期待一樣，這個領域中似乎是有性別差異的存在。

女性在人際關係方面的較大興趣，可能是由於：(1)性格上的基本性別差異所造成(在先前段落曾討論過這個部分)；(2)社會文化對於兩性在合作的興趣及行為增強不同；(3)受到男女兩性的社會角色定位影響所致。有趣的是，關於角色方面的解釋是建立在不同地位的基礎上的，所以由於女性對合作有較強的興趣，使得許多人因而假設女性在兩性關係（如愛情）及成就上會相對地較依賴男性（Basow, 1992）。然而，平均來說，男性實際上是比較快且比較容易陷入情網的，而且在關係結束時會變得心煩意亂、離婚後比較可能再婚、而未婚男性的情緒及身體狀況通常會比女性還差（參考Gove, 1973,1979；徐蓮蔭，1997；劉秀娟，1996；彭懷真，1996）。因此，輕易地認為女性比較需要他人是相當不適切的（關於人際關係這個主題將在第七章中有更詳細的討論）。

邁入青少年期之後的女性會比男性更有興趣在人際的關係上，然而這類興趣是否會使女性更「依賴」他人而缺乏獨立自主（男性化特質），則是一種主觀的評價，事實上在研究上並沒有具

體明確的性別差異存在。重要的是依賴這個字眼的使用常帶有輕
蔑的意味，尤其是在標榜獨立自主的美國更是如此（例如，「孤獨」
的牛仔常被認為是一種文化上的英雄）。然而，女性在合作行為方
面的表現及偏好也可被視為是互相依賴、協助，以及與他人建立
關係時的必要因素。

二、同理心（empathy）

同理心的要件之一是對他人的想法及感受的敏感程度，誠如
我們先前提過的，女性及女性化性別的個體，會比男性及男性化
性別的個體更擅長於解讀非口語的訊息，或許是因為她們和他人
之間有比較多的視線接觸，或者是她們對人們比較感興趣之故。
然而，當我們檢視其它的同理心形式，例如對於遭遇困難的人們
的反應，或是描述一個故事或一幅圖畫中的角色情感或風格時，
卻沒有出現一致的（Basow, 1992）證據來支持別差異。比較起
來，人們對於相同性別及具有相似處境的個體的感受會更加精確
即更有同理心，換言之，性別差異並不是那麼明顯。

當我們運用自我陳述的測量方式時，女性會比男性表達出更
多對他人的關心與同情。然而，如果謹慎地觀察他（她）們的行
為時，卻發現兩性間並沒有什麼差異（Eisenberg & Lennon,
1983）。女性會表達出較多的關懷，或許是受到性別期待的影響，
也有可能是她們在報告或表達時所選用詞彙的差別所致。

另一個影響人際互動的因素是地位，位於從屬角色的人們，
會比領導角色的人們更敏感覺察他人的感受（Snodgrass,
1985），由於女性比男性更可能處於從屬的角色，我們所發現的人
際敏感度方面的性別差異，其實可能是來自角色地位上的差異，
而地位的差異可能與文化有關（Collins, 1989），因為文化會反映
出該社會對角色或地位的價值。

總括來說，在女性及女性化的研究中，對他人情感的興趣及

關懷會比男性及男性化個體還多，但是在實際行為上的差異却相當微小。假如女性的同理心較男性為多，她們在像是醫療照顧這方面（需要同理心）的工作中會表現得較男性好嗎？這個問題中的所有解答都存在著許多爭議（Klass, 1988；S. C. Martin, Arnold, & Parker, 1988），但是關鍵性的變項可能是性別的類型，而不是生物上的性差異。同理心與表達性特質之間，的確有著強烈的聯結存在，但是表達性特質却受到社會化歷程的影響。

三、養育行為 (nuturance)

女性在傳統上似乎被認為只具有養育他人的能力——也就是說，能夠促進他人的發展並以此為重，這個信念的產生是由於只有女性能接受及餵養兒童的事實所致，也因為只有女性能忍受及養育兒童，因此人們就順理成章地認為女性必定是「天生」就適合照顧兒童而去照顧他人（Basow, 1992）。這個假說存在著雙重的問題：第一個問題是，沒有任何證據顯示出所謂天生的母性。第二個問題是，也沒有任何證據顯示出女性都比男性更擅長於養育幼兒。在對嬰兒及其他較纖弱者的照顧上，我們發現男女兩性都有能力表現出相等的養育行為與能力（Melson & Fogel, 1988）。

與養育行為發展有關的重要因素有：⑴出生後的關鍵期間與和新生兒的接觸（Bronfenbrenner, 1977）；⑵先前的經驗（女性在這些行為方面通常會被給與較多初步的練習——例如，玩洋娃娃，充當臨時保母；⑶性別期待（Rossi, 1985）；⑷性別形成（較多的養育行為與高表達性特質有關，Bem et al., 1976）。在性別形成方面有個有趣的發現，如果養育行為必須有果斷主動的特質來作為引導的時候，女性化性別形成女性的養育行為，將不如兩性化的女性及男性，例如深夜送子女就醫時，女性化性別的女性就可能不如兩性化女性或男性容易當機立斷決定以哪種交通工具

就醫。因此，由於女性化的女性會約束自己工具性功能的行為，所以如果面對的情境是需要表現出果斷性時，女性將較無法表現出來。

雖然沒有所謂的母性本能，但却有許多跡象顯示女性比男性更容易對嬰兒產生養育性的反應，這可能是受到懷孕期間的激素分泌的影響（Ehrhardt, 1985；Hines, 1985）。這些女性最後終會結婚而且有了孩子，然而又再一次地，激素的效果使得養育行為的學習變得較為容易。母親在生產過程中所產生的激素也會使養育行為更容易獲得（Talan, 1986）。然而，從一般生活中層出不窮的母親虐待兒童及殺嬰事件看來，激素並不一定能造就母性的行為，此外，也不會對男性學習養育行為造成阻礙。

事實上，女性在我們的社會中較可能歸於養育的角色（母親、護士、保母人員、社會工作人員等）是性別刻板印象的結果，而非直接反映出任何養育行為上的基本性別差異。Whiting和Edwards（1973, 1988）在其跨文化研究中發現，在七歲到十一歲之後才會顯現出養育行為的性別差異，而且很明顯的是不同的社會化壓力所造成的。在某些文化中的女孩並不用參與嬰兒照顧的工作，而另一些文化中的男性則必須負起照顧嬰兒的工作，結果發現兩群男女養育行為之間的性別差異相當微小，即女性和男性的表現是同樣的程度。例如，斐濟的男女兩性都得參與照顧嬰兒的工作，而且在男女兩性之間也沒有發現任何性別的差異（Basow, 1994）。

整體來看，女性並非天生就比男性更擅長於養育幼兒，在經驗及性別形成都相似的情況下，兩性間的行為差異幾乎是細微到可以忽略的。然而，我們通常會期待女性比男性更擅長於養育工作，而且在我們的社會中女性也較有可能扮演養育的角色，事實也顯示女性所擔任的養育工作比男性多。

四、利他主義 (altruism)

由於女性通常被期待去關懷他人，同時可能也被期待為是利他主義的——也就是表示生存與行動都要對他人有益，譬如協助那些陷入苦惱的人。的確，女孩在利他行為方面的評價顯著高於男孩 (Shigetomi, Hartmann, & Gelfand, 1981；Zarbatany, Hartmann, Gelfand, & Vinciguerra, 1985)，並且深受肯定。

研究者使用許多方法、情境及態度的因素來說明助人行為的性別差異，在Eagly和Crowley (1986) 的後設分析研究中發現，下列變項的組合可以解釋將近七成的助人行為上之性別差異。這些重要的變項是：(1)需要反應的本質 (如果直覺上認為有需要協助時，男性會比女性更容易表現出助人行為)；(2)事件或情境的本質 (女性比較容易知覺到情境的危險性，但是通常不會對這些情境作反應；男性則比較會抗拒去從事不適合自己性別角色的活動)；(3)需要協助者的性別 (男性較常出現異性間的助人行為，而較少有同性間的助人行動；對女性來說，求助者的性別通常是無關緊要的)；(4)旁觀者的存在(男性較常在有旁觀者的情況下表現出助人行為)；(5)助人者的性別形成，然而有關這一變項，我們沒有得到一致性的證據，而且可能會受到其他變項的影響 (Eisenberg et al., 1988；李茂興，1995)。這裡的許多結果正好符合男性是重義氣的、果決的及英勇冒險的性別印象，而上述變項也指出了在決定助人行為時社會情境因素的重要性。

總之，雖然大家都認為女性比男性更常助人，且較在意助人方面的事，但是從行為研究來看，則認為男性可能比女性更常助人，至少在有陌生人的情境中是如此。這些研究通常並沒有針對保有關係中的助人行為 (如非陌生人的朋友、家人) 加以評估，然而，女性的助人行為在這類情境中最有可能發生。

五、道德感（morality）

　　從一九六○年開始，道德發展的概念被定義爲兒童所要歷經的一連串的階段，這些階段與兒童認知發展的層次有關。如Lawrence Kohlberg（1969）的描述，兒童道德發展的六個階段可以歸結成三個層次，兒童會從「道德成規前期」（preconventional morality，道德服從及懲罰的工具性考量）進到「道德循規期」（conventional morality，依據社會接受性及追隨權威的方向來表現），然後或許能達到最高層次的「道德自律期」（postconventional morality，依據個體的正義及原則來行事）。雖然並非每個人都能達成這六個階段中的最高層次，但是發展的次序却是具有普同性的。在早期運用Kohlberg的架構來進行的研究中，通常會發現男性大約會發展到第四階段左右（服從權威），而女性通常只發展到第三階段左右（依從情感及社會意見），這些結果正好支持以Freud理論爲基礎的信念，即女性的道德發展較男性爲差，當然，Kohlberg的理論是以認知發展爲主，而Freud理論強調的則是情緒（性格）的發展，兩者基本上是不同的。

　　道德發展理論有些根本上的缺失，因爲研究完全建立在以男性爲參與對象的資料，並且研究結果是來自受試者對以男性爲主角的故事的反應所作的分析（Van Hasselt & Hersen, 1992）。Bussey和Maughan（1982）使用Kohlberg的原創故事，但是將故事中的主角改變爲女性，結果發現男性受試者會因主角性別的改變而有不同的推理狀況，而女性則不會因故事主角的性別的變化而改變其推理的結果。雖然這些結果沒有在後續重複進行的研究中獲得一致性的研究結果與支持（例如，Donenberg & Hoffman, 1988），但是這也提醒我們，仍然必須從一個新的角度來看待道德發展的推理層次意義。

圖 3-4　道德推理方面的性別差異：「正義」VS.「關懷」

資料來源：S. A. Basow, 1992. Gender:Stereotypes and Roles.,引自劉秀娟、林明寬(1996).　p.123.

　　Carol Gilligan (1982；Gilligan et al., 1988, 1990) 企圖藉由與女性及女孩的訪談來修正Kohlberg在研究方面的男性偏誤，發現許多女性對道德的概念是相當不同的，而且Kohlberg的道德階段論也無法完全涵蓋女性在道德問題方面的思考模式。當人們提到個人的道德兩難問題 (moral dilemma) 時，男性似乎比道德更在意什麼是「正義」，而女性則比較關心「如何做才算負責」(Basow, 1992)。當女性在思考真實的個人的兩難問題時，會

比男性更在意社會的情境以及他人的感受，而較不考慮抽象的正義原則。「正義」和「關懷」這兩個道德推理的取向在圖 3-4 中這個例子可以得到證明，如男性（父親）著重在承諾的實踐（答應了就要去做），女性（母親）則著重對他人的關懷層面。

即使男性與女性在道德困境的推理方式上有所差異，要決定哪一種方式較有「道德」仍需依靠客觀的評價（想想圖 3-4）。Gilligan的觀點認為並不是所有的男性都使用同一種推理模式，在我們的時代中要解決許多道德議題時，關懷及正義這兩種原則都是相當需要的。我們必須在思考男女兩性的經驗，不同的民族群體及身分，和對真實的和假設的道德問題之後，發展出新的道德發展理論，目前要完成這個目標仍有一段漫長的路要走（Basow, 1992）。提醒我們的是，若在此領域中只關心性別差異或性別相似性，將可能會阻礙我們對這個議題的瞭解。

在利社會行為的範疇中，女性似乎比男性更在意關係及他人的感受與想法，雖然男性比較常出現助人的行為（至少在對陌生人時是如此），但是在許多情境中，女性似乎顯得較具同理心且較關愛他人。然而，這些性別差異相當微小而且也不一致，情境及性別形成因素反而是判斷利社會行為發生較好的指標。文獻中在自陳報告及他人的期待方面比確實行為方面出現更多的性別差異，這可能是由於不同的性別刻板印象及角色所塑造出的結果。在與權力有關的行為方面也發現類似的模式，然而在此領域中的性別差異提供了男性較多的優勢。

溝通模式

溝通（communication）是一種有意義、有目的的互動過程。在個體溝通行為上所呈現出來的互動模式，也反映了個體的性格

及社會發展情況。先前章節討論了性格及社會發展中兩性的比較，接著我們將就溝通模式來比較兩性的異同。

一、口語溝通

口語溝通（verbal communication）是指藉由具共用意義的聲音和符號（如語言等）有系統的溝通思想和感情的方法。大體來說，男性在溝通模式中，較具口語支配權，而女性則較會傾聽，這樣的說明是不是也挑戰你的信念或印象？的確，這結果和「多話的女性」的刻板印象是正好相反的（Basow, 1992）。Henley（1981）、Aries（1987）等研究者都發現男性比女性更愛講話，並且講得更久。同時，男性比較容易打斷他人的談話，也總是想要掌控談話的主題，也較常使用俚語和笑話，女性則多半使用較高的音調說話，允許談話被他人干擾，比較願意傾聽並且自我揭露程度高（向他人透露較多的個人訊息）；此外，女性較常使用附加問句，如「塞車真煩，是嗎？」、「你喜歡這種感覺，對嗎？」，較保留的語句如「我猜是」、「也許是」、「有點」，以及複合式的請託句，如「上課的時候能否麻煩你把B.B.Call（beeper）改為振動式？」。同時，我們也發現在溝通時，女性被期待為是有禮貌的，也比較被視為缺乏決斷力，男性則被期待為能依不同性別的談話對象表現相符合的內容，如對女性較有禮貌，而對同性使用粗俗或褻瀆的內容則是被接受的。這些現象在我們生活中是隨時可以察覺的，誠如Belnow（1985）所指出的，使用粗俗或褻瀆語言正顯示出男性擁有相當程度的社會權力（Basow, 1992）。

這類因性別而異的語言模式在生命早期就已經出現，然後隨著年齡的增長而逐漸增加。即使是學前幼兒，男童都比女童更多話，會使用較多的主題引發談話，而且會使用較多的說話技巧來吸引他人的注意（Austin, Salehi, & Leffler, 1987；Cook, Fritz, McCornack, & Visperas, 1985），例如，四歲男童在玩積

木時或組合玩具時，常會親近他人並且表示「你看這是什麼？」或「我有聖戰士」等，如果他人沒有回應，他會拿著玩具在他人身旁跑來跑去，或以聲音、動作、語氣、語詞來吸引他人的回應及互動而女童較以觀注或凝視來表達友善等情感（劉秀娟，1995）；反之，少女則比少男使用更多的方法來增進彼此的談話。在雙親對幼童直接影響的研究中發現，兒童會從他們的父母身上學到這些不同的語言模式（Billinger & Gleason, 1982），例如，父親常會直接命令別人做事（「把螺絲釘放進去」），母親則通常是用間接的方式去要求他人（「能否請你把螺絲釘放進去？」），跨文化的研究證實語言使用上的性別差異相當普遍，而且是由社會情境因素所造成的（Philips, Steele, & Tanz, 1987）。

由於男女兩性時常參與不同的活動和職業，所以許多對話內容上的差異是不清楚的，同時，談話內容會因說話者或聽話者的性別不同而有差異，這也是造成對話內容差異的不清楚的原因（Haas, 1981；Hall & Braunwald, 1981）。當女性和男性說話時，會出現較多口語上的順從及笑容，例如「都好」、「你說了就算嘛」；當男性對女性說話時，他們會使用較多直接的要求語句，例如「不要打電話給我」。大學女性比男性更常談論起別人的事，但是兩性在批評他人的行為上並沒有性別的差異（Levin & Arluke, 1985）。

關於個人訊息的自我揭露方面，像是個人性格及與身體有關的事項，女性的自我揭露比男性更多（Ardener, 1994；Balswick, 1988；Derlega, Durham, Gockel, & Sholis, 1981；C. T. Hill & Stull, 1987）。男性總是表達出較多的負向情緒，而忽略了自己正向情緒的表露（Saurer & Eisler, 1990）。

男人為何不像女人一樣去揭露出自己的正向情感及個人訊息？答案似乎是因為情緒表態及顯示自己的脆弱這類的行為有女性化的傾向（Lewis & McCarthy, 1988），他們可能會認為這些

行為對男性來說是無法被社會所接納的。的確，只有男性化及性別未分化的男性會經驗到性別角色的壓力或者缺乏表達性特質，因此使得他們很難揭露自我的正向情緒及個人的訊息（Levine & Lombardo, 1984；Narus & Fischer, 1982；Saurer & Eisler, 1990）。具有兩性化特質的個體在自我揭露方面便顯得彈性多了，也自在許多，他們對於同儕們的自我揭露也較有回應（Sollie & Fischer, 1985）。

整體來說，男性的典型口語溝通類型（口語的支配，直接的陳述，有限的內在自我揭露）反映出男人對社會支配性的追求及對權力和能力的關注，男性會使用談話的方式去協調、控制，並維持、強化自己的地位；相反地，女性的典型口語溝通類型（傾聽、和緩、有禮、對個人的自我揭露）正反映出女性的相對附屬地位及較強的人際需求，女性會使用談話的方式去取得支持及維持關係。這些對溝通角色的不同觀點，可能會造成男女兩性溝通上的問題（Tannen, 1990；曾瑞真等，1996）。社會知覺研究便證實了這些不同的溝通型態的影響：「女性化」的語言型態對兩性的知覺者來說，都比那些「非女性化」的語言型態更具有社會溫暖性，但是在能力及果斷性方面顯然比較缺乏（Mulac, Incontro, & James, 1985；Quina, Wingard, & Bates, 1987）。由於社會對不同語言型態的刻板印象，使得在溝通模式上與社會期待不同的個體面臨極大的壓力。舉例來說，那些使用「女性化」語言型態的男孩會被他人視為具有同性戀傾向，而那些使用「男性化」語言型態的女性則會被貼上無禮或「女強人」般的標籤。

二、非口語溝通

非語言溝通（nonverbal communication）包括肢體動作和音調，同時也包括了衣著、情境布置（如燈光、溫度、色彩）的影響。肢體動作則包括視線接觸、臉部表情、手勢、姿態；音調

部分是指溝通時的聲音特色（如聲音的高低、大小、速度與音質）和口語的干擾（如口頭禪「你知道」、「嗯哼」、「呃」等）（曾瑞眞等，1996）。

有關非口語溝通與性別差異之間的關係，一直是研究者有興趣的部分，人們傾向於認爲性別差異是存在的（曾瑞眞等，1996），但是文獻中只有少數的差異存在，且差距不大，唯一較明顯的差別在視線接觸的部分，女性在溝通、交談時比男性更常有眼神的接觸，此外，女性在談話時也比較限制自己的言行舉止和個人的空間（如身體的伸展範圍較小、手抱在胸前或腿上），男性則較不局限肢體的活動與空間（如開展雙臂或靠在桌面、椅子的扶手等）。而女性的微笑是交談中慣見的反應，即使是談論不愉快的事情也會面帶微笑，在與個人無關的情境中較少碰觸他人（但卻常被人碰觸），且比男性更敏感地察覺非口語的線索（Basow, 1992；曾瑞眞等，1996）。

事實上，這些差異很可能是來自社會學習所致，也就是說，女孩在非口語溝通這方面所有的敏察能力，是透過社會化中增強作用所致（Basow, 1992）。而男性比較難以用非口語方式來表達自己的溝通意圖。

研究發現「女性化」語言形式被認爲是溝通者可信賴性的依據，或許是因爲傾聽者將情感分享、微笑及凝視等行爲與個人開放程度相聯結之故。反之，「男性化」語言形式則會使溝通者顯得具有外向性的知覺，這或許是因爲經常性與固定性的聲音會被解釋爲想要去影響傾聽者（Berryman-Fink & Wilcox, 1983）。所以能以比較彈性的方式去使用不同的說話模式，可能會是一種溝通上的優勢，兩性化個體似乎便是如此。

當我們討論所有社會行爲，尤其是非口語行爲時，必須考慮情境因素，例如，談話對象（受訊者）的性別可能會比說話者（傳訊者）的性別來得重要些（Davis & Weitz, 1982；Hall &

表 3-2　人際溝通的距離

	親近（英吋）	疏遠（英吋）
・親密距離 (imtima distance)	0－6	6－18
・私密距離 (personal distance)	1.5－2	2－4
・社交距離 (social distance)	4－7	7－12
・公眾距離 (public distance)	12－25	25 以上

資料來源：Dibrin , 1990. *Effectire Business Psychology*, p.331.

Braunwald, 1981)，而在微笑（Hall & Halberstadt, 1986）以及接觸方面也是必須列入考慮的（Major, Schmidlin, & Williams, 1990）。文化是另一個重要的變項。女性在談話過程中會靠得比較近，而男性則不會如此接近，但是確實的距離仍因文化背景及所使用的語言而有差異（Sussman & Rosenfeld, 1982）這部分可參考**表 3-2** 的資料，但在**表 3-3** 中我們可以發現在距離上性別差異是存在的。

此外，男女嬰兒在生命早期可能就已表現出不同的情緒反應模式及不同形式的訊號行為（Brody, 1985；Haviland & Malatesta, 1982；Trotter, 1983）。父母，尤其是母親，可能會認為這些行為差異是嬰兒性別所造成的，女孩有些情緒的表達是正向的，若男孩這麼做時則會被認為是負向的事情，例如害羞、害怕，而且認為較多情感表達的母親可能會過度刺激男嬰，使他們產生較多的反應。或許是受到這些信念的影響，母親會對她們的兒子表達較少的情緒，並期待他們較少表達情緒，但是對女兒則恰好相反，而結果便是使得女孩更加瞭解如何表達她們的情緒。

儘管生物及學習的因素對溝通行為的瞭解相當重要，但是最具說服力的解釋乃是在於兩性之間的角色及地位的差異。地位方

表 3-3 非口語行為在地位平等及男、女性間使用的差異情形

	地位之間平等		地位之間不平等		男性與女性方面	
	親密	不親密	優勢者的使用	附屬者的使用	男性所使用	女性所使用
·談話	普通	有禮貌	普通	有禮貌	普通	有禮貌
·舉止	不拘束	謹慎	不拘束	謹慎	不拘束	謹慎
·姿態	放鬆	緊張（不放鬆）	放鬆	緊張	放鬆	緊張
·個人空間	接近	疏遠	接近（有選擇）	疏遠	接近	疏遠
·時間	長久	短暫	長久（有選擇）	短暫	長久	短暫
·身體碰觸	接觸	不接觸	接觸（有選擇）	不接觸	接觸	不接觸
·視線接觸	會建立	避免	瞪視；忽視	避免；注視	瞪視；忽視	避免；注視
·面部表情	微笑？	沒有笑容？	沒有笑容	微笑	沒有笑容	微笑
·情緒表達	表現	隱藏	隱藏	表現	隱藏	表現
·自我揭露	揭露	不揭露	不揭露	揭露	不揭露	揭露

資料來源：N. M. Henley, 1997. Body Politics：Power, Sex, and Nonverbal Communication., 引自劉秀娟、林明寬(1996)．p.114.

面的解釋（最早提出的是Hacker, 1951）假設男女兩性擁有不同的地位，且在我們的文化中具有不同的權力，而溝通行為的差異反映出的是地位及權力上的差異，不是因為性別不同而引起的。

Henley（1977）將口語及非口語行為上的性別差異與建立在其他地位向度上的差異加以比較，摘錄在**表 3-3** 中。在此表中，女性的禮貌、微笑、情緒的表達、較少的個人空間、不常碰觸他人及較少說話、說話時常被打斷等特質都反映出她們附屬的地位。女性對非口語線索的敏感性可能反映了一種生存的機制，因為女性的幸福感（well-being）似乎是有賴於她的「優勢的」心情或渴望，想要在解讀這些線索方面獲得優勢，尤其是這些「優勢」試著去隱藏此類線索的時候。

溝通方面的性別差異，也可能反映出社會角色的性別差異（Eagly, 1987），儘管他們所涉及的地位差異會與性別角色互相合併，如同我們在第一章中所描述的，女性角色強調的是合作的，而男性角色強調的則是果斷的，所以，溝通模式方面的性別差異可能也反映出溫暖和合作方面的性別差異（Hall, 1987；Major et al., 1990）。一般來說，女性比男性較常使用口語及非口語的方式來表達情感、建立關係，而男性比女性較常透過溝通來展現其支配性和權力，這樣的溝通模式與行為，是相當符合兩性不同的角色（女性—人際取向，男性—果斷獨立）。基本上，溝通模式可由學習獲得，且與性別特質及社會角色、地位有關。

綜合來看，當個人及情境的變項將性別角色順應性的顯著程度及重要程度都提升到最高時，社會行為中的性別差異於是就會產生。涉及養育行為的生物學基本傾向只扮演了極小的角色。至於性格方面的性別差異，與其要用它來解釋社會行為上的性別差異，倒不如說它只是性別角色的「結果」（result），這樣還比較恰當些。

第四章
性行爲的比較

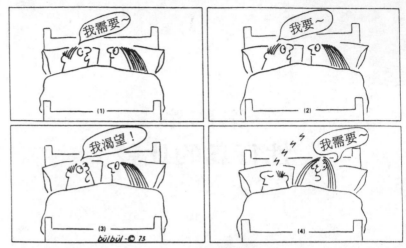

資料來源：S. A. Basow,1992.

　　在性行為方面的研究，一直存在著困難，一個很重要的因素是，性經驗或性行為在我們所處環境中是相當隱私的，並不是容易透過實驗設計或觀察、自陳報告（self-report）的方式就能有明確的瞭解甚至比較。因此，探討兩性在性行為上的相似性及相異性，必須加上社會文化因素的考量。在第二章的研究方法中，我們瞭解在兩性關係研究中存在著許多偏誤，因此可能使研究結果受到限制。然而一旦我們得到一些結果之後，便經常會根據普遍流行的假說來解釋這些資料，雖然男女性之間的性反應上存在著大量的相似之處，但是只有差異的部分會受到強調，例如基於男性比女性更常從事自慰行為的研究結果，我們會推斷女性對性不感興趣；但是同樣的研究也顯示出半數以上的女性有自慰的行為，並且能從中獲得性高潮，正好與女性無性的形象背道而馳。所以我們希望在看待性行為的比較時，能記住這些研究上的限制及偏誤（如研究者與被研究者的性別、研究的情境、志願的受試者、社會贊許及性取向——我們的社會仍以異性戀為唯一被接納的性取向，至少在法律面是如此等）的介入與影響，那麼或許我

們會更清楚這些性行為的異同對兩性關係的影響。

性反應的生理學

在Masters及Johnson的研究（1966）中，研究者摧毀了性反應具有性別差異的迷思。他們的實驗室研究的對象包括了三百八十二位女性及三百一十二位男性，研究結果其中將人類的性反應歸結成四個階段，男女兩性不論是在那一個階段中的反應幾乎都是一致的，這些階段在**表 4-1**中有摘要式的說明。

四個階段的描述如下：

(1)「興奮期」（excitement phase），特徵是由性刺激所引發的血管充血現象（整個血管充血），這個充血現象會產生潤滑效果，以及在五到十五秒之內會使女性的陰核勃起，而在三到八秒之間便可使男性的陰莖勃起。對兩性來說不論是生理的或是心理的刺激，只要是有效的性刺激便會產生興奮的反應。

(2)「停滯期」（plateau phase）或稱為「高原期」，假使有效的性刺激不斷持續，性興奮狀態便會一直增強。兩性在此階段都會經驗到骨骼肌肉的緊張，呼吸加快，心跳速率增加，對某些人來說，還會有全身肌肉緊張的現象。對女性來說，若是持續刺激陰核頂部使具產生劇烈的收縮，陰道也會跟著緊縮，陰道內壁約有三分之二的部分會脹大增厚；對男性而言，陰莖及龜頭的直徑會增大，而且睪丸會上提到陰囊頂部。

(3)「高潮期」（orgasmic phase），在每零點八秒產生一次的一系列有節奏的肌肉收縮之後，因刺激而造成的充血現象

表 4-1　男性與女性性反應的四個階段

男　　性	女　　性
興奮期	
・陰莖勃起	・陰道潤滑
・乳頭堅挺	・乳頭堅挺
・睪丸部分上提	・陰道擴張與延長
停滯期	
・心跳加速(每分鐘約 100-175 次)	・心跳加速(每分鐘約 100-175 次)
・呼吸變快	・呼吸變快
・血壓上升	・血壓上升
・性的興奮(大約 25％的發生率)	・性的興奮(大約 75％的發生率)
・從陰莖(龜頭頂端)分泌出潤滑液體	・陰道內壁會分泌出潤滑液體
・陰莖前端(龜頭)顏色有時會變深	・小陰唇的顏色會有明顯變化
・龜頭冠會膨脹變大	・陰道口會收縮
・睪丸完全上提	・子宮上提
	・陰蒂收縮
高潮期	
・呼吸急促	・呼吸急促
・心跳加快(每分鐘約 110-180 次)	・心跳加快(每分鐘約 110-180 次)
・血壓快速升高	・血壓快速升高
・陰莖以 0.8 秒的間距開始作節奏性的收縮	・陰道以 0.8 秒的間距開始作節奏性的收縮
消退期	
・回復到原來的呼吸、心跳速率及血壓	・回復到原來的呼吸、心跳速率及血壓
・因充血造成的陰莖、陰囊、睪丸的澎脹現象消失	・因充血造成的陰道、大陰唇、小陰唇的澎脹現象消失
・性與奮感快速消失	・性與奮感快速消失
・出汗的反應(大約有 33％的人)	・出汗的反應(大約有 33％的人)
・倦怠期--暫時失去對性刺激的敏感性	・無倦怠期--假使刺激持續存在,便能夠持續達到高潮

資料來源：Masters and Johnson,1996, *Human Sexual Inade-quacy.*,引自劉秀娟、林明寬譯(1996).p.155.

也會明顯地消褪。此時的呼吸次數至少是平常速率的三
倍，血壓提高約三分之一，心跳速率也增爲平時的兩倍以
上。男性會有射精的現象，而女性的肌肉節奏性收縮則持
續較久，許多女性還可以很快地經由持續的性刺激而再一
次達到高潮，這種重複性的高潮對男性來說是很少見的。

(4)「消褪期」（resolution phase），這是整個週期的完成階
段，肌肉緊張狀態會趨於平靜，而身體也會逐漸回復到興
奮之前的狀態。消褪期發生的速度與產生興奮的速度有關
——興奮狀態出現得愈慢，回復的情形也就愈慢。假如沒
有達到高潮，消褪期便會延長，緊張也會跟著提高，並且
產生不舒服的感受，對男女兩性來說皆是如此。男性在此
時期會經驗到倦怠期，而暫時對性的刺激失去反應；女性
則不會有任何倦怠期的經驗產生。

在性行爲的生理歷程中，男女兩性的生殖器官均會有所變化

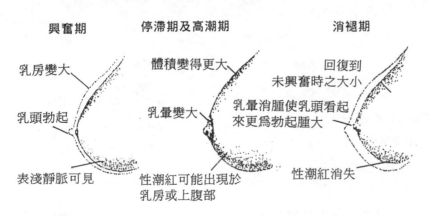

興奮期　　　停滯期及高潮期　　　　　消褪期

乳房變大　　　體積變得更大　　　回復到
　　　　　　　　　　　　　　未興奮時之大小
乳頭勃起　　　乳暈變大　　　乳暈消腫使乳頭看起
　　　　　　　　　　　　　來更爲勃起腫大
表淺靜脈可見　性潮紅可能出現於　性潮紅消失
　　　　　　　乳房或上腹部

圖 4-1　女性在性反應週期中各階段的乳房反應
資料來源：鄭丞傑 ，1995.〈人類的性反應〉. p.235.

及反應，在圖 4-1、圖 4-2、圖 4-3 及圖 4-4 的說明中將可以更進一步與表 4-1 作一對照。不論是哪一種類型的刺激（用手、口腔或生殖器官）或是刺激來源（幻想、自慰、同性或異性伴侶）為何，這些性反應的發生順序幾乎都是一致的，當然，這並不是絕

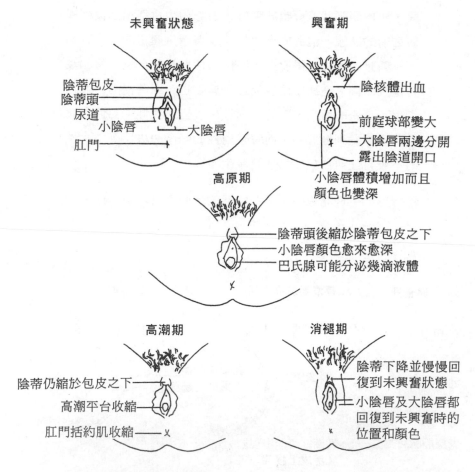

圖 4-2　女性在性反應週期中各階段外生殖器的反應
資料來源：鄭丞傑，1995.〈人類的性反應〉. p.237.

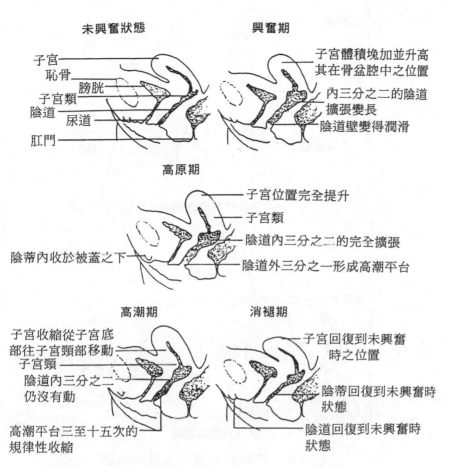

未興奮狀態　　　　　興奮期

子宮
恥骨
子宮頸　膀胱
陰道　　尿道
肛門

子宮體積塊加並升高
其在骨盆腔中之位置

內三分之二的陰道
擴張變長

陰道壁變得潤滑

高原期

子宮位置完全提升

子宮頸

陰蒂內收於被蓋之下

陰道內三分之二的完全擴張

陰道外三分之一形成高潮平台

高潮期　　　　　消褪期

子宮收縮從子宮底
部往子宮頸部移動
子宮頸

陰道內三分之二
仍沒有動

高潮平台三至十五次的
規律性收縮

子宮回復到未興奮
時之位置

陰蒂回復到未興奮時
狀態

陰道回復到未興奮時
狀態

圖 4-3　女性在性反應週期中各階段陰道與子宮的反應
資料來源：鄭丞傑，1995.〈人類的性反應〉. p.239.

對的歷程，因為有些人的性反應並不完全符合這樣的順序（Ziber-geld, 1978）。

　　Basow(1992)曾針對有關探討性行為失敗原因的研究作一討論，並引用這些研究結果澄清一些傳統上對女性性行為的迷思：

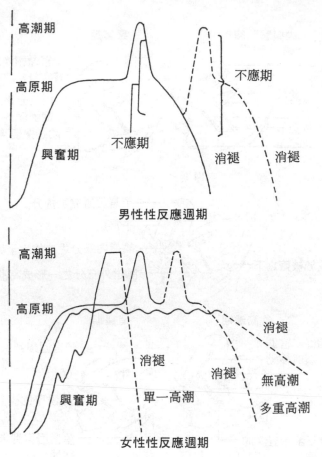

高潮期

高原期

不應期

興奮期

不應期

消褪　　消褪

男性性反應週期

高潮期

高原期

消褪

消褪

興奮期

單一高潮

無高潮

多重高潮

女性性反應週期

圖 4-4　男性與女性的性反應週期
資料來源：鄭丞傑,1995.〈人類的性反應〉.p.233.

迷思一：女性比男性較不喜愛性行為，甚至是沒有性的。
事實：除了女性能達到多重性高潮之外，女性和男性的性反
　　　　應基本上是相似的。這個發現與女性比男性較不喜愛
　　　　性事，甚至是沒有性生活的信念是背道而馳的。
迷思二：即使女性有性，女性的性反應比男性慢。
事實：如果刺激適當，女性的性喚起及達到性高潮的速度會

和男性一樣快（二至四分鐘），這和原本認爲女性天生
比男性反應更慢的信念是對立的。

迷思三：性高潮對女性來說是可有可無的。

事實：和男性一樣，女性無法達到性高潮時，也可能會感受
到生理的不舒服，這情形和原本認爲性高潮對女性來
說無關痛癢的看法是相當不同的。

迷思四：女性必須依賴男性才能享有滿足愉悅的性生活。

事實：即使沒有透過性交，女性也能得到完全的性滿足，這
和認爲女性必須依賴男性才能達到性愉悅的信念是背
道而馳的。

迷思五：女性的陰道高潮（Freud, 1935）和陰蒂高潮不同。

事實：雖然陰道會有收縮的感覺，但是女性只有一種性高
潮，也就是由陰蒂所感受到的。不僅在前戲（foreplay）
階段刺激陰蒂、陰莖在陰道內抽送運動中，也會增加
性緊張度而有助於達到性高潮。

迷思六：男女兩性的性高潮本質並不相同。

事實：對男女兩性來說，性高潮的主觀經驗在本質上是相同
的。部分女性在高潮時可能會有射精的現象，也會從
尿道排出大量液體，由此更顯現出兩性在性高潮中的
相似性。

上述發現改變了對女性性行爲的傳統看法，然而眞正的覺醒
却相當緩慢。許多的婦女仍抱持著傳統的信念來看待自己的性行
爲與身體反應，即使她們知道自己並非如此。大部分的女性都有
強烈的性渴望，而且自慰比性交更容易獲得性高潮，但是她們都
覺得自己不該如此做（Basow, 1992）。在性交過程中，同性戀及
雙性戀的女性也比異性戀的女性有更強烈且多次的性高潮，這可
能是因爲女性普遍比男性更能與另一女性的身體協調一致之故

（Bressler & Lavender, 1986）。對大多數的婦女來說，性高潮通常不是單純來自於性交的行為，與性伴侶的溝通也是性滿足的重要因素。

儘管性機能障礙可能會出現在任何一個階段之中，但是在性渴望或性興奮時，性別差異卻是最被大家所期待的（Kaplan，1979），然而有關這一情形與性別差異之間的論點，仍需要更嚴謹的考驗。

性的喜好、態度及活動

我們的社會存在著一個有待修正的錯誤觀念，即認為男人的性驅力比女人更強烈。謹慎區分性渴望、性的喜好，以及性的經驗方面是相當重要的，雖然男性與女性相較之下通常會有較多的性經驗（將所有與性類型的經驗集結來看）（Griffitt & Hatfield, 1985），而且對與異性互動抱持較受贊許的態度（Hendrick, Hendrick, Slapion-Foote, & Foote, 1985），然而我們也無需因此而認為男性就會有較強的性驅力。Bernard和Zilbergeld（1978）指出，男性對性這件事比較傾向於只著重在性器官的挿入與否，而女性對性的關注，則包括許多身體上能感到愉悅的不同部位及能引起快感的刺激類型，所以假使將性渴望的定義限定在對「性交」的欲求時，我們可能無法得到任何與女性的性渴望有關的資料。

關於性交（intercourse），我們都能有一幅清楚且易於瞭解的圖像（Geer & Broussard, 1990）。兩性都同意典型的性行為依序為開始接吻，然後是身體的愛撫，用手部去刺激，用口腔刺激，最後才是生殖器的結合。研究發現，男性的性喚起多半來自這樣的行為的順序，尤其是性交。但對女性來說，性喚起的程度則和

這些順序沒有什麼顯著的關係，這似乎透露了男女兩性對相同的性行為有著不同的反應，這可能也會導致彼此溝通不良及誤解。Basow（1992）指出，男性的性激起似乎著重在性行為的順序，使得女性在異性性行為中可能無法像男性一樣獲得滿足，這可能會導致女性面臨和不適當的刺激、擔心懷孕等因素一樣而形成性趣缺缺。

一、性態度

　　在一九八〇年代的美國，對性行動所抱持的開放態度達到頂峰，特別是成年早期及中期的青年（約十八歲到二十九歲左右，Basow, 1992）。兩性對性的態度差異不大，如男女雙方對平常約會中發生性行為的接納程度頗為一致並且是認可的。但是對於偶發的性關係所持態度在二十世紀仍有性別差異存在，例如初次見面男女因彼此喜愛而發生性行為，男生抱持無異議態度的人數是女性的兩倍（Astin, 1991），事實上，Basow（1992）認為，這方面最大的性別差異是出現在對沒有以愛為基礎的性交上男女兩性的態度差異極大。即使在現今即將邁入二十一世紀，這種性別差異仍然存在。想一想您自己的態度為何？如果你和其他的朋友、同學都看過《桃色交易》這部電影（片中描寫一位富有男性，向一位事業失敗的男子，提出以一百萬美元交換其美貌妻子一夜性愛的故事），或許可以試著討論一下自己的看法，以及為什麼有這樣的看法。在**表 4-2** 中你也可以看到西方男女性對此的看法。

　　但是在涉及同性戀的態度時，男性就顯得比女性保守得多，在一九九〇年的大學新生調查中發現，有半數以上的男性（56％）認為應該有法律來禁止同性戀的關係，同年齡的女性中約只有三分之一的女性（34％）持有類似的看法。即使在愛滋病恐懼來臨之前，便已存在著此種性別差異，這可能是在男性與女性之中有一種「同性恐懼」（homophobia）（對同性戀及同性戀者感到害怕

表 4-2 西方各國青少年的性行為類型(%)

國家	美國		加拿大		英國		德國		挪威	
性別	男	女	男	女	男	女	男	女	男	女
·輕度擁抱或牽手	98.6	97.5	98.9	96.5	93.5	91.9	93.8	94.8	93.7	89.3
·晚別親吻	96.7	96.8	97.7	91.8	93.5	93.0	78.6	74.0	86.1	75.0
·深吻	96.0	96.5	97.7	91.8	91.9	93.0	91.1	90.6	92.6	89.3
·平行擁抱與撫摸但未脫衣服	89.9	83.3	92.0	81.2	85.4	79.1	68.8	77.1	93.6	75.0
·從衣服外撫摸女生乳房	89.9	78.3	93.2	78.8	87.0	82.6	80.4	76.0	83.5	64.3
·脫衣服撫摸女性乳房	81.1	67.8	85.2	64.7	84.6	70.9	70.5	66.7	83.5	58.9
·穿衣情況下撫摸女性腰部以下部位	62.9	61.2	64.8	64.7	68.3	70.9	52.7	63.5	55.1	53.6
·穿衣情況下男女互相撫摸腰部以下部位	65.6	57.8	69.5	50.6	70.5	61.6	50.0	56.3	69.6	42.9
·脫光衣服擁抱	58.2	49.6	56.8	47.6	74.8	64.0	54.5	62.1	66.7	51.8
·性交	58.2	43.2	56.8	35.3	74.8	62.8	54.5	59.4	66.7	53.6
·一夜性交,不再來往	8.2	7.2	5.7	5.9	17.1	33.7	0.9	4.2	5.1	12.5
·在愛撫或其他親密舉動之前鞭打屁股	4.2	4.5	4.5	5.9	13.8	17.4	9.8	1.0	2.5	7.1
(樣本數)	(644)	(688)	(88)	(85)	(123)	(86)	(112)	(96)	(79)	(56)

資料來源:黃德祥,1994.《青少年發展與輔導》.p.191.

及增惡）所造成的結果（Herek, 1987；Morin & Garfinkle, 1978），也有一種可能是兩性在詮釋「同性戀」（homosexual）這個字眼時，只想到男性的緣故。

二、性活動

在一九五〇年代到一九八〇年代之間，不只是對性的態度普遍變得隨興，而且兩性雙重標準也有些消褪，連性行為也出現類似的模式，兩者間的差距在一九九〇年代已經縮減許多，而且婚前有性經驗的人數也在增加中（如圖 4-5），但是，不管十八歲的男女在有過性經驗的人數上是否已經增加到相似的數量，男性都傾向於較常從事性行為以及擁有較多的性伴侶，例如，在一個對十八歲到四十四歲的單身男女所進行的調查中，約有超過半數的男性（56%）在過去一年內曾和一個以上的伴侶發生性行為，而女性大約有四成（38%）（"Rubber Sales", 1988）。而圖 4-5 的數據中，明顯發現有年齡及性別差異，但性別的差異在大學生部

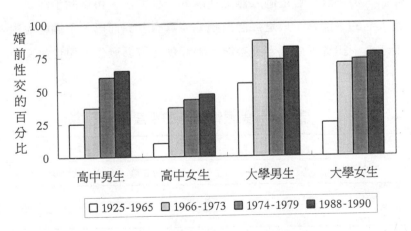

圖 4-5　美國高中及大學生婚前性交的情形（1925-1990）
資料來源：D. R. Shaffer, 1996. *Developmental Psychology*, p.539.

分較高中生小，且有逐年縮短性別差異的情形。

　　這些資料所反應出來的都是性交的行為，而一般情況下對性行為的定義是指生殖器的結合，其他情形的性行為研究並不多見。但是Denny, Field和Quadagno（1984）等研究中發現，對女性來說，接吻、撫觸及擁抱等行為，可能比性交更能帶來性的滿足（Basow, 1992），這研究的發現是來自受試者的自陳報告所致，同時女性也發現口交比性交更能獲得性的滿足，至少那樣可以不必冒著懷孕的風險。在一項關於美國青少年口交行為的研究中，對男性來說，使用性交的頻率高於口交，然而女性正好相反（Newcomer & Udry, 1985）。由這些研究發現，男女兩性的口交行為都比昔日增加許多。在性交、口交等性行為之外，自慰（masturbation）的性別差異也明顯縮小。自慰對男性來說原本是司空見慣，但是女性自慰則有增加趨勢（Basow, 1992；黃德祥，1994），如**表 4-3**。自慰不是在青少年期才會發生，兒童在年紀甚小的時候，就會撫摸自己的性器官，但父母的反應通常是嚴厲的制止，導致兒童只能在暗地裡進行手淫，成年以後即使有性伴侶，但手淫仍會是個人滿足性欲的一種方法，可以說手淫是人性生活的一部分，只是每個人頻率多寡有差異而已，不過社會對手淫愈少譴責，愈能容許手淫，手淫就愈容易發生，但也愈少引

表 4-3　美國青少年的手淫比率

年齡	1973		1979	
	13 歲（％）	19 歲（％）	13 歲（％）	19 歲（％）
男生	36	99	52	80
女生	18	39	37	59

資料來源：B. A. Newman and P. R. Newman, 1986. *Adolescent Development.*，引自黃德祥(1994).p.185.

專欄 4-1　愛撫

愛撫 (petting) 是指用雙手或以身體器官與性伴侶接觸的性活動方式。與喜愛的人交往持續一段時間之後，不少人是以愛撫表達對對方的愛慕之意。愛撫的動作包括：接吻、擁抱、以手刺激身體及器官，以及口交等。愛撫對已婚夫婦來說，通常是做愛 (making love) 或性交的一部分，但青少年的愛撫並不一定伴隨著性交。

人體的主要性感帶，如男性的生殖器，女性的乳房與外陰部，容易經由愛撫而達到性衝動狀態，單純的愛撫也會帶給個體無限的性滿足。

愛撫一般隨交往的頻繁與情感密切程度之不同，而有先後次序與輕重之分。剛約會不久的伴侶首先以牽手，或以手接觸對方的非主要性感帶為主，再次有摟腰與接吻的動作。但初淺的接吻又會引發深度的接吻，再進而有撫摸乳房與性器官的動作出現，以口交方式和異性接觸在東方社會極為少見 (黃德祥，1994)。愛撫是相互間的肌膚之親，能使男女雙方有愛的感受，但愛撫的深度通常不會倒轉的 (即有發展順序的)，除非對方抗拒或雙方感情破裂。愛撫通常以腰部為界限，動作只限腰部以上者稱「輕度愛撫」(light petty)，以下者稱為「深度愛撫」(heavy petty)。

發罪惡感。

這些研究結果代表著年輕一代的女性在性行為方面比她們的長輩更具有主動性，尤其是將性定義為性器官的結合之時。對年輕的女性來說，處女已不再是結婚必備的條件，而且，似乎已經很少有人會以處女之身而自豪，或者是認為自己應該在婚前保有處女的身分。至於女同性戀者與女性雙性戀者是否在性行為方面有所增加，我們仍很難有定論。關於女同性戀者、男同性戀者及雙性戀者的性經驗，我們只能說男性比女性有更多的性行為，以及較多的性伴侶，而且較常發生在剛認識不久的關係中 (Bell & Weinberg, 1978；Kinsey et al., 1948，1953；Meredith, 1984；Peplau, 1981)。男同性戀者也會比女同性戀者更早發生性行為 (Riddle & Morin, 1977)，就好像異性戀的男性比異性戀的女性早發生性行為一樣。

當我們對女同性戀者、男同性戀者，以及異性戀關係進行調查後發現，男同性戀關係中有最多的性互動，接著是異性戀的關係，女同性戀關係中的性互動最少 (Basow, 1992；Blumstein & Schwartz，1983)。這一類與性別有關的差異，是否為兩性在性的欲求、社會制約或者是性別常模及期待上的差異所造成的，現在仍無法判定。一九七○年代後期的夫妻關係中，雙方的性活動頻率及滿足感都比過去更高 (D'Emilio & Freedman, 1988)。男性與女性都期待著能有「好的」性生活，而大多數的夫妻似乎已能從現有的生活中獲得滿足。

一九八○年代的性行為現已有顯著的改變，這大概是愛滋恐懼、性教育、保守價值的提高，以及（或者是）性別角色改變的結果。男同性戀間一夜性愛的露水姻緣顯著降低，而且保險套的使用率有增多的現象 (Landers, 1990)，相似的結果也出現在異性戀男性身上。例如，在一九八八年對十到十九歲男孩的調查中發現，雖然這些男孩比起十年前的人在性方面更加主動，但是在

專欄 4-2   愛滋對抗史

　　愛滋病是二十世紀及二十一世紀人類所面臨的重大挑戰，它不僅帶來生理上的直接威脅，也對兩性關係及親密互動帶來致命的打擊，配合**彩圖一**我們可以很清楚瞭解近年來愛滋病患人數上升的急遽，其感染途徑不因異性戀或同性戀而異，也反映了當代兩性互動時，對性活動態度的看法及轉變，在本專欄中，引用《解讀時代美語雜誌》（*Time Express*）的資料（1997），協助我們瞭解AIDS的對抗史，並由其歷史及發展提醒我們追求兩性之愛的真義。

1981年

● 6月

　　美國疾病管制中心出版第一份關於一種罕見肺炎（卡氏肺囊蟲肺炎）的報告，病患是五名住在洛杉磯的男同性戀者。

1982年

● 7月

　　在同性戀、靜脈毒品注射及血友病患者中，有愈來愈多的病例出現，這些人的免疫系統在沒有顯著原因的情況下便告崩潰，美國主管衛生事務的官員爲這種新的疾病創造出愛滋病（後天免疫不全症候群）這個名稱。

● 12月

　　第一起因輸血而感染愛滋病的病例出現。政府方面警告，血液供應可能遭到污染。

1983年

● 1月

兩名婦女被其性伴侶傳染愛滋病之後，異性戀者也被認爲可能處於危險之中。

● 3月

男同性戀、靜脈毒品注射以及其他愛滋病高危險群人士被勸阻不要進行捐血。

● 5月

在法國的巴斯德研究所，魯克・蒙特尼爾的研究小組提出報告説，他們已經找到一種可能導致愛滋病的逆轉錄病毒。

1984年

● 4月

馬里蘭州巴塞斯達市國家癌症研究所的羅伯・蓋洛醫生宣布，愛滋病病毒也在他的實驗室中被分離出來。

1985年

● 1月

蒙特尼爾及蓋洛分別發表了他們辨識出的愛滋病病毒基因遺傳序列。而因他們競相發表所引發的法律訴訟則在一九八七年三月和解，美國與法國同意共享專利權。

● 3月

美國食品藥物管理局通過第一種愛滋病抗體測試方式，立刻被用於全國的血液篩檢上。

● 4月

第一屆國際愛滋病會議在亞特蘭大舉行。

● 4月

賴瑞・卡拉莫執導的舞台劇《正常心》(The Normal Heart) 在紐約市舉行首演，這是第一部有關於愛滋病的戲劇。

● 7月

記者得知演員洛赫遜罹患愛滋病。

1986年

● 10月

美國衛生署署長愛佛瑞特・庫普發表關於愛滋病疫情的重要報告，呼籲推行公共衛生措施與性教育。

1987年

● 2月

六十七歲的演藝人員利柏瑞斯從來沒有承認是同性戀，死於愛滋病引發的卡氏肺囊蟲肺炎。

1987年

● 3月

美國食品藥物管理局通過抗逆轉錄病毒複合藥物AZT上市，這是第一種治療愛滋病的藥物。

● 5月

美國總統雷根首度發表關於愛滋病疫情的演說。

● 6月

基於對公共衛生的考量，美國政府禁止感染HIV病毒的移民或旅客入境美國。

● 7月

百老匯導演麥克・班耐特（作品：《歌舞線上》、《夢幻女孩》）死於愛滋病，得年四十四歲。

● 10月

美國科學家首度利用未受HIV病毒感染的志願者進行第一批實驗性愛滋病疫苗的測試。

● 10月

由蘭迪・西爾特撰寫的愛滋病疫情編年記錄《樂隊還在演奏》

出版。在書中他指認了一位所謂的「零號病人」（愛滋病病毒的散播源）是一位加拿大航空公司的空服員，名叫嘉敦·道格斯。道格斯是北美洲最早感染HIV病毒的人士之一，他自己估計曾經與多達二千五百人發生性行爲。他於一九八四年死亡。

1989年

• 6月

美國食品藥物管理局批准能夠預防卡氏肺囊蟲肺炎的噴霧劑pentamidine上市。這種疾病是愛滋病患者的頭號殺手。

1990年

• 2月

牆壁塗鴉藝術家凱斯·哈林死於愛滋病，得年三十一。

• 3月

美國服裝設計師赫斯頓，也是發明仕女「藥盒型」帽子與「超級小羊皮」服飾的人，於五十七歲時死於愛滋病。

• 4月

瑞安·懷特於十八歲死亡。他是血友病患者，五年多前在輸血時感染病毒，此後他受到印第安那州家鄉小鎮的排擠，因而成爲愛滋病患受歧視的象徵。

1991年

• 6月

在開始流行十年之後，美國的疾病防治中心發表報告指出，有一百萬名美國人感染了HIV病毒。此時，西半球五十萬名愛滋病患者已有半數死亡。

• 10月

世界衛生組織估計，全世界近一千萬人遭HIV病毒感染。

• 11月

美國籃球明星魔術強森宣布自己為HIV帶原者。

• 11月

奧斯卡最佳導演湯尼·李察森（作品：《湯姆瓊斯》）於六十三歲死於愛滋病。

1992年

• 4月

網球員亞塞·艾許承認他患有愛滋病的傳言屬實。他可能是在一次心臟手術中遭到感染。

• 7月

第一份關於混合藥物的愛滋病療法報告出版。

1993年

• 1月

芭蕾舞者魯達夫·紐瑞耶夫以五十四歲之齡死於愛滋病。

• 4月

這是醫學的一大挫敗。歐洲的一項研究發現，美國對愛滋病的標準療法——早在發病前就對HIV帶原者施以AZT治療——沒有明顯效果。

1994年

• 4月

一九七六年贏得奧運會金牌的花式溜冰世界冠軍約翰·科里死於愛滋病，得年四十四歲。

• 12月

兒童愛滋病患權益運動人士伊莉莎白·葛拉瑟於四十七歲死亡。她是在一九八一年輸血時遭到感染，女兒艾利兒於一九八八年死於愛滋，兒子傑克是HIV帶原者。

1995年

- 1月

阿拉巴馬州伯明罕的阿拉巴馬大學喬治‧蕭博士以及何大一博士分別進行研究，他們所得的報告指出：HIV在初期感染之後，並不是處於潛伏狀態，這與早先的理論恰好相反。

- 2月

曾經贏得四面奧運跳水金牌的格瑞格‧盧干尼斯在芭芭拉‧華特斯進行的一場電視訪問中，坦承罹患愛滋病。

- 12月

愛滋病患者傑夫‧蓋提進行了開創性的狒狒骨髓移植手術，希望能夠克服愛滋病。一年之後，雖然醫生檢測不到任何存活的狒狒細胞，但他仍然健在。

- 12月

美國食品藥物管理局批准名爲Saquinavir的藥物上市（商品名爲Invirase），此爲第一種蛋白質酵素抑制劑。

1996年

- 7月

研究人員找到一種會引起被稱爲同性戀癌症的卡波西瓦肉瘤的疱疹病毒。

- 7月

在加拿大溫哥華舉行的第十一屆國際愛滋病會議所發表的報告指出，在新近感染的病人身上施以多種藥物治療方法後，病人體內的病毒數量下降到檢測不出來的程度，此一報告顯示這種病毒可以受到控制。

- 12月

聯合國愛滋計畫表示，死亡人數已達六百四十萬，另外有二千二百六十萬人是HIV帶原者。

性行為的次數及性伴侶的人數上較少，而且初次性經驗的年齡也較晚（Sonenstein, 1990，引自Basow , 1992），再者，現今有超過半數的男孩在性交時會使用保險套。但是在**彩圖一**中，我們可以明顯發現男性罹患愛滋的比率大於女性，且感染途徑仍以男同性戀及異性戀為主，雖然所占特定人口比率並不是相當高，但是仍然提醒我們對兩性之性活動態度的轉變與教育是必要的，追求美好的性活動必須先建立良好的態度與觀念。

三、性的意義

不管男女兩性在性的喜好及性的活動方面有所相似或是不同，有一個重要的差異似乎存在於性的意義上。兩性在性的意義上的差異可以簡述如下：女性通常將性與感情及親密的感覺聯結；男性時常將性視為一項成就、優勢、掌控及權力的表徵，或者純粹只是生理的發洩。不論是婚前、婚後、婚外情或一夜情的男女關係，甚或是同性關係，這種情況都是真實的（Blumstein & Schwartz, 1983；Lawson, 1988）。女性的性伴侶一般會比男性少，而且第一次的經驗通常是在浪漫的氣氛下發生的；她們也比較常用性來取得愛情，而較少利用愛情來得到性的滿足。對女性來說，性行為的主要樂趣來自於可以和對方分享感受，獲得情緒上的溫潤，以及被渴望與需要的感覺，而不是生理上的快感；另一方面來說，男性比較喜歡將性與關係上的其它層面區隔開來，並且將焦點全放在性活動的喚起層面之上。

然而，性的意義方面的性別差異實不應被誇大描述，其實大多數的男性和大多數的女性一樣，都比較喜歡同時擁有性與愛，而且將愛情視為比性更重要的一環，認為愛情對其生活滿足感具有全然的重要性（Chassler, 1988；Pietropinte & Simenauer, 1977）。事實上，隨著年齡的增長，大多數的男性發生性行為的主要動機，會由生理的愉悅轉而被愛與親密感所取代（Sprague &

Quadagno, 1989)；相對地，女性到了中年之後，生理的快感會變得更加重要。

　　某些負向結果顯現在性機能障礙上而使性別差異反映更深的意涵，男性出現陽萎與早洩時，這兩者時常隨著男性的表現壓力提高和目標取向而產生，性機能的障礙已被視爲是有礙男性角色發展的一部分，如Masters和Johnson（1974）所提，這些非常的壓力會造成自我的挫敗。對女性來說，性機能的障礙時常以無法達到高潮的形式來顯現。在過去這些女性被稱爲性冷感，現在則被稱爲高潮前置期（preorgasmic），也就是說只是尚未達到高潮罷了，因爲我們都知道只要加以適當的刺激，所有的女性都可以達到高潮的，在自我刺激方面的教導也能有顯著的改善效果。現代的性治療學家多將性的問題視爲學習與溝通的問題，而較少認爲是生理問題的反映，儘管後者也有可能存在，而這些生理方面的問題，通常也都能被順利地治療（江漢聲，1995；鄭丞傑，1995）。

性幻想與性行爲的解釋

　　在我們社會中有另一個根深柢固的信念是，男性很容易發生性的喚起，尤其是透過視覺刺激以及他們自己的幻想；和女性比起來，男性在這方面顯得頻繁且容易多了。如果我們只考慮到哪種性別是性刺激及色情書刊的基本消費群，那麼這樣的結論是合理的，女性對於那些與性有關的事物的興趣是比男性還低。然而，許多在嚴格控制下進行的研究則又提供了更加複雜的圖像；不論是男性或女性都能透過色情刺激及性幻想來激起性欲，只是其使用的刺激及幻想的內容不同罷了，因此我們必須跳脫如此父權思考模式的「現象」，重新思考這部分性別差異存在的偏頗。

一、色情

㈠性反應程度

關於對色情刺激 (erotic stimuli) 反應的研究普遍只以男性為受試對象，或者是研究所選用的刺激物品幾乎只針對異性戀男性的性喜好，只此，有關女性反應的正確資料簡直是微乎其微，而且當女性面對這些明確的性用品時，其自陳報告通常是沒有性激起發生 (Griffitt, 1987)。然而，當我們在嚴格控制的研究中，提供一定範圍內的色情或是色情浪漫的刺激(故事、圖片、影片)，並測量受試者確實的生理反應時，發現女性被激起的性反應程度與男性不相上下 (Fisher & Byrne, 1978；Heiman, 1975；Masters & Johnson, 1966；Schmidt, 1975)。

㈡性反應刺激物

能激起男性與女性的刺激並不相同，但却並非總是可以用刻板印象的方式來瞭解。舉例來說，女性對浪漫故事的反應不會比對色情故事的反應多，而最能引起兩性的反應的，反而是描述露骨的性愛情節，女性有時還反應得比男性更爲激烈 (Fisher & Byrne, 1978；Heiman, 1975)。然而，男性比女性更容易受到描述性攻擊與性暴力的刺激所激起，而大多數的色情刊物都是類似這樣的內容 (Malamuth & Donnerstein, 1984)。異性戀的女性與男同性戀者，最容易受到以男性爲主角的色情刺激的激起，而最容易使異性戀男性及女同性戀者產生性激起的色情刊物，則多是以女性爲主角的刺激 (Griffitt, 1978)。

女性的身體已成爲一種性的意象，例如我們可以在成人刊物或寫眞集中發現女性的形象多被塑化成符合異性戀喜好的性欲化 (sexualization) 或女體物化 (objectification)，而電腦網路及遊戲軟體中不乏以物化女性爲主的所謂益智軟體，如同Basow (1992) 及Geer和Broussard (1990) 所指出的，這不但貶低女性，

同時也忽略了女性的需求。再次澄清我們所主張的兩性平等並不在於相對的形式化，例如要求物化男性或將男性性欲化來求平等，而是提醒我們去思考既有事實中對女性的漠視與物化是不當的（即使對男性的男體物化也是不當的）。

二、幻想

㈠性別差異

談到性的幻想，男女兩性似乎都藉由幻想來激起自己的性欲求（Heiman, 1975），而大多數的男女的確都是以這種方式來自我激起（Kinsey et al., 1948, 1953；Knafo & Jaffe, 1984），然而，男性可能比女性更常產生與性有關的幻想。例如，在大學生調查研究中發現，有36%的男性陳述自己每天都有性幻想，而女性則只有17%的人有這種現象（Sacks, 1990）；其中男女兩性各有三分之一的人承認，每個星期中會出現數次的性幻想，因此可以說大多數的男女都經常會有幻想行為。而國內台北市立婦幼醫院（1997）也以問卷調查方式發現在與性有關的困擾中，男生以「性幻想」，女生以「性行為」為最大困擾（樣本為高中生），男生為幻想的頻率而焦慮，女生則為「要不要性行為」及「性行為之後」等情況而困擾。

㈡對象

至於幻想的種類則是男女各異，端賴其性取向而定。例如，大多數的男同性戀者及女同性戀者會幻想同性別的人，而出現在大多數異性戀者的幻想中的則包括男性和女性（Masters & Johnson, 1979）。女性的幻想內容多是關於對他人表示順從，浪漫情節，以及充滿誘惑的情境；而男性的幻想則多是關於性的支配，男子氣慨的展現，以及與陌生人發生性交等內容（Griffitt, 1987；Knafo & Jaffe, 1984）。這類幻想與性的意義的性別差異有關。

三、性行為的解釋

在本章前面的內容中，我們瞭解男女兩性在生理上有相似的性反應，但是在兩性的性行為中仍存在一些以男性模式思考的信念，例如我們總是認為男性是以性為主的刻板印象（Basow, 1992），因此我們要利用這部分對性行為作些討論與解釋。

㈠生理因素

我們可能不時聽到「男人天生就比女人對性感到興趣」、「男人的性衝動是一發不可收拾的」。這些說法反映了以生理因素來解釋性行為的信念。

個體對於性的興趣，或稱欲力，對兩性來說，都受到了雄性激素分泌情況的影響，在青春期的時候，雄性激素增加，使個體（男女兩性）對性的興趣都會增加，然而在我們的社會中，男性所表現出來的性的興趣比女性受到鼓勵，同時研究顯示（Nadler, 1987，引自Basow, 1992）社會因素及過去的經驗在性行為的決定上都比激素更具預測力。

此外，女性與男性在性活動上也有不同的高峰期（女性約在三十歲左右，男性約在十八歲，Basow, 1992），這與個體的生理因素（如雄性激素）的關聯不高，可能與性經驗有關，這來自性經驗的性別差異，這可能反映了一項事實，大部分的女性的初始性經驗是在婚後才開始，男性的性經驗則與婚姻無關（Basow, 1992），即使女性婚前性行為有增加趨勢（如圖 4-5），不過整體來看，生理因素對於兩性關係中的性行為仍難以提出較具體明確的說明與解釋，因此「男人天生就比女人對性感到興趣」的信念是值得質疑的。

㈡心理社會因素

性行為發展的四個主要心理社會因素為：(1)父母的影響；(2)同儕的影響；(3)性格；(4)性的脚本（Basow, 1992）。

• 父母的影響

在第一章性別概念發展的內容中，我們可以瞭解父母對幼兒性別認同發展的重要性。在幼兒的性演練遊戲（sexual rehearsal play）中，多半因文化因素受到禁止（Money, 1988），也有父母的負向行為（如性騷擾、倫亂等），這些都會使幼兒在日後性行為中受到一些影響，例如性取向，或害怕他人的身體接觸等。

• 同儕的影響

美國青少年性行為研究發現，青少年決定要不要有性行為的第一考量因素在於同儕中「每個人都這麼做」（〈Teen　Sex〉，1989，引自Basow, 1992），同儕的壓力及模仿是十分重要的因素，尤其是男性，最常迫於同儕壓力下做出性交的行為（Basow, 1992）。同儕的壓力及模仿在兩性互動中一直扮演相當重要的角色，例如，一九九七年一月在台北地區發生的十四歲女生遭四名少年約會輪暴凌虐案，施虐少年供稱看見「同儕正在做」而施暴，並且「不做會被笑」，這就十分明顯地反映青少年對同儕認同及其壓力的影響力。

• 性格

在第一章曾經討論過，心理分析論認為男性與女性會發展出不同的性格。近代女性主義者將心理分析論加以簡化，尤其是關係自我理論（self-in-relation theory）（Jordan, 1987；Miller, 1984；Surrey, 1985），認為女人在性方面的表現是她們的性格發展的反映，因為女性是在關係的脈絡中發展其性格，所以關係也會被埋藏在女性的性自我當中；另一方面來說，男人的性就像是他們的性格，其發展是與關係無關的，所以女性傾向於強調以及喜歡在親密關係的情況下談性，她們對偶發的性關係是不會有什麼興趣的。此外，由於女性期待性是可以互相提升的（她們期許關係能不斷進展），一旦期待與事實不符時便很容易感到失望。所以，女孩可能會學習如何將性的自我從性格中抽離出來，並且

停止要從中尋得樂趣的嘗試，較好的情況是女孩會開始將注意力放在自己能為另一半付出什麼。雖然這個理論相當受人注意，而且符合兩性在性的意義上具有差異的某些看法，但是仍舊只能算是一種推測的理論罷了。

● 性的脚本

　　我們所處的社會猶如大部分的社會一般，對於男人和女人各有一套不同的性脚本（Simon ＆ Gagnon, 1987）。所謂性的脚本，從文化的層面來看，即是從事性行為及評價性行為時的藍圖，這些文化藍圖會透過社會化的經驗而被個體內化，並且會在人際互動的脈絡中展現。

　　在美國，父母親會期待他們的成年兒子能擁有公開的性活動，而不是女兒，然後對他們的女兒則是百般限制，那樣延緩她們在性方面的嘗試，結果使得女孩一致地以性的「出軌」（offenses）來表現其青少年時期的叛逆性，而男孩的青少年叛逆行為則通常與性無關。事實上，將少女的性活動稱之為出軌或是偏差，其實只是反映出性別雙重標準的一個例證，如果這類行為出現在少年身上時，通常是會被期待與鼓勵的。隨著性經驗的增加，男性的表現會愈來愈符合性別角色常模，而女性則會愈來愈偏離傳統性別角色的常模（Whitley, 1988），因此，性的興趣與活動已被「寫入」男性的性脚本中，但却不在女性的脚本裡。

　　將男人從其性管理者的刻板印象中釋放出來，也將女人從身為性的對象的刻板印象中釋放出來，將可以使性本身建立在確實為參與的彼此付出關係的基礎上，而不論它是遊戲、感情，或者是愛情的一部分。和我們現今經常對性所採取操弄形式比起來，上述的性模式無疑能使參與的雙方更加深入且更有收穫。

　　總之，在男女兩性的性行為模式上，心理社會因素顯然比生理因素更具有解釋力。雖然同儕、雙親，以及性別形成的性格特質都會影響到性行為的表現，但是想對性別模式提出最佳的詮釋

時，便必須瞭解男女兩性在性脚本上的差異。當我們想瞭解這些脚本的起源時，就需要從社會文化的脈絡著手了。

(三)社會文化因素

有關兩性之間的性行為，其實反映了社會與文化的特性，不同的文化有不同的表達親密或性的作為。由Luckey和Nass在一九六九年所做的研究中可以發現（**表 4-2**），普遍的性活動與性行為類型並無很大差異，尤其在輕微擁抱或牽手、親吻、深吻，幾乎看不到男女性的差異，這些情況或許與文化禮儀的認可與接受程度有關。之後較親密的性行為則呈現不同的性別差異，或許反映文化的期許程度。

此外，在社會文化這部分，可以就父權制的觀點來討論兩性關係的發展，特別是指性行為的部分。誠如Basow（1992）指出的，我們都生活在父權制度中，男性掌控了經濟與物質的權力，並藉由性欲的支配與服從來影響兩性關係及性的關係，女性的次級地位使她們容易被視為性欲的對象（Jeffreys, 1990）。這也反映了目前性的建構是以男性為中心的——這也就是說「陽具中心」（phallocentric）（如**圖 4-6**）。就像我們所知道的，性的定義通常只有生殖器的結合以及男性的性高潮；女性的滿足會發生在「前」（foreplay）戲或是戲「後」（afterplay），它究竟是發生了，但是這却不是性活動的重點（Rotkin, 1976）。有許多人仍然相信有陰道的高潮，因為這種高潮需要陰莖的協助；而陰蒂的高潮則沒有這樣的需要。以下的論點與事實都是支持陽具中心主義的迷思：(1)如果一個女性不曾與男性性交，那麼她通常會被認為是處女。(2)我們通常會將陰蒂定義為小型的陰莖，但是却很少認為陰莖是陰蒂的延長，儘管後者不是來自反向思考的說法，而是在種族發生學上才是正確的（參閱第三章）。(3)雖然陰莖所提供的並不是達成女性性高潮的最佳模式，但是我們有時却會將早洩視為女性「性冷感」所造成的。(4)所謂的性，就是能使男性達到射精，

圖 4-6　男性為中心社會為女性不愉快所提供的解決之道
資料來源：S. A. Basow ,1992, *Gender:Stereotypes and Roles*. p.99.

不論是指支配、暴力或是愛所造成的。在這些迷思之下，正相當確切地反映了父權主宰女性及女性成為代罪羔羊的不幸真相。

四、結語

　　至於在這些差異的詮釋方面，社會因素（角色、地位、期待，以及歷史的學習）對性別差異來說似乎是最具有影響力的，儘管生物傾向在某些情況下也可能扮演著重要的角色（例如，攻擊性和養育性）。然而，即使在這些情況下都免不了先天因素與後天因素的交互作用，而環境的社會性因素通常比生物因素更具有影響力，迫使個體的行為去迎合文化的期許。我們都是帶著不同的身體、智力，以及情緒的潛能來到世界上，但是這些差異並非性別所造成的，因為環境及我們被賦予的角色的作用，上述的潛能會成為實質的能力，而社會因素及角色在性別的基礎上確實會有所

不同。的確,性別差異在兩性角色相當突顯的情境下會變得最大,像是在陌生的情境中被觀察這一類傳統的研究設計。性別對其他人來說也會是一種刺激的線索;也就是說,人們會依據對方的生理性別來決定如何接收與反應。

　　還有一個問題是關於第一章裡面討論到的性別刻板印象:為何當性別差異的存在相當微小而且變異性很高的情況下,人們仍然會抱持著強烈的刻板印象?想要瞭解刻板印象為何如此牢不可破之前,我們需要先瞭解刻板印象的本質。一旦有了這種信念,刻板印象就會變得堅固而逐漸強化,認為某人無時無刻都會表現出期待中的行為;例如,不管女性在什麼時候表達她的害怕,旁觀者都會說「那就是女人」。這個觀察者的刻板印象信念會變得相當穩固。另一方面,如果某人的表現正好與觀察者的期待相衝突,則刻板印象會有所減弱,這類問題行為可能會被忽略或是被認為是一種例外,因此,假使女性並沒有害怕的表現,觀察者可能只會將它視為一個不尋常的情況(「哦!她不一樣」),畢竟已經觀察到了就必須承認的確不一樣。刻板印象本身會採取辯駁的方式來確保自己的無誤,因此,當我們看到某些女孩子表現出積極的運動行為時,會將她們稱為非典型的 (「男性化的女孩子」),即使是大多數的女孩已經都是這個樣子。相信這些例子在我們的生活中並不陌生,因此,兩性在互動及建構平等關係的時候,留意這些值得深思的因素是必要的。整體來看,性行為的研究發現了性別相似性與性別差異性。相似性存在於男女兩性性反應的本質中,除了女性能夠產生多重高潮而大多數的男性無法做到之外,兩性在激起的模式上是相同的。雖然大多數的色情刺激都是針對異性戀男性的需要而製造的,但是男女兩性都會有性的幻想,而且能被色情刺激所激起。儘管男性在性方面仍舊比較主動,女性在性活動的比率上卻已逐漸與男性不相上下。兩性最大的差異在於對性所賦予的意義,以及對性活動感興趣的程度,男性通常會對性

以及性的刺激表現出較多的興趣，而且似乎能從性交的過程中得到較大的樂趣；男性比較傾向於認為性不涉及關係的品質，而女性比較容易將性與愛和情感視為一體。

生理因素並無法適當地解釋男女之間的性行為差異，儘管它們可以提供了不同社會化經驗的基礎。較清楚的說法是兩性各有其不同的性腳本，而這些腳本會經由社會化而納入個體對自己本身的基本觀點中，因此，我們可以將性視為一種社會的建構。從跨文化及歷史的證據中，揭露了我們目前的性腳本的社會文化基礎，尤其是父權文化，不僅塑造了性的腳本，而且塑造了我們在性方面的所有定義。在非父權文化下的性會是什麼樣子呢？我們也說不上來，但是我們在歸因於生物學或是進化的因素時需要特別謹慎，因為它可能是由文化所決定的。舉例來說，女性可能不像男性那麼對性感到興趣，並不是因為女性比較沒有性欲求，或是因為她們的本性比較傾向於一夫一妻制；女性對性較不感興趣比較有可能是因為她們被認定為就該如此，或者是因為她們在與男性的性經驗中並未獲得滿足之故。在我們完全瞭解人類的性行為之前，還有相當漫長的路等著我們努力探索。隨後的章節中，我們將來探討性別刻板印象的影響，或許可以協助我們在第八章的「友誼與愛情關係」作更深刻的討論。

第三篇

兩性關係中的
性別刻板印象

第五章
歷史的傳承與教化

據說在亞洲一個傳統男尊女卑的社會裡，正對「大膽男人」作了新的定義：

　　二十幾歲的大膽男人是「敢對問他幾點回家的嬌妻說『妳管我』」；三十幾歲的大膽男人是「敢叫正在看電視的老婆轉台」；四十幾歲想要稱大膽的，要「敢問正要外出的老婆幾點回來」；到了五十幾歲，男人只要敢正面看著老婆講話，就可譽爲膽大了！而六十歲的男人眼見這樣新定義即將要代代相傳，而男權即將淪陷，實在非常怨嘆，忍不住對身旁的小孫子說：「憨囝仔，阿公要告訴你一個秘密絕招！不過……你先去門外看看阿嬤有影在嘸！」

　　在先前章節中，我們可以很清楚地知道兩性之間的異同爲何，當然必須考量比較的觀點及基礎是什麼，在這些探討中，筆者無意去誇大相異的部分，但也不贊成強調相似點，因爲「誇大」及「強調」都涉入了我們對行爲的價值判斷（value judgement）以及非科學的意圖，那可能會再度陷入刻板印象或引發刻板印象的盲點，例如我們重視兩性之間的平等，即應不是基於對父權制的解構（也許這制度中的差異令人覺醒），也不是基於男人可以（can），女人也可以的信念（筆者深信有些能力及行爲是男人女人都可以的），在這些行爲(不論是先天或後天)的相異及相同中，其實提醒的是去看待個體的個別差異，即使是在看似有差別的行爲之中，以個別差異的角度去建構兩性互動的社會或許會更有意義。

　　第一章提到了性別刻板印象，它與個體特質、社會角色有些關聯，在本章中，我們擬以社會化的歷程來看看它的影響，其中有一部分是相當重要的，那就是角色分工。

歷史的脈絡軌跡

　　一個男孩和他的父親碰到一場嚴重的車禍,父親在車禍中喪命,這個男孩則受到重傷。救護車將男孩送到臨近的醫院中急救,有一位傑出的外科醫師被緊急調派前來進行立即的手術。然而,當這位外科醫生進入手術室之後却大叫著:「我無法替這個男孩動手術,他是我的兒子。」這究竟是怎麼一回事?

　　假如你對這個腦筋急轉彎的故事不甚熟悉,請試著找出解答,如果你回答說這個醫生是男孩的繼父或是養父,或是喪命的父親附身、轉世,或者你認為這只是個錯誤答案時,你可能和大多數的美國人一樣,將外科醫師視為一項男性職業。這個謎題的解答相當簡單:其實這位外科醫師是男孩的母親。從大多數的人都猜不出這個解答的事實來看,性別刻板印象是相當普遍並且深植人心,在上面的例子中對職業及角色分工的看法正是如此。

　　我們在社會中可以見到的兩性地位差異,似乎是由於事先的工作分工所造成的。角色分工在最初是需要的,因為女性必須從事分娩的活動,後來則是受到環境條件的影響。因此,要為女性分配工作,便得決定於這些活動是否適合於女性提供兒童照顧和社會的生存基礎而定。在狩獵與採集的社會中,男性是獵人,而女性則是採集者。由於男性的活動比較危險而且對部族的生存比較重要,此外,他們被賦與更多的權力來分配食物,所以男性便擁有較高的地位,但是女性以及她們在經濟上的貢獻也是非常重要的。在前農業社會中,雖然女性普遍有較多的貢獻,但是男性扮演著戰士的角色,這種工作的分工造成了某些兩性層級化及差

別待遇，就像是以性別為基礎的意識型態發展，以及將女性視為部族間為利益考量下互換的對象等，例如和番的行為。在後農業社會中，隨著私有財產的發展，女性僅有的經濟貢獻猶如她們的地位一般戲劇性地跌到谷底，男性優勢與女性劣勢的意識型態深深地烙印在文化制度中。到了工業化社會，就像我們目前所居住的社會一樣，工作上的差別待遇與女性的低地位仍持續存在，即使事實上這些差別待遇與地位層級在文化上已不符平等精神。今天，在世界的每個角落中女性的地位仍然低於男性，這情形仍然如Seager和O'lson（1986）曾提到的「女性的世界是很少被開發的國度」般充滿了性別歧視與差別待遇。

因此，雖然分娩是無法改變的兩性差異，然而這個生物事實的意涵從早先的社會到今日已有所改變；隨著可靠的控制生育方法的出現，女性再也不需要應付經常且不可預期的懷孕。現在大多數的女性都會使用某種形式的生育控制方法，生育少數的子女而且懷孕的年齡比以前更晚。此外，因為家庭成員比較少而且生命的週期較長，所以即使是全程參與哺育工作，餵哺子女階段在婦女生命中所占的比例已比從前縮減許多，這現象由生命周期的各階段時間變化可以發現（Winton, 1995）。在高度工業化的國家中，女性花在哺育幼兒的平均時間只占了其生命的七分之一不到（Basow, 1992）；此外，因為許多兒童照顧的責任已由社會分擔，例如學校及兒童托育中心的福利服務，不像以前得由家庭獨自承擔，所以將工作分工完全建立在性別之上的解釋已不適合存在了。

當我們對工作分工與地位進行簡短的討論後可以發現，雖然投入勞動市場的生產性工作不會自動導致平等，但是卻能獲得經濟力，至少是對薪資的控制權。經濟力對女性的自由與地位來說是最強有力的決定性因素，然而卻不是唯一的因素；政治與軍事的權力也是決定社會成員地位時相當重要的標準，女性在這些領

域中的存在還只能算是剛起步而已。

　　總括來說，當我們對性別角色及地位作一番全盤的回顧之後，發現相對於男性的女性地位並沒有真正平等（或提高），誠如Basow（1992）所指出的，這來自歷史的性別刻板印象是十分悠久的，自前農業社會就開始了男尊女卑的現象，例如Nielsen（1990）研究所發現的三大習俗──一夫一妻多妾制（一個男人擁有多位妻妾）、聘禮（男人為了娶妻所付的價錢），以及月經的禁忌，這些習俗因是建構在男性支配的社會之中，所以女性更失去其自主及平等的權力。到了後農業社會及工業社會，則已形成相當明顯的父權思想的兩性關係（相關資料可參考文化人類學的文獻）；例如，我國在修正民法親屬編有關夫妻財產、家務勞動價值及子女監護權部分（第1089條，第1003－1條，第1003－2條等）已分別三讀及一讀通過（第1089條於1996年9月6日三讀，9月26日總統頒布，9月27日正式生效；第1003－1條，第1003－2條於1996年9月18日一讀通過），此外，有關子女監護權官司的民事訴訟法已於一九九七年二月完成司法院修法，即將送交立法院（參考**專欄5-1**），這些不斷的修法動作，正反映出昔日社會中男性以私有財產心態來對待女性生育能力及勞動能力的現象已受到挑戰，在修法過程中的「傾聽」以男性為主的反對聲浪，也不免令人深思在進入二十一世紀時，男性為護衛其「既得利益」所顯露的平等定義，是否能夠真切地視女性為平等的個體，在臺灣地區，女性與兒童共享「婦幼節」，替代昔日的「婦女節」和「兒童節」是相當值得反省的作為。另外，由日本政府企圖以「亞洲女性和平國民基金」來解決慰安婦問題而拒絕制定特別法以國家賠償的方式來為受害婦女建立自尊的作為，都暴露了男尊女卑的迷思仍有待破除。由此看來全然由男性支配的意識形態，在歷史的脈絡中仍是十分鮮明的。

專欄5-1 我國民法親屬編修正現況(至1997年5月)

⊙第1003-1條：家庭生活費用，除法律或契約另有約定外，由夫妻各依其能力共同負擔之。

家庭生活費用之負擔不以金錢爲限，得以家事勞動或對他方配偶營業上或職業上之協助代之 (1996年9月18日一讀通過)。

⊙第1003-2條：夫妻之一方從事家事勞動或對他方之營業或職業予以協助時，得向他方請求相當報酬。前項金額由夫妻自行協議，協議不成由法院依勞務及程度酌定之 (1996年9月18日一讀通過)。

⊙第1089條相關條文：將「父母對子女的親權行使以父親之意思爲意思」以及「子女監護權歸夫」、「夫妻離婚之後，子女監護權由丈夫取得」修正爲「依孩子最佳利益，由父母雙方約定之」 (1996年9月6日三讀通過，9月26日總統頒布，9月27日正式公布)。

⊙第1089條子女監護權訴訟程序 (主要修正如下，摘自陳永

社會化理論

在本書前面章節 (第一、二篇)，我們知道生物學上的性並不是個體性別的唯一決定者，因爲社會化的因素是十分明顯的，在本章前面內容也討論了個人的性別刻板印象及角色乃根植於工作

富，1997年2月13日）：

- 將子女監護權改爲非訟事件，以裁定取代判決；另規定已
  提離婚民事訴訟者可附帶提起子女監護權訴訟，但監護權
  部分准用非訟事件處理辦法。

- 法官處理子女監護權事件，可依職權以開庭、親自探討或
  囑託社福機構、社工人員查訪方式，調查父母誰最適合取
  得監護權；如果父母均不適任，法官可擇定第三人（其他
  親屬、社福機構）爲監護人。

- 法官擇定監護人前，應聽取子女本人及社福機構等相關人
  員意見，以子女最佳利益爲考量前提。

- 若父母之一方拒不負擔撫養子女費用，法官有權執行假處
  分，勒令於定期内支付一定金額的撫養金。

◉民法親屬編施行法第六條之一：民國74年6月4日以前登記
於妻名下之財產，於一年緩衝期内（1996年9月27日～1997年9月
26日），可由夫妻重新認定財產歸屬，一年期限之後，登記是妻的
財產，就是屬於妻的（1996年9月6日三讀通過，9月26日總統頒布，
9月27日正式生效）。

的分工與差別待遇，而分工的基礎在於社會的經濟條件以及兩性
之間的功能差異。雖然以生物性來分工的模式已受到質疑及挑
戰，但這傳統的模式已深埋在社會結構中，並且轉變爲代間傳承、
教化的一部分。由於社會教化的歷程影響個體性別認同及角色分
工，甚至包括心理健康及幸福感，因此我們將探討傳遞性別刻板
印象的教化管道。

一、社會化的理論

在**表 5-1** 中,我們可以回想在第一章(如**表 1-3**)所提到的四個發展性別概念與性別認同的相關理論:Freud的心理分析論、Bandura的社會學習論、Kohlberg的認知發展論,以及Bem的性別基模理論的解釋論點。同樣的,我們可能也發現理論之間有些部分是矛盾的,就如同本書第二章所提醒的,兩性關係和性別發展研究領域中的確存在一些方法上的問題與困境,這與其他領域是類似的。上述四個關於性別認同的理論都強調兒童階段的早期影響,而且也各自觸及了性別認同發展的各個重要層面。心理分析理論強調性別的核心本質;社會學習論則描述了不同的環境偶發事件(酬賞、處罰、典範)如何塑造出兩性的行為;認知發展及性別基模理論都是強調一個主動的、思考的有機體,在傳遞家庭及文化影響方面的重要性。與性別有關的訊息,會透過幼兒的認知結構來加以過濾,這些結構主宰了訊息的接收方式以及對行

表 5-1　性別認同發展的理論模式:依事件發生的順序排列

心理分析論	發展順序 (→)		
察覺構造上的差異	向同性父母表示　認同	性別認同	性別形成的行為
社會學習論			
暴露於性別形成的行為	模仿同性別的典　範	性別形成的行為	性別認同
認知發展論			
察覺到兩性的類別	性別基模	性別認同	性別形成的行為
性別基模論			
察覺到兩性的類別	性別認同	向同性別楷模表示認同	性別形成的行為

為和態度的影響。我們必須將前述的這四個理論觀點加以整合，才能解釋生物因素、學習因素及幼兒認知發展能力等因素之間的交互作用，也才能進一步對社會化的管道：父母、教師及同儕等加以探討。

　　性別社會化的最佳解釋是採取整合性的理論：它要將出生後第一年間最初的母親教養納入考慮（心理分析理論），還得包括對性別相關行為的不同處遇及模仿（社會學習理論），認知能力及結構的發展性改變（認知發展及性別基模理論），與性別有關的文化訊息強度（性別基模理論），以及兩性的社會角色差異（社會角色理論）。透過性別基模的發展，兒童直接與間接地朝向不同的行為表現方式，男孩會朝著管理性——成就、競爭、獨立，而女孩則會朝著表達性——養育、社交及依賴來發展。

　　兒童是受到社會化代理人的強烈影響的——父母、其他親友及同儕——而且通常會在幼時便習得性別刻板印象。父母相信男孩和女孩是不同的，並且依照著這種信念來對待子女，尤其是有關玩具及雜務的分配；每個父母及其他親屬也都試圖去塑造出男女孩有不同的行為。教師也同樣相信性別刻板印象，並且在課堂上對男女學生表現出互動的差異。此外，同儕會進一步增強每個個體的性別刻板印象，同時透過直接對性別相關行為的差別性認可，以及間接的性區隔來達成。結果使得兒童在學齡階段便知道男孩及女孩「該作什麼」與「不該作什麼」，並且依循這種信念來表現，男孩比女孩更會如此。男孩會承受較強烈的社會化壓力，結果使行為變得更加刻板化。這樣差異的社會化壓力意謂著未來的男性可能更難成為兩性化的個體，因為他們受到男性刻板印象較大的束縛。

二、教化的管道

　　很顯然地，因為親子之間有相當長期的互動，而且父母親與

子女在權力方面有所差異，以及有強烈的依附關係（attach-
ment），所以父母被視爲是個體在社會當中最初且主要的社會化
管道與社會化代理人。所謂父母角色，就是兒童的合法監護人，
或者是任何負有主要養育責任的人，像是祖父母或是專任的保
母；雖然這些族群具有相似的社會化運作程度，但是相關的研究
並不多。同樣地，儘管最近已有許多關於手足之間彼此影響的研
究，這個主題也是相當明顯被忽略的。

　　隨著成長兒童也會接收到來自家庭以外他人的訊息，一旦開
始就學，教師與同學都會變得愈來愈重要；當我們討論完父母與
其他親屬在兒童社會化歷程中所扮演的角色之後，也將隨之檢驗
上述這些傳遞社會化的管道。

㈠父母

　　想要瞭解家庭如何讓幼兒社會化進入其社會所期待、允許之
性別角色時，最好是從父母對待子女時的教養信念開始，父母的
信念和行爲如何影響子女發展出自己的信念、行爲和性格呢？這
是一項值得探討的問題：

●父母的信念與刻板印象

　　父母會運用許多的方法來使其子女社會化而符合性別角色，
有些是明顯的，然而大部分都是難以捉摸而不明的。其中相當重
要的是父母本身對性別角色的態度，他們會依此來對待其子女以
及作出回應，並且表現出讓子女模仿學習的角色的行爲。

　　在第一章曾經提過，幾乎所有的人們都抱持著強烈的性別差
異信念，父母當然也是抱持這些信念的人們當中的一分子，即使
是在孩子出生之前，刻板的信念便早已影響到父母對男孩或女孩
的偏好以及對他們的評價。幾乎在世界的每個角落，大部分的夫
妻都比較喜歡生男孩，並且將這種偏愛建立在假想的性別差異中
（Steinbacher & Holmes, 1987；Williamson, 1976）。在印
度，女兒被視爲是不祥的，同時也會帶來財務上的負擔（嫁女兒

時必須附上嫁粧），而兒子則是地位的象徵，代表經濟收入以及老
年時的經濟支柱，所以對生兒子的偏好特別明顯。的確，隨著羊
膜穿刺術及絨毛膜周邊採樣科技的出現，人們能夠在懷孕三個月
或四個月左右便偵測出胎兒的性別，因此也使得大量女性胎兒遭
到墮胎的命運，造成男女兩性比例的不均衡（Kishwar, 1987）。
由於偏愛生兒子的人，也比較願意採取性別選擇的技術（Steinba-
cher & Gilroy, 1990），所以即使小孩尚未出生，父母對兒子與
女兒的期待便已有差異，而父母對性別的偏愛必定會反映在他們
對兒子及女兒的方式上面，我們可由以前為新生兒取名的例子中
看到父母對子女性別的期待（如為女孩取名為「招弟」），或由兒
童虐待的個案中，發現性別不受期待的受虐兒（如認為生女兒是
「賠錢貨」，或母親因生女兒而遭到歧視及冷落）來察覺此一現
象。

　　一旦孩子出生之後，這些性別刻板的信念與態度，便會受到
「他是男孩」或「她是女孩」的宣告而激發，事實上，這可能也
是剛成為父母的人最常聽到的四個字，如此的性別稱謂會影響到
父母對其新生兒的知覺，就像 Rubin, Provengano 和 Luria
（1974）的研究發現，這些研究者訪談了三十對初次為人父母尚
不滿二十四小時的受訪者，發現新生兒父母已經開始出現相當大
量的性別印象，女孩被認為比較柔弱、比較漂亮，也比較瘦小；
而男孩則被認為比較安穩、比較強壯而且比較機警。有趣的是即
使從醫院的資料中顯示，男女嬰兒在健康及身體的測量上並無任
何不同，父母仍然假定這些差異是存在的。同時父親比母親更常
對新生兒採取刻板印象的評價，這個結果在其他研究中也得到證
實（Barry, 1980；Block, 1973；Lynn, 1979）；或許是因為父親
與新生兒的接觸通常少於母親，或者可能是因為男性通常比女性
更在意性別角色之故，在此研究中教育程度愈低的父親愈容易抱
持刻板的性別角色期待。

圖 5-1 性別稱謂如何塑造人對嬰兒的知覺
資料來源：S. A . B asow , 1992. *Gender:Stereotypes and Roles.* p 130.

　　在圖 5-1 中不只說明了性別的假設會影響對嬰兒的知覺，而且也說明了這些性別標籤對大多數人是相當重要的。當一個在各方面都無法確認性別的嬰兒被標示為男性時，這個嬰兒的所有表現對旁觀者來說都是男性化的；假使同樣這個嬰兒被標示為女性

時,那麼嬰兒的一切行爲在旁觀者看來又却成了女性化的表現(翻開**彩圖一**,看看幼兒的表徵)。有趣的是,和父親及母親的研究結果比較起來,我們發現男人比女人更容易知覺到兩性的差異。性別稱謂的影響在玩具的選擇方面相當明顯:一旦對嬰兒標示性別之後,通常就只會給與符合其性別的玩具了,例如買芭比娃娃給小女生,買X-3機器人給小男生。假使有一個兒童同時從事兩種性別的活動,我們會希望這個兒童是女孩而不是男孩,大概是因爲男孩從事這類型的活動時較容易讓人聯想到同性戀之故 (Basow, 1992)。普遍來說,母親比父親更傾向於抱持兩性平等的價值觀,相信兩性之間沒有什麼差異,並且強調社會化的原因多於生物性的影響。

• 父母對待子女的態度

當我們研究父母如何實際對待他們的孩子時,出現了有些令人困惑的現象;父母通常會陳述他們對待兒子與女兒的方式是相似的 (Antill, 1987；Maccoby & Jacklin, 1974)。Lytton和 Romney (1991) 曾對一百七十二個相關研究進行後設分析之後發現,父母對其女兒與兒子的平時態度或處遇上並沒有顯著的差異。然而在邏輯上,父母的信念與價值觀應該會影響他們對待子女的行爲,儘管這些影響可能是薄弱而且間接的。但是有一個有趣的觀察指出 (McGillicuddy-De Lisi, 1985, 引自Basow, 1992),父母對子女的性別差別待遇在其對子女行爲的回應、玩具的選擇,以及家務工作的分配上明顯可見。

假如男孩被認爲是比較強壯的,那麼他們可能比女孩更容易受到粗魯的對待,而女孩可能比較會受到保護,有許多證據顯示這種情況的確會發生 (Condry, Condry, & Pogatshnik, 1983；Culp, Cook, & Housley, 1983；Frisch, 1977)。例如,當一個年輕的女性聽到嬰兒的哭聲時,如果她認爲那是個女嬰,則會有較迅速的反應;但是如果她認爲是男嬰時,反應就慢多了。父母

也比較傾向於對女嬰發出聲音來逗弄她（Cherry ＆ Lewis, 1976；Wasserman ＆ Lewis, 1985），但是他們對於學步期的兒子所用的口語刺激，則是為了促進其認知的發展，像是教導和提問題（Weitzman, Birns, ＆ Friend, 1985）。

　　在活動與玩具的選擇方面，父母的行為顯然是十分刻板的，他們提供給女孩子和男孩子不同的玩具、不同的服飾以及不同的環境。研究了一百二十個不足兩歲的男孩和女孩的房間之後發現，女孩的房間有比較多的洋娃娃、小說人物、玩具家具、操作式玩具，以及粉紅色的色調；男孩的房間則有比較多的運動設備、工具、各種大小的車輛，還有藍色、紅色和白色的色調（Pomer-leau, Bolduc, Malcuit, ＆ Cossette, 1990）。根據社會學習理論的預測，對於行為的差別性增強會導致兒童在這些行為表現上的頻率出現差異，似乎就是這樣的例子，兒童的確會花比較多的時間在符合性別的玩具上頭，有趣的是，不同的玩具也會引發不同的親子互動：在玩「女性化」的玩具時，會引起較緊密的身體接近以及較多的口語互動；而玩「男性化」的玩具時，所引發的親近程度較少，提問題及教導的層次也不高（Caldera et al., 1989）；因此，當男孩與女孩玩著不同的玩具時，可能也會跟著發展出不同形式的人際互動。

• 父母的行為示範

　　在不同的對待方式之下，父母也塑造了不同的行為與角色，父親和母親所示範的最基本差異在養育行為，幾乎所有的兒童主要都是由女性來照顧的，所以兒童照顧與養育通常可能會被標籤為「女性的工作」。即使父母兩人都外出工作，母親仍然得花費較多的時間與能量在兒童照顧和家事活動上。父親顯然會比母親更常參與娛樂的活動、家務工作中的雜務（Bronstein, 1984；Burns ＆ Homel, 1989；Goldman ＆ Goldman, 1983）。

　　在本章開始時曾經提到，所有的性別社會化理論都曾討論過

父母典範的重要性，但是心理分析論及社會學習論却特別強調。兒童會從其對父親與母親的觀察中，學習到男性和女性的角色，假使這些父母親抱持著傳統的刻板印象，或者從事傳統的行為，兒童應該也會獲得性別角色的傳統觀點。

• 父母在兒童性別發展方面的影響

我們可以看到大多數的父母親，特別是父親，都相信男性與女性之間是存在著顯著差異的。我們也可以看到父母對其子女有不同的對待方式，並且塑造出自己本身的不同行為。到底是什麼因素在影響著兒童的所有關於性別的觀點與行為呢？

通常父母的信念愈明確，所造成的影響也就愈清楚，帶著傳統信念與價值的父母，會主動制止孩子的跨性別特徵及興趣，而積極鼓勵孩子的同性別特徵與興趣 (Antill, 1987)。至於父母抱持著強烈的平權信念，而且在生活型態中反映出這些信念的兒童，則傾向於具有較豐富的非性別形成的事物和職業的知識 (Weisner & Wilson-Mitchell 1990)。

整體來說，父母親對待男孩與女孩的方式是不相同的，而且包括直接的（例如特定的玩具和家務），以及間接的（例如雙親的反應和典範）。尤其是父親，對性別區隔以及跨性別效果（對異性的容許與對同性的限制）似乎有一致的影響。

我們通常可以看到男孩的社會化程度比女孩還要強烈，男孩會接受到較多的稱讚與懲罰，從事不符合性別的行為時也會面臨較大的壓力。在兒童早期的獨立探索活動中，兒子比女兒更易受到鼓勵，此外，關於學業及運動成就方面男孩也有較大的壓力。當女孩的社會化情形接近且符合成人的期待時，將會獲得較多的增強與鼓勵 (Aries & Olver, 1985；Fagot & Leinbach, 1987)。雖然女孩的角色壓力在青春期之後有所增加，但是壓力却局限在表現出性的吸引力以及尋求伴侶上，儘管如此會因而限制了女性教育和生涯的抱負與天賦本質，然而壓力的狹窄性仍是顯

著的 (Gilligan et al., 1988；Katz, 1979)。

對男性性別角色的嚴格要求程度可以由男性化的四個基本主題中看出 (David & Brannon, 1976；Pleck, 1981)：(1)拒絕所有「女性化」的行為與特質；(2)要成為強壯、有競爭力且獨立的個體；(3)獲得成就與地位；(4)表現出攻擊性與勇敢。不論我們接受哪一種解釋來說明社會期許壓力的差異，這些不同的壓力都會有相當重要的影響，我們已經在認知、性格、社會發展以及性行為差異的文獻中檢視了某些影響。

㈡其他親友

家庭中的社會化代理人當然不只是父母而已，祖父母，伯父、伯母、叔叔、嬸嬸、舅舅、阿姨、堂兄弟姊妹、表兄弟姊妹，以及自己的手足等也是相當重要的，在美國，尤其是在低收入的黑人家庭中，孩子經常是由親戚們來照顧的 (Stack, 1974)。在所有的文化社群中，外祖母都扮演著相當強有力的社會化角色，因為孩童與她見面的次數最多，感覺也最親密 (Bengtson & Robertson, 1985；Zisenberg，1988；劉秀娟，1997)。

手足在兒童性角色發展中也扮演著相當重要的部分，包括直接對兒童所表現的行為，以及間接透過對父母的行為所造成的影響 (Barry, 1980；Bronfenbrenner, 1977；Stoneman, Brody, & MacKinnon, 1986)，例如兄姊的愛護或兄姊對父母的撒嬌等。手足的年齡和性別也是重要的因素，舉例來說，幼童傾向於和年齡較長的兄姊玩耍，假使兄姊的年齡與自己相差無幾，那麼遊戲活動就較不會具有性別的刻板印象；如果兄姊的性別與自己不同，則性別刻板的遊戲便會相當普遍。此外假使家庭中的小孩都是同一性別，那麼在家務工作上比較不會像那些兩種性別小孩都有的家庭一樣採取刻板化的分配，亦即較不考慮性別來劃分工作性質。人類的行為可以視為完整系統的一部分，每一個部分無疑地都會影響到其他的任一部分，因此，我們必須覺察到家庭成

員在性別社會化的過程中所歷經的複雜影響。

㈢教師

　　無論父母以及家中成員對兒童的發展有何影響，一旦孩子開始進入學校之後，其他人也跟著分擔了社會化的責任，教師在此時尤其重要。

　　從兒童踏進學校的這一刻起，（有些兒童早在三歲之時便開始進入這個階段），教師會經由教保活動的提供、增強、示範以及巧妙的溝通模式，無形中對性別角色的發展提供訊息。在大多數的情況中，這些訊息會增強個體在家中所接受的性別角色，而強化了性別的形成。即使教師的訊息與雙親的訊息有所背馳，它們仍會有相當大的影響，有時候甚至會超越父母的影響（如當幼兒開始以「老師說」取代「爸爸媽媽說」的時候），特別是當這些訊息受到其它社會化影響力（如同儕、媒體等）的支持時更是如此。

　　從托兒所到大學，教師對男性學生所付出的關注多於對女性學生的注意，而男性也支配了課室的環境；和女孩比起來，男孩獲得較多的教師注意力，在教室內較常被叫起來，也較常被要求協助教師做事，或被視爲模範生，或者是受到教師的讚許（Epperson, 1988；Sadker & Sadker, 1986）。女孩多半因爲在安靜以及順從方面受到增強，並且因而受到注意。這顯示了教師們傾向於較常對男孩提問題，並且給與較多的鼓勵。例如，當女孩答錯時，老師可能會讓另一位同學來回答，如果答錯的是男孩時，老師則會協助他找出正確答案，然後再稱讚他；即使女孩的回答是正確的，很可能只會接受到一句簡單的反應（「好」），而不是稱許（「很好」）。因此，男孩子較容易獲得獨特且較高程度的教育上的互動。此外，當男孩未經舉手而在教室中發言時，老師可能會接受他的答案，若是女孩沒有舉手便在教室中發言，則很可能會受到一陣責難（Basow, 1992）。這些教師的行爲傳遞出一種訊息，認爲女孩應該安安靜靜地當一個被動的學習者，而男孩則應該在

學術成就上擁有自己的主張，並且保持主動學習。

(四)同儕

　　同齡的夥伴也是強有力的社會化代理人之一，他們在學校期間會變得愈來愈重要。在許多的情況中，特別是對青少年來說，同儕壓力比父母或其他成人的壓力更加強烈且具影響力。然而，即使是在學前階段，同儕對其友伴的性別角色行為就已經會造成影響。

　　從學前到青少年時期，以傳統型式來表現性別角色行為的兒童比較容易受到同儕的接納 (Fagot, 1977, 1978, 1984；Hartup, 1983；Martin, 1989)，這種情況對男孩來說可能特別真切，而且為他們所呈現的較強烈的社會化及較呆板的性角色提供了另一個例證；例如，在學前階段喜好女性化性別形成玩具的男孩較少接受到正向的回饋，而且在班級中常常只是單獨遊戲 (Fagot, 1984)。在性別一致性方面的強烈同儕壓力，便是導致國小學童少有跨性別形成的理由之一，即使是在學校中仍有所謂「男人婆」(tomboy) 及「娘娘腔」(sissy) 的存在，(Hemmer & Kleiber, 1981；Stericker & Kurdek, 1982)，和跨性別形成或兩性化的稱呼比起來，這些標籤似乎常被幼兒用來輕蔑那些產生社交困境及反社會傾向的同伴。由於男性具有較呆板的性別角色，而且在目前的社會結構中，男性性別角色顯得較為重要，所以我們不難瞭解「娘娘腔」這個字眼所帶來的侮辱性遠大於「男人婆」這種稱呼。「娘娘腔」的人可能也比「男人婆」更難令同儕接受，因為大家認為這類男孩比這類女孩更容易捨棄自己的性別角色而成為同性戀者 (Antill, 1987；Martin, 1990)。

　　在第三篇中，究竟性別角色與刻板印象是如何獲得的，這個問題的答案可以分成二個層次來探究——歷史的起源及現代的教化。首先，角色與刻板印象來自於早期社會根據性別所作的工作分工，如此分工是基於社會的生存、勞力的供應以及兒童養育的

需要。即使工作分工已不再有其功能或者是不實際的作爲了，角色與刻板印象仍會持續存在（Basow, 1992）。

　　兒童的經驗從出生這一刻便已開始，社會化的壓力乃建立在她或他的性別上，在大多數的案例中都會與性別角色及刻板印象結合在一起。從父母、教師及同儕中，還有從語言、遊戲、媒體、學校、宗教及工作等社會力中，兒童會發展出性別基模並且獲得性別認同。兒童會透過直接增強、示範作用及模仿而產生社會化歷程，此歷程會受到兒童認知發展與兒童社會化所製造的兩性區隔所影響。尤其是男孩，會接受到強烈的社會化壓力以及特別強固的男性性別形成。

　　從社會化的回顧中最令人驚訝的是社會文化正一致地傳達著性別的刻板印象。透過語言文字本身的結構，透過遊戲活動、學校環境、宗教訊息以及媒體的描述，兩性在行爲與地位方面都有相當不同的描寫。女性通常被認爲是不重要的、無能的、被動的，以及負有養育責任的；而男性則是重要的、有能力的、主動的，以及富攻擊性的生計維持者。在整個兒童發展歲月中，這些形象會藉由不斷的重複而使幼兒內化（introjection）性別角色而失去反省或批判的能力，並進而實踐這些角色行爲；即使父母親都不具刻板的信念，而且試著以相同的價值及行爲來教導子女，但是其它的社會環境所傳達的性別刻板印象，也會減緩或超越父母的影響。或許父母需要更強勢地限制子女觀看電視的時間與選擇適當的內容，並且能找到一個不具性別刻板印象的學校環境，如此才能成功地教養出一個去性別基模化（gender-aschematic）的孩子（Basow, 1992）。對大多數的兒童來說，性別基模化會隨著一般的社會化歷程而來，所以，我們可以理解爲何在性別刻板印象上會有如此高程度的一致性。如果兒童在這些刻板的文化中成長，那麼也就不得不學習到性別刻板印象，假若有人可以逃脫而不會變得刻板，這才真是叫人訝異的事。由於性別刻板印象在我

們的文化中正普遍地存在，我們或許可以瞭解，爲什麼不論個人的經驗如何，都難以改變這些刻板的印象。

　　如此典型的兩性角色印象將會造成非常多的影響，這部分將在第七章之後的部分討論，不幸的是其中大多是負面的影響。這並不表示兒童應該形成一個分離且不同的性別認同，因爲他們需要這麼做以成爲他們所發展的自我認同的一部分。但是，誠如Money和Ehrhardt（1972）所言，生物的生理供給了兩性差異基本的、不能改變的特質（女性有月經，能懷孕及授乳；而男性則與女性共同爲受孕而努力）。因此兩性根本不需要有截然不同的行爲來強調彼此的差別。

第六章
對兩性個體的影響

性別刻板印象和角色的影響，在個體的自我概念、心理健康及生理健康方面是相當明顯的，也是倍受研究者所關切的。在這一章，我們將扼要地針對這些影響來探究，因為性別刻板印象對個體所造成的影響，將會反應在兩性關係上。

自我概念

　　自我概念（self-concept）是指個體對自己的理想、情感與態度的整合，即個人試圖解釋自己、建立基模（scheme），以便將對自己的印象、情感與態度組織起來的整體看法（黃德祥，1995）。在個體成長的歷程及兩性關係的發展及互動中，性別概念對自我概念的影響也是相當明確的。例如一個取材自高爾夫球雜誌的廣告（引自Basow, 1992）：

> 「一場好的高爾夫球賽，就像一位迷人的女性，讓人蠢蠢欲動。」

　　由媒體中所呈現如此的性別角色的概念影響個體的自我概念——個人她或他對自己的看法。這個概念包括了：(1)個體認為自己是誰，對自己的看法是透過對自尊（self-esteem）的瞭解而來，而自尊包括了自我接納和自我關心；(2)個人對自我能力的評價，也就是指自信（self-confidence）；(3)超越個人生活的控制感，包括了個人的態度，稱為自我控制（locus of control）；(4)個人是如何看待和評估身體的自我，也就是身體印象（body image）。換句話說，自我概念可以包括四方面——自尊、自信、自我控制和身體印象——在隨後的段落中，我們將探討一些有關自我概念的細節部分。此外，有關自尊中的理想自我概念也將一併討論，整體來說，我們會發現女性比男性有更多負面的自我概念。因為

性別刻板印象的緣故，造成了女性比男性有更多負面的自我評價，如同前面所引用的廣告詞一樣，這種較低的女性自我概念其實在生活中隨時可見，但是因此認定女性在所有的情況中都比男性呈現較負面的自我概念是不正確的，這些研究結果必須要視個體是否和大部分的同性或是異性比較。

一、自尊

在整體的自尊測量(個人對自己一般性的正面或負面的評價)中，發現男性的自尊較女性稍微高一點，然而這些差異很小並且也不顯著（Watson, Taylor, & Morris, 1987）。要瞭解性別和自尊的關係，有三個因素是值得注意的：個體的年齡、性別形成的程度，以及自尊的基準。

㈠年齡的差異

一項以小學四到十年級（美制）為受試樣本，受試人數在三千人以上的全國性調查發現，當學生離開小學時自尊方面的性別差異是相當明顯的（American Association of University Women, AAUW, 1991），圖6-1描述了這種趨向，而且在圖中可以發現男女的差異在國、高中階段更大。這項研究結果是由如下的測量題項所組成的：「我對自己很滿意」，「我喜歡有關自己的大部分事情」，「我喜歡我看起來的樣子」。對受試的男孩們來說，自尊在小學以後有稍微降低的趨勢，女孩的減少則更加明顯。黃德祥（1995：315）也指出青少年階段的自尊發展有明顯的性別差異，這情形可能和青少年（國、高中階段）對自己形象及勝任感的期待有關。

從這樣的研究結果我們不禁要探究，是否因為在青春期，女孩必須面對著遵循對女性角色更為嚴格的期待（AAUW, 1991；Gilligan, Lyons, & Hanmer, 1990；Gilligan, Ward, & Taylor, 1988）。她們在成就、自我主張和名望中感受到與角色期

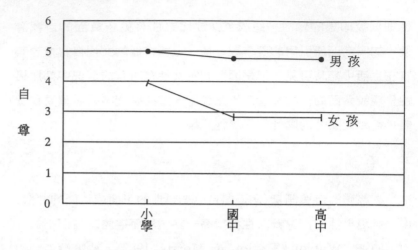

圖 6-1　青少年自尊的性別差異

資料來源：AAUW ,1991. *Shortchanging Girls, Shortchanging American.*
引自S. A. Basow(1992).

許的衝突，並且察覺到如要達成後者（如追求成就等），似乎意謂
著必須放棄女性角色。然而，最根本的癥結是在重視自己情感及
想法及順應他人的角色期望之間的衝突所致，對許多女孩來說，
解決這衝突的方法就是對自己的感受與價值產生懷疑，所以這些
女孩所經歷的自我懷疑也比其他的人多（Basow, 1992），這類的
衝突會反映在少女身上，也可能影響了她們的學業成就（Roberts
et al., 1990）。相對地，在青少年階段，追求成就和男性性別角色
的發展更趨於一致，這可由男孩的自我概念和學業成就之間正向
關係的增加反映出來。然而在美國，許多黑人女孩在家庭和社區
強力的支持下，選擇了另一種不同的解決方式，摒棄來自父權制
社會中權威人士的不同意看法或評價，以追求在乎自己的情感爲
主，因而減低了自尊的貶抑，却也增加了個人和教師及教育體制
之間的距離（AAUW, 1991），因爲她們的表現是與既有刻板印象
體制相背的。

一般來說，這也呈現了在青春期之後的生活經驗，可能造成許多女性的自尊降低的情形，而我們必須明瞭這方面的性別差異是來自哪些因素。

㈡性別形成

性別形成的差異在預測自尊的性別差異上相當明顯。一般來說，愈具有男性化特質的人自尊愈高。當個體在小學三年級時，自尊的發展就開始了，自尊的發展情況似乎與男性化特質有關，特別是對女孩來說，具有男性化特質的女孩其自尊發展在測量上較具有女性化特質的女孩高（Alpert-Gillis & Connell, 1989）。這意味著具有兩性化特質的個體，在男性特質和女性特質上都具有較高的測量分數，而且具有男性化特質的人（包括男性和女性）在自尊上的表現是最高。女性化特質的人（尤其是女性）自尊是最低的，有關性別形成與自尊高低的這個模式，已經具有跨文化的研究資料（Basow, 1986；Carlson & Baxter, 1984；Lau, 1989）來支持這一看法。

雖然如第二章所指出的，有許多研究方法和情境因素，會影響性別形成和自尊之間關係的探究（Flaherty & Dusek, 1980；Whitley, 1983），而使我們對這些研究結果仍會抱持一些質疑，但是男性化特質對自尊發展的有利影響是很明顯的，特別是對女孩來說。男性特質在表達性或工具性和自尊之間的關係，可以反映出社會既有的價值觀，事實上大部分自尊的測量或許就是針對個體男性化特質的測量（Whitley, 1988）。這也就是說，大部分研究者所謂的自尊即指獨立自主和男性特質而言。由這些結果可以發現，測量男性和女性自尊的基準是不同的，因而再行推論認為男性自尊比女性高更是值得深思。

㈢自尊的基準

總體性的自尊通常是透過標準化的紙筆式問卷來測驗的。一般來說，這包括了兩個不同層次的項目：自我接納（self-accep-

表 6-1　青少年自尊的徵候

高自尊青少年	低自尊青少年
1.有準備的發表意見	1.即使被請求,也不表示意見
2.能聆聽他人說話	2.批評他人所說的話
3.能友善的建立關係	3.避免與他人接觸
4.在團體中能與人合作	4.在團體中想支配他人
5.親切的接受讚美	5.拒絕讚美或淡然處之
6.適當地把榮耀歸於他人	6.嫉妒他人或有諷刺性的論斷
7.實在的請求他人	7.嚴以律人,寬以待己
8.謙虛	8.過度誇大自己的成就
9.付出與接受情感	9.因恐懼被傷害而吝於付出情感
10.喜歡鏡中自我的儀表	10.避免照鏡子

資料來源: E. Atwater,1992.*Adolesconce*(3rd ed.).,引自黃德
　　　　　祥(1995).p.314.

tance),即個體接納自己的程度,另一項則是自我關注 (self
-regard),即指個體能夠積極確認肯定自己的價值和能力
(Deaux, 1976),這部分可由**表 6-1**中的項目發現高自尊的個體
較肯定、欣賞自己,也較有自信及友善,同時也較能適度的反映
自己的優缺點並接納,因而生活的態度也較趨向主動積極,較不
會以逃避或攻擊行為來面對他人及自己。然而,在Deaux的測驗
結果顯示,如果女性在自我接納的得分較高,而男性在自我關注
得分較高,那麼兩者的總計分數會相等,不論總分是來自不同項
目的正向反應分數所致。從這些研究中我們可以發現一個可能的
結論是,雖然採用問卷來測量,性別的不同似乎在整體的自尊程
度中造成差異,但是自尊的基準可能是有差異的,這也可能和性
別角色有關,並不是只有在自尊的構成元素上有性別差異存在。

　　總體來說,男性和女性的自尊的基準不同,男性的自尊會和
他們的能力結合,而女性的自尊則會和她們社會關係相結合。雖
然,男性呈現了較低的自我接納,卻比女性給與自己較高的關注

與評價。大體來說，雖然在自尊問卷的測量上男性得分比女性稍微高一點，不過由研究結果可知，這是因為預測自尊的最佳因素是工具性特質（即男性化特質）所致。因此在所謂的測量總分（自尊的高或低）上，我們仍應探究真正的比較基準為何。

從另一個角度來看，個體的自尊（尤其是青少年）是受到個體的自我形象與實際行為表現的影響，自尊高低其實也是反映個人的經驗，所以較能展現能力的行為、成就多、積極助人者的自尊相對就高。

二、自信和自我期許

自我關注方面的研究是研究自信時應考慮的部分，因為自我關注和對成就的期許有關，同時也顯示了性別差異。平均說來，在各年齡層和工作任務上，男性比女性更會作自我預測（Ryujin & Herrold, 1989；Vollmer, 1986），這種性別的差異在小學三年級時即可證明，而且在中學和高中時更明顯（AAUW, 1991）。例如，研究發現在小學時，55%的男生和45%的女生認為自己「在很多方面有專長」，不過在高中期間性別的差距變大；有42%的高中男生說他們「在很多方面有專長」，只有23%的高中女生如此說，但是這種較低的女性自尊的形式，在黑人女性中是例外的，她們的自信和白人、黑人的男性一樣（Smith, 1982）。這可能與我們先前論及黑人女性在成長歷程中對自己及他人角色期許的衝突發展出以自己價值為主的因應模式有關，因而較能擺脫傳統性別角色刻板印象的限制，而擁有較高的自信。

男性的自信會造成男性高估他們的能力，不過這似乎使他們對很多事務具有企圖心，這樣的企圖心使他們有更多的機會增加他們的技能和受到獎賞。女性傾向對自身的能力採取保守估計，或許這讓她們不易有所改變，也限制她們的企圖心或繼續參與新的活動，並且限制她們的生涯和發展潛能，女性較低的自信也可

能讓她們因意外的評價而特別容易受到挫折（Basow, Smither, Rupert, & Collins, 1989；Roberts, 1991）。不過，很重要的一點是雖然性別預測了不同的表現程度，但在眞實的表現上卻差別不大。例如，除了預測自己在學業成績上比男同學得分更低外，女性大學生在行爲表現上是與男性同儕類似的，甚至在實際上她們得到較好的成績（Ryujin & Herrold, 1989）。這顯示女性對自己的能力估計較保守，這似乎反映了女性在社會化歷程中並不受到追求成就或表現能力的鼓舞，也使得成就行爲較傾向缺乏企圖心。

的確，在很多方面男孩可以有自己的抱負而較不受特殊情況的限制（如過去的表現和表現的回饋）（Monahan, 1983）。這可能會造成很多不同的影響，好比在性別上評估他們現在的表現和期望他們將來的表現。男性的現在與未來表現可以不被失敗的經驗影響，然而女性並不一定會被成功的經驗所影響（Basow, 1992）。這情形或可解釋爲什麼女性通常比男性有較低的自信（Basow, 1992），一個理由可能是成長中受到不同的增強：男性被鼓勵該有自信，而女性可能被鼓勵爲應該保守的看待自己的能力與表現，因而表現較低的自信（Berg, Stephan, & Dodson, 1981；Parsons, Ruble, Hodges, & Small, 1976）。再者，男性性別角色帶有一種優越的和勝任感的氣息，而且強調男性化的特質，使得來自男性性別角色的特色和男性化特質聯結緊密，使男性個體的內在衝突減少而較具自信（Vollmer, 1986）。基於對此性別差異的瞭解，以及協助男女兩性在建立親密關係上有更平等的發展基準，我們必須改變性別刻板印象的本質，以及社會化的管道與社會因素的影響，男孩和女孩都需要發展男性化特質和學習都被期望成爲有能力的人，沒有一個人應該被教導學習男孩是天生較優越的族群。一般來說，在此社會化的情況中女性的自信心較男性低，尤其是在以男性爲主的社會中，這種模式會導致女

性產生一個負向的自我概念，而形成負向的循環。

三、自我控制和歸因型態

　　如果你可以在自動販賣機玩一個幸運遊戲，或選擇遊戲技巧時（例如擲標槍），你會選擇玩哪一個呢？Deaux, White和Far-ris（1975）發現，將近75％的男性會選擇要求具備遊戲技巧的遊戲，而只有35％的女性會作如此的選擇，這可能顯示她們自認遊戲技巧比男人差，而且不易掌握行為結果。女性和男性比起來，似乎更傾向於外控（也就是，女性她們傾向於不相信自己的行為可以增強和達成自己想要的目標）（Johnson & Black, 1981；Lefcourt, 1976）。尤其是在一九七〇年代中期，當女性意識到很多外在的壓迫（如歧視）時，各年齡層的女性都比男性更傾向外控（Doherty & Baldwin, 1985）。女性的外控取向和無助感是有關聯性的，逃避成就、害怕成功，而且喜歡選擇碰運氣的情況，而不是選擇需要技巧和果斷的作為，這其實和社會化中的性別期待及長期的無助感有關，因為在行為中她們未被鼓勵對能力產生肯定與自信，也避免以能力來為行為作分析（內換）甚至於避免展現能力，以免有違社會的性別角色期許（Savage, Stearns, & Friedman, 1979）。

　　當一個學生被問及為什麼他們在考試得到九十分，女性比男性更可能認為她們是幸運的、考試很簡單、老師喜歡她們或她們努力用功，而男性最可能認為他們得到如此好成績，是因為他們知道考試題目或因為他們很聰明，相反地如果考試成績不理想，女性可能說她們不知道考試題目或自己太笨，然而男性更可能說這是因為考試不公平、老師不喜歡他們，或他們以前沒試過這類題型等，這些歸因傾向（內在歸因和外在歸因）從學生生涯到成人社會，可以得到證明。

　　如同前述的歸因過程的類型（視成功為不穩定因素或外在因

素所致的外在歸因型態，視失敗為能力有限所造成的內在歸因型態），對某些女性來說，是難以去感覺自己的優點的。如果沒有成功所帶來的榮譽感，女性往往是不會提升自己的信心、肯定自己的。相對的，失敗所帶來的羞愧，女性往往會更降低自信心。Dweck（1986）和他的同事（Dweck, Goetz, & Strauss, 1980）發現，在實驗室和教室情境中，作業失敗後的女孩比男孩呈現更明顯的沮喪。這沮喪的情況往往會持續到對改變作業及教師的重視程度減低才有可能舒緩。如此的高度的低期許或許會導致女性在成就情境中的退縮。這種情況特別是在數學及科學學科方面更為明顯。女孩多半在這些課程上遭遇困難時歸因為自己能力有限，而男孩則多半認為是自己努力不夠，或其他外在因素所造成的（AAUW, 1991），也因而女性產生學習無助感的機率比男性大些。

所以，相對於許多女性的歸因模式，男性的歸因模式（視成功來自於能力所致，失敗為外在因素所致）是相當具有自我保護作用的。也就是說，在面對失敗時，如此的歸因模式可以保護自信與自我印象；在面對成功時，也可以提高自我信心與自我意象。舉例來說，大學中的游泳競賽者，在面臨一次失敗的經驗之後，傾向於將失敗歸咎一些不穩定存在的外在因素，很少是歸咎於自己出了哪些狀況所造成的（"Pessimistic Losers", 1988）。

總之，雖然這些發現很複雜，男性比女性更會重視他們自己和能力，女性重視運氣的影響，難怪女性較喜歡與機率有關的遊戲，而男性較喜歡有技巧的競賽。這種思考方式會對個人自尊和自信有負面的影響，如我們所知，成就行為和心理及身體的健康有關。接著我們要討論自我概念的另一個重要部分——身體印象。

四、身體印象

自我概念的另一部分是身體印象，我們如何知道及看待自己的身體，這個自我概念的部分呈現了一致的性別差異——對個人體重的滿意。讓我們來仔細看看這些發現。

在整體的身體滿意測量中，雖然結果並不一致，可是女性比男性更無法滿意自己的身體，却是受到普遍支持的 (Cash & Brown, 1989；Koff, Rierdan, & Stubbs, 1990；Silberstein, Striegel-Moore, Timko, & Rodin, 1988)。研究發現女性比起男性有更多不同的身體概念，也就是說，她們比男性在意她們身體的部分。再者，任何年齡層的女性比男性更不能滿意她們的體重，導致她們有較低的外表自尊 (McCaulay, Mintz, & Glenn, 1988；Mintz & Betz, 1986；Pliner, Chaiken, & Flett, 1990；Silberstein et al., 1988)，特別是女性傾向於感覺自己的體重過重或稍微過重，而不論她們實際的重量為何，有四分之三的大學女性在陳述中指出，至少有時她們想要更瘦一點 (Basow & Schneck, 1983)，而在樣本中有將近一半的高中女生嘗試減肥或瘦身 ("Nearly Half", 1991)。女性對自己身體及身體印象要求嚴格不僅反映低自信，也反映社會化下女體物化的刻板印象相當穩固。

很多男性也不滿意他們的體重，但是他們希望增重而不是減重，女性對她們體重的認知和她們實際的重量的差異也比男性更大 (McCaulay et al., 1988)。這現象反映了傳統性別角色要求男性高大強壯，要求女性纖細瘦弱的標準。再者，一位男性對他體重的不滿意比女性所顯示出與整體的自尊程度較沒什麼關係 (Mintz & Betz, 1986)。也就是說，女性對自己的外表和體重的感覺比男性更受制於她的感覺，可能是因為身體的吸引力對女性比對男性更重要 (AAUW, 1991；R. Freedman, 1986)。

雖然女性比男性更不滿意她們的體重，但重要的是要記得很多男性也不滿意他們的身體，特別是如果他們的體格不符合男性對「男性化」的理想時（Mishkind, Rodin, Silberstein, & Striegel-Moore, 1987；Tucker, 1982, 1983）。的確，有一些現象顯示我們的文化逐漸地強調女性和男性的身體形象，愈來愈多的男性開始運動以減去重量或減肥，以便適應文化的標準。對於女性，這樣的行為會導致飲食失調或強迫性運動，對異性戀的女性來說，為了取悅、吸引男性而重視身體的吸引力和瘦身更是尋常可見（Siever, 1988）。有趣的是，即使女性跳出「體重」的迷思，而使自己體重在控制下符合理想，仍會由減重、瘦身轉而尋求塑身，這明顯呈現女性在性吸引及身體吸引力上的重視已超逾了自己的自信，這也反映了父權思考下女性附屬地位的意識型態仍然左右了女性對自己身體的自主權。

　　女性較男性更不滿意她們的體重，而且這種不滿會負向地影響她們的身體印象和整體自我概念。一般來說，女性易於比男性有更負向的自我概念；她們有較少的自我關注，較少的自信，對她們的成就有較低的責任感，而且比較不滿意她們的重量，這種負向的自我概念與她們比男性更能自我接納是相抵觸的。另一方面來說，男性有較正向的自我概念，即使有一點不實際，他們對自我的關注很高，他們對自己的能力過於自信，對他們的成就有責任感，而且將失敗歸因於外在因素，不過，他們自我接納程度低。從**圖 6-2** 的自我概念回饋圖中，我們可以發現社會因素（如他人、同儕的評價）會影響自我概念的發展，而個體受到性別差異所呈現的自我概念對他們的心理和身體健康更具有直接的影響。

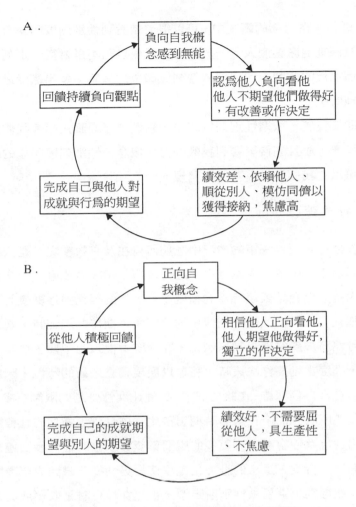

A.

負向自我概念感到無能

認為他人負向看他他人不期望他們做得好，有改善或作決定

績效差、依賴他人、順從別人、模仿同儕以獲得接納，焦慮高

完成自己與他人對成就與行為的期望

回饋持續負向觀點

B.

正向自我概念

相信他人正向看他，他人期望他做得好，獨立的作決定

績效好、不需要屈從他人，具生產性、不焦慮

完成自己的成就期望與別人的期望

從他人積極回饋

圖6-2 正向與負向自我概念回饋圖

資料來源：R. B. Burns,1991, Essentinl Psychology(2nd ed.). 引自黃德祥(1995),p.322.

心理的健康

心理健康是很難定義的概念，我們將檢視心理健康的三個方面——行為的彈性、心理幸福感和心理疾病（Basow, 1992；兪筱

鈞，1996），在全部的範圍中，可以很清楚看到性別刻板印象有多強烈及深刻地影響個人。一般來說，感覺自己不是遵從性別刻板印象而生活的個體，和過度依循刻板印象的個體，多半遭受最大的心理問題。

即使我們不依循性別刻板印象，它們也已經直接影響我們的行為標準，並且間接影響到我們的自我概念，性別刻板印象的影響是可以在我們的行為彈性中發現。

一、行為彈性

當你在必須作決策的情況中應如何自在及有效率呢？是依靠你的同理心、教養、攻擊行為、社交技巧、領導力或直覺呢？當一個人能夠自在地表現行為的程度愈大，他的行為彈性就愈大，在某種程度上，當個體受到傳統的性別角色期待的規範時，她或他的行為將被嚴格地限制，例如，在傳統女性角色中要求依賴及順從，那麼當她要作決策時，將難以展現獨立果斷的特色，因為她必須符合角色期待，在此情況下，男性比女性受到的限制更多。如同我們所看到的，在幼年時期男孩比女孩受到更強烈的社會壓力，男性比女性容易受到更多的處罰與獎賞以協助他們發展適合性別期待的行為，這樣的社會化歷程使得男性從三歲到成年階段比女性在行為上更易被性別所定型，也比女性更討厭表現或從事與性別不符的活動在行為上。相反地，女性較少被性別特質定型，而且女性比男性有更大的角色彈性，尤其是在幼年時期，甚至在大學時期，女性認為有多樣的活動對她們的重要性甚於男性，而且這些活動跨越了傳統的女性化、傳統的男性化，以及兩性化的範圍（Blais et al., 1990）。這似乎意謂著男性受制於傳統性別角色是比女性更徹底的，要自此限制中解放恐怕需要更大的反省與勇氣。

典型性別的人在行為上較不具彈性的原因是在從事另一性別

（相對的）活動較不具信心，也較易造成焦慮，同時也比兩性化或跨性別的個體更在意表現適合性別的行為、抗拒不符合性別特質的行為（Bem & Lenney, 1976）。例如當典型男性性別者，被問及在沖泡牛奶可得一百塊錢及替絞鍊上油可得五十塊錢的選擇時，他們比兩性化及女性性別的人選擇上油的工作的比例多。這是因為沖泡牛奶與傳統女性角色的養育性意涵有關，而替絞鍊上油是工具性的行為，這已經不是一百塊錢與五十塊錢的問題了。此外，性別為傳統典型男性和女性的人，在從事相對的性別活動時會感到不自在，並且對自己有負向的感覺。如果男性在前面的例子中選擇沖泡牛奶，他們認為這是令自己感到不自在的行為。

這些結果和先前所提到的成就行為和成功的恐懼很類似，女性和男性個體避免從事跨性別的活動或功能，因為他們怕得到負向的影響或評價，尤其是具有性別刻板印象的個體，這似乎表示兩性化的人較能因應這些衝突與困境，或者根本就不在乎這類衝突。然而，兩性化的個體並不是全部都在行為上具有彈性的。首先，行為上的彈性仍然會因性別而有差異（Flaherty & Dusek, 1980；Heilbrun, 1984），例如男性化的女性比男性化的男性更有彈性且適應更好。其次，有較高的工具性的人（男性化和兩性化個體）會在各類情況中表現自在及良好的適應性，可能是因為他們有最高的自尊（Helmreich, Spence, & Holahan, 1979；Jones, Chernovetz, & Hansson, 1978）。性別基模理論（Bem, 1985）認為兩性化特質的人比刻板性別的人，更少以性別影響他們處理周圍世界的訊息，因此兩性化的人也較少受限於一個性別形成的功能（工具性或表達性），所以，如果個體能接納另一相對性別的特質，應該才是使行為具有彈性的理想方法之一，或者是拋棄傳統僵化的性別刻板印象，讓自己更有彈性地展現能力與作為，都是值得努力的方式。

一般來說，刻板性別的個體比兩性化的個體在行為上更會抑

制自己的行為，而且易於保持性別刻板印象。行為彈性的受限，妨礙了表達性與工具性的技巧的發展，而導致了一個愚昧無趣的生活，如此限制在很多男性和女性中，都產生了情緒和身體幸福感上的影響。

二、心理幸福感

心理健康的個體多半被視為是適應良好的。如果一個個體要順應他們的性別角色，那麼在生活中適度的調適是必須的（Bem, 1976）。例如男醫師和男護士在目前社會中，後者可能面臨較大的性別認同問題。這種看法可歸類為傳統的相合性典型的心理健康。有兩種心理健康的典型是受到支持的，男性化的典型假定心理健康是在進行了多數工具性的特徵時心理最健康，而兩性化的典型是假定在個體兼具大量的特質時（工具性及表達性），心理健康程度是最大的。由這個角度來看，個體的心理幸福感涉及其在生活中因應各種角色適應與壓力的能力，顯然地固著某一性別特質而缺乏彈性的個體，在心理適應及心理幸福感的滿足上都較不理想。

總括來說，工具性的特質與表達性特質結合與否和個體調適的良好與否有很強烈的關係，因此，符合傳統刻板性別特質的性別發展，使一個人更易於接受一般心理或社會的調適這種說法並不被支持的，尤其對於女性來說，具有工具性特質的心理健康是較理想的。這也提醒我們，兩性之間的互動必須能夠不再受限性別特質的局限，而能以揮發角色功能的最大效益為主，兩性也較容易由關係中得到較令人滿意的心理幸福感。

三、心理疾病

自從Phyllis Chesler在一九七二年出版《女性與瘋狂的行為》（*Women and Madness*）一書，便促使了心理和性別間的研

究　（參考Franks & Rothblum, 1983；Widom, 1984）。雖然心理的異常與失調有很多的決定因素，並且時常反映在生理的、心理的和社會的以及與性別關聯的因素上，的確導致很多的心理失調。最早發現的是精神科醫院的精神科護佐，私立門診病人的精神科護佐，以及一般醫院的實習醫生們，從一九五〇年至一九八〇年所提出的精神科疾病報告中即可明確地發現這一情況（Basow, 1992）。在這類來自臨床的報告中，我們可以發現，女性就診的比例比男性高，也在就診病歷中出現精神崩潰、憂鬱、緊張，以及夢魘等，這常使人誤以為女性比男性更易患有心理疾病，或是男性較健康，事實上，這只是反映女性比男性更常利用心理健康的服務（Gove, 1979, 1980；Russo, 1990；Russo & Sobel, 1981）。這情形在國內的張老師專線、家庭教育服務專線或婚姻諮詢專線服務中即可發現。不過，因此就說女性比男性更易有心理問題是不正確的。畢竟它只是從某些心理疾病者和報告中發現女性的發病率高於男性而已（Basow, 1992），並不表示在發病率上有性別差異，更何況這似乎顯示女性比男性更善於利用資源來協助自己調適，真正反映出來的性別差異應是個體求助動機與情況，我們可以由男性自殺多於女性（許文耀，1997）這訊息來思考此一問題。

身體的健康

　　性別角色和性別刻板印象除了影響自我概念和心理健康之外，也影響一個人的身體健康。如同第三章所討論的，男性的生命較短，但是多半為較嚴重且具毀滅性的疾病（像癌症和心臟病），同時比女性更容易發生意外。根據研究報告六十歲之前的男性比女性更易患潰瘍、氣喘、胃病、眼疾、循環系統問題、高血

壓等疾病，而女性較男性易患有急性和慢性方面的健康問題，也較常使用治療和藥物，或有較多的手術經驗，而且六十歲以後的女性較容易患有糖尿病、貧血症、風濕症、關節炎、狼瘡、呼吸道的問題、體重過重和高血壓等疾病（Rodin & Ickovics, 1990；Strickland, 1988；Verbrugge, 1987；劉秀娟，1997）。雖然這些研究發現是來自不同性別、不同的報告方式、不同的壽命及不同的生物基礎，然而大部分的研究是在結合了性別角色後所發現的——特別是性別和生活方式、壓力、因應策略和個體的性格有關（Rodin & Ickovics, 1990）。

一、生活方式

生活方式對身體健康影響的重要性，在研究中已獲得證明（Basow, 1992）。此外，當生活方式的因素像年齡、工作狀況和工作地位等因素都受到控制時，那麼性別角色在健康方面的影響就更不明顯了（Verbrugge, 1987）。這些發現支持了以下的假設：性別間的生活方式不同，說明兩性間健康上的差別，是來自於身體上的差異，而不是生物基礎上的差別。Basow（1992）指出，有一些因素和個體的生活方式息息相關：(1)男性的性別角色；(2)女性的性別角色；(3)婚姻狀況。這三個因素對個體的身體健康與生活方式影響頗大。

Brannon（1976）曾指出男性化角色的刻板印象包括了四個成分，即要求個體不要娘娘腔像個女孩，要比他人優越，要有獨立自主、不依賴他人的能力，和比他人更有權力，這些要求反映在兩性關係及生活型態上，可以發現造成男性的不少壓力與衝突，其結果之一便是導致身體的不健康，例如A型性格、抽煙、喝酒、暴力等。此外男性的角色最主要被定位在養家者的角色，所以當角色受到威脅（如失業或他人嫌他賺錢太少等），壓力就會隨時擊垮他們也容易形成疾病。當然女性也會在歷經失業等重大壓

力事件之後產生身心失調，但對已婚男性來說，這種失業或中年失業的情形更是容易使人崩潰（Basow, 1992），這樣的壓力會伴隨非健康的生活型態而來，如過度工作、熬夜、藥物濫用、忽略身體不適等，而造成更大的傷害。

　　至於女性角色也和女性健康關係密切，在社會中，女性多半居於從屬地位，但其所擔負的工作裡小事却多，例如一位秘書，可能看似沒有負很大的決策責任，但是執行工作的瑣碎及壓力是大於前者的決策角色，此外，即使女性負責大部分工作，但支配權仍以男性為主，所以在美國傳統女性工作角色的壓力是屬於第二大的壓力群（如秘書及事務人員），此外，女性多須兼顧養育子女、照顧家庭的責任，但是，這並不表示女性的多重角色是導致健康問題的主要原因（White, 1990），當角色形成健康壓力，這是因為角色背後的女性化特質及刻板印象所造成的。換句話來說，無論男性或女性，性別角色的刻板印象是加重角色壓力及調適障礙的主要因素，試想一位失業男性或已婚職業婦女，在面對生活挑戰時，能「放掉」一些性別角色刻板印象，他（她）將會更有空間去調整自己的步伐，不是嗎？

　　在婚姻狀況方面，對男性和女性來說，婚姻和工作的角色與健康的身體是有關聯的，健康狀況良好的個人才能同時投入婚姻、工作和父母的角色（Coleman, Antonucci, & Adelmann, 1987）。在這些多重角色中，其實也表示了某種程度的權力和社會支持。在女性中，沒有工作的單親媽媽，雖然她們心理健康，但身體健康狀況卻很差（彭淑華等，1996）。這類女性和其他女性比較起來，她們擁有的社會權力、對自己的掌控程度和社會的支持都最少。對男性來說，已婚且有小孩、沒有工作的男性的身體健康狀況最差。或許是由於他們怕辜負社會期許中供養者這個角色，因而產生的壓力所致。

　　婚姻中的平等對女性的身體健康和心理健康是同等重要。在

已婚有小孩的女性中，若有更平等的決策權，對配偶的抱怨就會少一些（Steil & Turetsky, 1987），研究發現像這樣的型態並不會對已婚男性的健康產生影響，反而是那些遵循著傳統生活的中年婦女，比她們同輩中較少遵循傳統生活的女性（指沒有子女的女性和離婚後的母親）有更明顯的身心狀況（Helson & Picano, 1990）。

　　一般說來，固著男性化角色的生活方式對男性的身體健康來說有些是比較危險的，因為壓力極大（當然成就也很大），但是相當明顯的，男性在婚姻中却是獲益最多的個體。雖然女性的生活方式在某些方面比男性健康，但是這結果是會因為較少的權力與地位以及較多的壓力而變化，這些因素也會對婦女的健康造成負向的影響。除此之外，在生活方式上所面臨的壓力，也會因個體因應（coping）壓力的方式不同而有差別。如前面所提，男性和女性在處理壓力的方式有所不同。女性比男性更可能轉向其他人請求協助，另一方面男性更可能對社會退縮。女性比男性更可能經驗情緒的壓力和詳細地敍述那些感覺並從中得到舒解。而男性比女性更容易藉由酗酒、咖啡因、尼古丁這些對健康有嚴重負向影響的因素來轉移壓力的影響（Ogus, Greenglass, & Burke, 1990），很不幸地，這種逃避因應壓力的反應，像否定的感覺或間接表達人際間的敵意，都會導致更多的身體和情感的狀況（C. J. Holahan & Moos, 1985）。然而男性性別角色並不鼓勵男性直接表達他們的感覺，所以符合男性性別角色生活形式的男性可能會導致更高比例的失調和死亡。

二、性格特質

　　關於因應的方式和生活的方式是性格特質所形成的。這與兩性避免壓力的負面影響的特質與態度有關：例如高自尊、低自我貶仰、內控、B型性格（較低的競爭性、時間壓力、敵視和成就取

向的）等特質（Kobasa, 1987）。如前面所提到的,性別角色鼓勵男性發展前三項的性格特質(高自尊、低自我貶抑和內控),然而,男性在發展B型性格時却不受到鼓舞,因為這性格特質與男性化角色所代表的特質完全相背。

　　研究A型或B型性格是有助於顯示某種「男性化」的性格特質是什麼以及是多麼地不健康。A型性格——競爭的、成就取向的、有時間壓力的、侵略的、易敵對的——這種性格容易和心臟疾病有關（Matthews & Haynes, 1986）,也和刻板的男性特色強烈連結,却和刻板的女性的特色無關（Basow, 1992）。例如,當工作環境地位相似時,具有A型性格的人並無性別差異。然而在傳統男性的工作領域中（像企業管理人員）,大部分都會期待員工是具有A型性格的,因此在男性工作人員多的情況下,似乎男性較多為A型性格,但這不表示女性就不具此性格,的確,從工作地位高的女性中更容易發現A型的行為模式（Greenglass, 1984；K. E. Kelly & Houston, 1985；Waldron, 1978）。具有A型特質的女性可能會比A型特質的男性有更大的心理的困擾,也許因為這樣的特質並不符合性別角色的要求（Musante, MacDougall, Dembroski, & Van Horn, 1983）。A型性格女性比A型性格男性更可能經驗更多的壓力,因為她們可能試著以「女強人」的角色來期待她們自己扮演多重的角色（工作者、父母、配偶等）。

　　如此一來,在性別和身體健康之間的關係,就有一點複雜了。刻板的男性化的特質易與心臟病、較差的健康和貧乏的社交網路相關（Downey, 1984；Helgeson, 1990）。再者,某方面的男性角色,像過度的攻擊性、壓抑的情緒、害怕女性化可能都是造成個體致命的因素。然而,它可能只是「偏激的」描述或「極端的」,那麼我們可能需要從消極的特色中分化出積極的特色。如我們先前章節所看到的,某些工具性—主動的特質可以避免來自生活經驗壓力的負面影響(例如憂鬱的發展),而使個體勇於挑戰生活事

件所致的壓力與困境，如果能與女性化特質相互輔助（如情緒的表達、求助他人），也可以避免壓力對身體的影響（Heilbrun & Mulqueen, 1987）。當然，在這個議題上需要更多的研究來探討。

討　論

　　研究結果顯示性別刻板印象和角色對個體的發展有各種負向的影響，會影響個體的自我概念、心理健康和身體健康。在自我概念上對女性的負向影響尤為明顯，強烈的女性性別形成與低自信、低期待是有關聯性的，對男性性別形成的個體來說，是與高期待和低自我接納有關聯的。換句話說，可以發現工具性特質是和自尊呈現正相關的。這些自我概念上的差異，是涉及了有關刻板印象的部分而直接對個體的行為造成影響。具有女性性別形成的女性較不具「男性化」特質，也較不具主動性，獨立與果斷，也就是缺乏在一個競爭性的社會中建構有效的能力所需要的特質；而具有典型男性性別形成的男性則較缺乏「女性化」特質，如同理心、養育或表達性等需要與他人建立關係的特質，也因而容易在競爭激烈的社會中感到內在的孤立無援而沮喪。所以，對一個完整的生命來說，極端且強烈性別的個體，不論是「他」或是「她」，都不是圓滿的。

　　性別刻板印象更重要的影響是關於心理與身體健康的部分。對兩種性別來說，工具性特質與調適能力是具有正向關聯的，在調適方面，女性比男性和兩性化性別表現較多的適應能力。任何性別者都會面對發展失調或來自性別社會化的壓力，例如，女性，女性性別形成的個人較傾向憂鬱；男性，男性性別形成的個體易有行為問題與心臟方面的疾病等。已婚者比單身者在身體及心理健康方面較好，但是婚姻帶給男性的好處是大於女性的，造成這

種現象的因素可能是現今社會中已婚婦女面臨過多的角色壓力所致。此外，單身男性和失業男性同樣呈現較多的情緒失調和健康問題，這可能也是來自於他們的角色壓力所致。一般來說，男性的死亡率大於女性，而女性的致病率高於男性。這些結果或許是因爲性別角色以及生活方式所造成的，但這對兩性互動時扮演與實踐角色，以及角色配合的運作却影響相當深遠。

由本章中所瞭解的性別刻板印象及角色的結果，或許是頗令人沮喪的，同時似乎也沒有存在著一可行性的替代性模式。在評估那些不完全具有明顯強烈性別形成的個體時——兩性化個體——這些人在不同的情況下都能展現有效的功能、良好的情緒與良好的適應。所以，避免陷入極端的性別類型是有助於減少情緒失調並且兼具有兩種性別形成的性格。雖然，這或許會涉及改變的問題，不過轉變所帶來的結果是值得肯定與重視的。

第七章
友誼與愛情關係

情人節

施工中—請勿靠近！

進入工地……請戴安全帽！

一對有五歲女兒的夫妻，拜訪一對有五歲兒子的朋友。當父母們談話時，男孩告訴父母他要和女孩去樓上他的房間玩，女孩的父母並沒有對這件事有什麼特別的想法，但男孩的父親露出詭異的微笑說：「離我們必須多作考慮的日子已經不太會太遠了!!」

　　這個故事是Bem根據真實故事而描述的（引自Basow, 1992），也呈現了我們談到關於兩性關係時的明確期望，年輕的孩子可以有一些異性朋友，當孩子成長之後，我們都會假設不同性別的友誼會導致性的或是羅曼蒂克的關係。這些期待透過性別角色和社會刻板印象而清楚地展現出來。當然，這樣的期待在前面幾章中有關個體性別角色的重要性已被論證過。

　　兩性在適當領域上的差異是重要的。女性一般被期待去經營一項關係，以及被鼓勵去發展相關的技巧──人際關係的敏感性，情緒的表達和照顧他人。這些技巧很容易讓人聯想到女性被期待的角色，那就是「母親」。的確，許多女性建立自我認同是來自於「關係中的自我」。女性一般不被期待獨立自主或具有決斷力，而且許多女性在事實上也很難實行這些要求。對男性來說則正好相反，他們被期待要獨立，能成就事情、治理事務並且進取。這些技巧很容易連結他們的社會期待角色──那就是負擔生計。許多男性建立自我認同是來自於一個獨立的自我。男性一般不被期望成為關係中的適應者，除了它可以更進一步接近他們的個人目標，例如得到性和在專業領域的提升之外。大部分的男性並不會受到鼓勵去發展許多關係的技巧，在教養上反而以隱藏情緒為主。情緒的隱藏可能利於競爭，但也可能阻礙親密關係的發展。因此，許多男性在親密關係中常遭遇困難，例如空虛、孤僻及挫折感，因為男性在成長過程中，對「關係」的瞭解時有混淆的觀念，如「要接近，但不要太親近」，這使得兩性在關係的發展及對

待關係的態度上，產生了差異。

　　McAdams和Bryant（1987）曾指出，個體（成人）對親密關係較有興趣且發展、運作良好的話，將會較爲快樂也較無壓力（Basow, 1992），而此對親密關係的動機，正反映了個體在兩性關係中對關係的看法。事實上，我們可以發現性別刻板印象在這方面的影響是十分負向並且深遠的，因此在這一章，我們將由關係發展來檢視其中的差異和影響。

友誼與愛

　　在人們的生命中，親密關係可以說是最被人們追求、渴望、夢想、歌頌、揶揄，以及詛咒的事。然而個體的經驗中，也少有像親密關係般令人隨之痛苦、歡愉、狂喜、害怕及淚流滿懷。對大部分的人來說，至少與另一個人共享親密的關係是人生的一個重要目標，它也同時代表了成熟和成長。

一、友誼

　　在關係的發展歷程中，「友誼」可以說明關係的多樣性，包括了認識的人、同學、同事及至親密朋友都是。友誼指的是一種親密與關懷的關係及態度，也包括了互惠、互信和忠誠包容（Basow, 1992）。在友誼的建立歷程，喜歡（like）是相當重要的一個元素。

　　喜歡是一種感覺，也是一份欣賞之情。喜歡是傾向於利己的（林蕙瑛，1995），當個體對某一個人有好感時，就會想要和他（她）做朋友，分享生活中的點滴與心得，透過交談、活動及其他溝通方式建立初步的關係，再經過自我揭露及內心世界的分享，而漸發展爲友誼關係，在喜歡的成分中，較著重於關係的尊敬、吸引及感情（Rubin, 1976），較沒有強烈的依附關係（attachment）存在（Feeney & Noller, 1996）。

　　如同我們在第四章有關社會發展所提到的，男女兩性在友誼關係上的類型並不相同，男性傾向於擁有許多朋友，但較少有同性的親密友誼；女性傾向於有同性且親密的、依附性強及利他主義的友誼型態（Feeney & Noller, 1996；Reisman, 1990）。造成同性或友誼類型的差別，不全然在個體的性格特質（如男性化或女性化，或兩性化特質），有研究顯示，隨著個體成長，友誼關係的建立與彼此的價值觀相似有關，特別是對於大學生或成人來說（Basow, 1992）。

　　基本上，性別形成是影響親密關係中友誼的重要因素，這情形就反映在先前所述的性別差異；女性在生命中的友誼關係都較親密且真誠，這和男性的友誼關係性質有所區別，可能是與兩性個體的表達性特質有關。的確，Basow（1992）指出具有「女性化」及「兩性化」的個體，比「男性化」的個體擁有較多的親密關係，也得到較多的回饋，友誼的滿意度也較高並且較不寂寞。這些情形，就如同我們在第七章所提到的，在關係上具有表達性特質的人，其心理與身體都是較健康的，當然如果能兼具表達性及工具性特質，在友誼的經營上會更令人自在，因為友誼也建立在互惠互助的歷程上。

　　幼兒階段的孩子，對同儕的友誼是十分在意的，二、三歲的幼兒，多半會不分性別玩在一起，到了四、五歲，性別概念發展更明確時，性別刻板印象就會介入友誼的發展，例如女孩可能對男孩的粗野遊戲產生反感（或許是受到社會性的增強），而傾向於發展能使用良好社會技巧的友誼關係，及透過語言的影響而更易發展親密友誼，男孩則較不易形成親密關係的遊戲團體，遊戲互動則多著重於工具性或角色功能。這情形我們可以在兒童挑選遊戲玩伴中發現，例如女孩會因為親密友件的缺席而拒絕遊戲，或保留角色給缺席的友件，但男孩會為了讓遊戲可以進行而找人替

代缺席的玩伴。因此，我們似乎可以發現，性別差異在友誼關係中存在著一定程度的影響，接下來我們將就女性與女性、男性與男性及異性的友誼作一討論。

㈠**女性與女性的友誼**

　　如前所述，女性比男性更容易有親近、親密的同性友誼，並且具有許多正面特質，如信賴、忠誠、分享、照顧及依戀等，特別是在社會互動與社會支持上更加明顯。女性的同性友誼多半較為深刻，而Pierce、Smith和Akert（1984）指出，女性朋友間友誼的結束，往往比結束一段異性戀來得痛苦（Basow, 1992）。女性友誼的建立及重視，是來自女性珍視親密感以及發展關係的社會化歷程所促使的，女性由關係中發展自我概念，並且出現敏感、同理心、照顧他人和表達性的性格特質，這些特質也都與社會技巧有關，換句話說，是有助於個體親密關係的發展與運作的。但是在同性友誼的發展中，我們必須去覺察有一些阻礙因素會對女性同性友誼發展提出挑戰。

● **負面的情緒**

　　每個個體在友誼關係中都會有負面情緒如憤怒、嫉妒等的顯現，對女性來說，性別刻板印象限制她們表達自己的憤怒，或許可說這是一項文化的禁忌，女性很難在成長歷程中學習如何表達及因應憤怒情緒。因此，在親密友誼關係中一旦出現憤怒等情緒，女性多半採取掩飾，並不直接流露或表達自己的負向情緒，這往往造成女性在關係中的徘徊不定（Gilligan et al., 1990）。有時在女性「最好朋友」手帕交中第三個女孩的介入時，這憤怒與嫉妒的情緒更明顯，女孩則常陷於「我們到底算不算是最知己的好朋友？」之類的困境中，這種排外的團體特性是十分明顯的。因此，女性必須在依附及獨立之間作一平衡的定位，這在少女時期更加需要。

● **為男性而競爭**

在傳統的刻板印象中，女性個體的自我認同宛如男性附屬物般並因而受到增強，雖不一定是「以夫爲貴」，但因男性而提升自我形象或視其他女性爲競爭對手的例子是隨手可拾，例如學校社團中不乏具影響力或吸引力的男性，心儀的女孩很可能就會捨棄可能成爲競爭對手的同性友誼，而阻礙了同性友誼的成長。又如社會中許多結婚後的女性，在盡心投入夫家的人際關係中之後往往會「自然而然」的與女性友誼疏離，或者將心力投入以丈夫爲主的人際關係中，甚而與昔日同性友人形成競爭對手，各自努力鞏固丈夫的關係（人脈），例如男性因權位之爭而互有牽制時,其妻子原有的「夫人情誼」就很可能重組。這些現象正反應了女性非但在「關係中的自我」建立自我認同，更將關係的建立依附在男性角色中。

● 同性戀恐懼

同性友誼經常被視爲是潛在的同性戀情感（Basow, 1992），因此同性間強烈的情愫或肢體表達，變得不容易被社會所接受，這種同性戀恐懼已明顯阻礙兩性關係及同性友誼的發展，並且再度限制女性的關係發展，因爲研究顯示即使是同性戀的恐懼也有明確的性別差異，對男同性戀的接受程度遠大於女同性戀（Pharr, 1988）。女性爲求「自保」以便在我們以傳統性別刻板印象所建構的社會文化中生存，限制同性友誼的親密程度或劃清界線則是常採取的方式。

● 異性戀核心家庭

異性戀的核心家庭（the heterosexual unclear family）是女性發展同性友誼的阻礙因素之一，女性多半因養育幼兒或未就業而減少同性友誼的互動及發展。特別在都市化的地區，女性在家照顧幼兒，甚至於足不出戶，家務的瑣碎及繁忙，若欠缺交通工具（例如只有丈夫有車），拓展同性友誼是十分不易的。筆者曾非正式的調查任教的空大及在家托育保母訓練的女性學生（1995

～1997）與帶領之媽媽讀書會的女性成員（1992～1997）上課的動機，除學一技之長（進修）之外，認識更多同性朋友（友誼）也是主要的參與動機，因爲已婚婦女多半以家庭的需要爲第一優先（Basow, 1992），但她們仍有同性友誼的需求，並且關係著她們的心理幸福感，但是，對這些已婚的女性來說，同性友誼雖然重要却很難建立和維持，除非有系統地或是家中其他成員能認可的或者是有附加價值的，較能夠走出家庭與同性建立友誼及共同成長。

• 社會中的女性刻板印象

這是一個令人深思的問題。許多人（包括女性）普遍相信女性是愛饒舌、不值得信賴且不幽默的（Basow, 1992）。尤其對處在專業領域中工作、認同男性觀點的女性來說更是如此，不信任同性，或重視競爭。事實上這樣的評價與信念早已受到挑戰，目前的女性即使在專業領域中活躍仍然十分珍視同性友誼，並樂於予以善意的回應（Sapadin ,1988），也願意提攜彼此相互成長。

這些阻礙女性同性友誼關係發展的因素並不一定是單獨存在或全部都有的，但是如果能夠覺察並克服，相信眞切而深刻的同性友誼是令人樂在其中的。一般來說，同性友誼在許多女性生命中扮演了重要的角色，這些友誼提供了互惠的支持及平等親密的關係典範，特別對許多在生命中重新站起、再度出發的女性來說，同性友誼是最令人動容的社會支持與一輩子難以忘懷的深刻眞情。

㈡男性與男性的友誼

研究和文獻提供了一個男性間友誼的圖像，和女性相比，男性間的同性友誼關係品質並不是良好的（Basow, 1992；Stolten- berg, 1989）。而Hirsch（1990）和Sanday（1990）更直接指出，男性之間的「集體結合」是基於爲對抗衝突而形成的支持，對靑

少年及年輕的成年男性來說，男孩的結合經常是來自於犧牲其他社群（如其他男性團體、女性）（Basow, 1992）。而男性在發展友誼時，為了使彼此更親近、認同，或為與女性區別，就以黃色笑話、性騷擾及侵犯女性（Basow, 1992）來達到認同。

同性友誼的性別差異，來自合作動機及對友誼的期待不同，男性同樣視同性友誼為親密關係，但是他們對親密的看法與女性不同，女性所追求的親密多著重在分享感覺和關心，而男性的同性親密友誼在於同做一件事，或一起討論工作、運動和女性。女性的同性友誼傾向於在小的社會網絡中建立，可以同時滿足許多需求的深刻友誼，而男性同性友誼則傾向於在依不同需求的廣泛性社會網絡中建立（Barth & Kinder, 1988），換句話說，在男性的觀念中，可以將朋友分為「打球的朋友」、「工作的夥伴」、「打麻將的那票人」或「喝茶的兄弟」等，而女性傾向將同性朋友視為可一起分享、做許多事的單一朋友。

此外，男性的同性友誼中也明顯缺乏自我揭露及情緒的分享與回饋，這反映了性別刻板印象透過社會化對男性個體的塑化成功。而這些影響使得男性較不易得到友誼的最大樂趣——對他人宣洩情緒、獲得支持及分享他人的想法及視野，同時，也使男性更具寂寞感，因為缺乏了凝聚性強的友誼。在成人親密依附研究中發現，男性的自我揭露性遠比女性低（Feeney & Noller, 1996）。即使同性間有較親近的互動，也會因性別刻板印象的限制（如獨立、競爭、壓抑情感等）而不易開展關係（基本上，由關係本質中的依附成分來看，男性和女性都需要同性友誼）。因此我們就來討論一下可能阻礙男性同性友誼發展的因素：

• 競爭

男性在社會化中，很早就被教導「行動比情緒重要」的觀念（Basow, 1992）。在各種活動、領域中（包括工作、運動、性及交談等），不是「贏」就是竭力表現出「最好的」。這種競爭與比

較的特性，使得男性很難發展親密的同性友誼。男性總是拿自己
和其他男性作比較（回想生活中的男性角色，是不是也有許多這
樣的特色），因而向競爭對手揭露自己的內心世界、害怕、情緒甚
至求助，是十分不自在也相當困難的事。

● 壓抑情緒的必要性

　　在男性的成長中，始自性別概念及認同的發展，他們就接收
著「壓抑情緒」的訊息，例如「男孩不可以哭」、「要像個男人」，
這使得男孩自幼即學習隱藏自己的感受，並且要壓抑情緒的流露
及宣洩。在關係的建立與發展上來說，這並不是很理想的方式，
因為不易獲得來自親密關係中的回饋與支持。

● 同性戀恐懼

　　男性對同性戀的恐懼遠勝於女性（Astin, 1991；Barrow, 19
89；Whitiley, 1990），即使社會上對男性同性戀的接受度高於女
同性戀（Pharr, 1988）。Basow（1992）指出，造成這現象的一
個主要原因是男性間的親密多受到壓抑，父親不宜親吻和擁抱兒
子、男孩不宜撫摸或碰觸同性者的「不當部位」，O'Neil（1986）
的研究也指出，有四分之三的男性覺得同性親密行為令他們感到
不自在（Basow, 1992）。

　　這恐懼並不理性，而且大部分對同性戀的看法存在著迷思，
事實上男同性戀者並不害怕女性，也不會具女性化特質，也不是
心理異常或局限於某些職業。最大的恐懼是反映了傳統性別刻板
印象社會中對角色規範的控制受到了挑戰而來的害怕。

● 缺乏角色楷模

　　男性在同性友誼的發展中是很難找到角色楷模來學習的，即
使父子之間也是如此。研究顯示，大部分的男孩抱怨父親缺少溫
暖及親情的付出（Basow, 1992），因此他們的角色行為也可能成
為子女模仿的對象而代代相傳。但是當他們想表現良好的友愛
時，卻不知該如何表達，甚至於難以啟齒或是有了過當的行為表

圖 7-1　在兩性關係中性別刻板印象時所造成的影響
資料來源：S. A. Basow, 1992. *Gender: Stereotypes and Roles*, p.211.

現而遭到批判，女性或許可以提供男性最佳的典範，但可能必須先克服自己的性別角色刻板印象。

　　無論如何，男性仍然是珍惜同性友誼的，我們知道最大的性別差異是出現在友誼關係的本質上，但並不是差異到我們可以絕對認為男、女兩性在友誼關係的發展上是截然不同的。

㈢異性的友誼

　　異性友誼的發展與社會化歷程中性別刻板印象更是關係密切，如圖 7-1 所示，這是異性友誼的互動模式，如果你在看圖時會露出會心一笑，或許你也是如此成長的。當然，這情形也造成了異性友誼在發展上的一些困境與阻礙。

- 社會化歷程

自幼我們就學習了不同性別「應該」有不同的活動，如男孩玩騎馬打仗，女孩玩家家酒，在扮演父母的戲劇遊戲中，我們很難看到反串的角色（除非全部是女生或全部是男生在玩）。這性別分離的活動在學校、家庭都會受到成人的持續增強（Maccoby, 1990）。長久下來，彼此的不瞭解將致使兩性之間的信任受到考驗，親密友誼的發展就更加不易。例如在教育中我們可以發現純男校或女校；當然學校有特色是值得珍惜的，但如果由國小一直到大學都是男女分校，然後要求學生畢業之後進入「兩性」社會，那麼這社會化歷程將成為兩性親密關係的夢魘。

- 異性戀

異性戀使得男女之間的異性友誼受到限制，許多人很難相信異性之間會有純粹的友誼，在某個角度來看，友誼與愛都包含了喜歡，也可視為層次上的不同，但是若由關係的本質來看，是不同的。的確，性別期待使異性的友誼變得極端困難，許多現存的異性友誼的形成，是因為在結束羅曼史關係之後，或一方明確表達沒有成為男女朋友的可能性之後所造成。此外，當異性關係在有一方是同性戀時，比兩方都是異性戀時較不會有維持發展上的困難。異性的兩性關係，在一方或雙方已婚時，異性友誼的發展則變得更加困難，並且難以得到認可。

- 溝通中的不同性別模式

溝通中的不同性別模式，如第四章所討論，也使異性友誼的建立有困難，如圖 7-1 所指出的，特別是當情緒的分享與揭露成為親密關係的標記，男性在此種關係中就顯得較不具優勢，如在男性同性友誼中所討論的，的確有些證據可以支持在兩性化性別關係中，女性都寧願對女性敞開心房，因為她們可以有更多經驗並且充當一個好聽眾提供支持（Buhrke & Fuqua, 1987；Burda et al., 1984；Sapadin, 1988）。因此，女性可能比男性較

少在兩性化性別中有尋求情緒支持的需求。相當明顯地，性別角色清楚地影響友誼關係。表達性特質，對男性與女性同性友誼來說特別地容易造成親近和滿意感，雖然也有文化的障礙（如貶抑女性，允許男性競爭等），然而為了建立維持這種關係，必須去克服這些阻礙因素所導致的困境。親密的同性友誼對男性來說不如女性之間的建立容易。男性的表達性特質低，具競爭性及支配性特質以及強烈的同性戀恐懼，這些都使得男性的同性友誼比女性的同性友誼缺乏親密性。最難建立的友誼是異性的友誼，因為性別角色、特質及行為如同男性、女性所遭遇的性別化一樣，然而當這種友誼發生時，男性在這關係中得到的回饋較女性多。社會中的人們對這類友誼仍保持抗拒不接受的態度，並且傾向於會設法使男女雙方進一步形成戀愛關係。

二、愛

　　愛（love）和友誼是不同的，和喜歡也有差別，林蕙瑛（1995）指出愛是一種「施」與「受」的甜美感受。Rubin（1970）並不認為愛和喜歡只是程度上的不同，而認為那是關係本質上的差異，他指出愛包括了三個重要成分：關懷（caring）、依附（affachment）和信任（trust）。而喜歡的主要成分是給與對方好評、尊敬（respect）及兩人有相似的知覺（similarity）（陳皎眉，1996）。

㈠愛情：理論與分類

　　每個人在愛與維持持久的親密關係之能力上均不相同。能與人共享親密關係的能力也受到許多因素影響，如早期與父母的依附關係、信任他人的能力、自我認同的強度，以及社會化歷程等。愛的本質與行為在社會文化的變化中也產生了變革，因此我們可由部分相關理論來一探愛的本質，以及兩性在愛這項親密關係中的態度與行為（Aronson等，1994；Feeney & Noller, 1996；李美枝，1996；林蕙瑛，1995；陳皎眉，1996；羅惠筠等，1992）。

• L. Saxton 的觀點

Saxton（1990）將愛區分為四類：

(1)浪漫之愛（romantic love）：在今日的媒體中，通常把浪漫的愛刻板公式化，男性是強壯溫柔的，而友誼則相對的充滿吸引力，這是一種始自中世紀所發展出來的愛情模式，也是相當理想化的。這種刻板印象暗示著浪漫式的愛將使人痴迷並達到喜悅的巔峰，人們深受對方吸引，並充滿感情、關心對方幸福，並極願意為其獻身，希望能對對方快樂與成長付出一切。浪漫的愛可能具有排他性和占有性，可能終伴一生，也可能轉換成其他類型的愛，自然也有可能稍縱即逝。

(2)性欲之愛（sexual love）：愛情之中含有性欲的成分，也就是愛上他人之後對其有性的渴求。完美的性欲之愛並不是只建立在生理的性滿足或宣洩，而是同時關注對方的需求滿足，並且關心對方，在乎對方的感受。由社會交換的角度來看，如果施與愛能對等，那麼才能稱之為性欲之愛。

(3)伴侶之愛（companionate love）：伴侶之愛並不像浪漫激情的愛般濃烈與變化多端，伴侶之愛多呈穩定並具友誼色彩。愛侶之間彼此依附、愛慕，並且呈現知己之交的特質，擁有伴侶之愛的人幸福感來自平日踏實的互動。有些人的愛始於浪漫激情、性欲之愛，而逐漸轉為伴侶之愛，有些人則一開始就未經吸引與激情的歷程，而走入伴侶之愛，不論是細水長流或水到渠成都充滿了踏實的愛意。

(4)利他之愛（altruistic love）：利他之愛是一種無私的愛，付出、關心並照顧，自己在付出的同時得到情緒滿足，如同父母對待子女般的真情，這是愛情歷程中逐漸發展出來的，也是愛情長久的必要成分。

• J. Lee 的觀點

社會學家 John Lee（1977）將愛分為六種類型：

(1)浪漫之愛（eros：romantic love）：浪漫之愛是以理想化的外在美爲基礎，包容了對方缺點，並且是充滿浪漫激情的愛。

(2)遊戲之愛（ludus：game playing love）：視愛情爲獲得對方青徠的挑戰性遊戲，是充滿遊戲過程樂趣的，當事人會避免投入自己情感而不停地更換對象，享受愛情過程的樂趣。

(3)友誼之愛（storge：friendship love）：是一種共同成長的平穩情愛（如青梅竹馬），由於長期相處而視彼此爲自然相屬的愛，也是一種較無變動激情的愛。

(4)占有之愛（mania：possessive love）：占有之愛對情愛的需求是強制、排他性的、愛侶較爲敏感且情緒起伏也較爲明顯。

(5)現實之愛（pragama：pragmative love）：這愛的性質宛如社會交換理論所提的，人們傾向於選擇酬賞性高、成本低的愛情伴侶，也較傾向以現實利益的考量來發展愛，是一件條件式的愛。

(6)利他之愛（agape：altruistic love）：視愛爲一種奉獻、付出，是不求回報的，也是充滿關愛的愛。

• R. Sternberg 的觀點

Sternberg（1988）提出愛的三角形理論，認爲愛的三元素爲親密（intimacy）、熱情（passion）和承諾（commitment）。親密指彼此依附及親近的感覺；熱情指雙方關係令人興奮及激情的部分（當然也包括了「性」）；承諾指的是願意與對方相守的意願及決定。因爲基於這三種成分的比例差異，而形成數種不同的愛（如圖 7-2）：

(1)浪漫之愛：親密與激情所組成的愛。例如「不在乎天長地久，只在乎曾經擁有」。

(2)同伴之愛：親密與承諾所組成的愛。例如「經過大風大浪，我們是最佳拍檔」。

(3)昏庸之愛：激情與承諾所組成的愛。例如「你給我一夜，

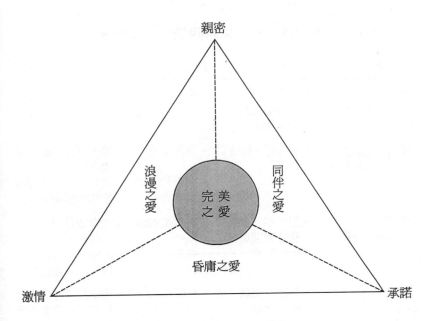

圖 7-2　愛情三角理論

我給你全世界」的交易式情愛。

　　(4)完美之愛：親密、激情與承諾的交互作用意謂著眞愛的本質。

● P. R. Shaver 和 C. Hazan 的觀點

　　Shaver和Hazan（1988；1994）及Feeney和Noller（1996）均由依附關係的觀點來對愛情分類：

　　(1)安全型（secure attachment）：與伴侶關係良好，依附爲安全型，彼此互信且相互扶持。

　　(2)逃避型（insecure attachment-anxious and avoidence）：有極端的情緒反應與嫉妒，但也害怕與逃避和伴侶之間的親密關係。

　　(3)矛盾型（insecure attachment-anxious and ambiva-

表 7-1　成人依附關係的不同內涵

要　素	內　涵	表現程度	舉　例
開放 (openness)	・將自己的思想、情感開放的表達出來	・似乎樂意的	・她與我在一起是無所不談，那種感受很棒。
親近 (closeness)	・對親近、親密的態度	・有限度的	・他不想太親近，那蠻好的。
		・完全的	・我們之間的親近就如同伴侶般。
依賴 (dependence)	・對依賴被動和分享時間與活動的態度	・有限度的	・她蠻依賴的，比我還粘人。
		・完全的	・如果我們共處一天以上，我會瘋狂。
承諾 (commitment)	・對關係持續、承諾的態度	・有限度的	・她使我樂於作出比我想要的還多的承諾。
		・完全的	・我願意為她竭盡我所能做的一切。
情感 (affection)	・對表達愛和情感的態度	・有限度的	・我不願意有人成天將「我愛你」、愛呀愛的掛在嘴上。
		・完全的	・在我生命裡愛的表達是必要的，即使只是一句話而已。

資料來源：修改自 J. Feeney and P. Noller,1996. *Adult Affachment*, p.43.

lent)：常有極端的情緒反應，善於嫉妒並且期待雙方的付出與回饋是互惠的。

此外，Feeney和Noller（1996：42-44）並將成人依附關係中列出幾個要素，如**表 7-1**所示。由表中我們可以發現開放、親近、依賴承諾和情感都是親密關係中的重要向度，並且會因為表現程

度使得親密關係呈現各種風貌。

在探討愛的類型中，其實也反映了愛的本質，它和喜歡、友誼是本質上的差別，並不見得是程度上的差異。在愛的關係上，雙方都期待發展出關懷、激情、親近、依賴及坦誠與信任承諾，但是個別差異是存在的，不同的人對不同愛的要素有不同的在乎程度，也因此組合成各種因人而異的愛情態度。在下面的章節中，我們將由人際吸引的角度探討兩性之間的互動，並由異性戀約會的歷程瞭解性別刻板印象的影響層面。

異性戀約會

在本章前面的段落中，我們瞭解個體都希望擁有親密關係，無論是友誼或是愛。同樣的，我們也希望他人能對我們留下一個好印象，尤其是初次見面的朋友。而人際間的吸引，正是我們所想去探究的，由一見鍾情，二個親密朋友間的友誼及親密依附的愛情關係。

一、吸引力的要件

首先回想一下，你為什麼喜歡某人勝於其他人，是因為他或她的想法和興趣與你相似，或者因他或她具有某些特別的能力與技術，還是因為他或她具有令你羨慕和吸引人的特質，或者因為他或她也喜歡你，人際吸引力在我們探討兩性關係的互動上是相當重要的。

㈠時空接近性

時空接近性（proximity）最令我們印象深刻的即是「近水樓台先得月」，這是兩性相互吸引的因素之一。這表示互動愈頻繁的人，愈容易留下深刻印象，進而發覺其他讓個體可以接近的因素，

表7-2　高中生交友、約會與結婚對象所需重要特質評量結果

友誼重要特質	約會重要特質	結婚重要特質
1.愉快的	1.愉快的	1.愉快的
2.外表乾淨	2.可信賴的	2.可信賴的
3.有幽默感的	3.體貼的	3.體貼的
4.可信賴的	4.有幽默感的	4.誠實、正直
5.受異性歡迎	5.外表乾淨	5.有感情的
6.自在的	6.誠實、正直	6.自在的
7.有感情的	7.自在的	7.外表乾淨
8.體貼的	8.有感情的	8.有幽默感的
9.有車子或容易有車	9.聰明	9.聰明
10.會跳舞	10.思考周密	10.是一位聆聽者
11.能偶爾作一些冒險	11.穿著適當	11.運動好
12.思考周密	12.運動好	12.思考周密
		13.穿著適當

資料來源： S. L. Hansen,1977,*Dating Choices of High School Students.*,引自黃德祥(1994).p.189.

這也是社會心理學上的曝光效應（mere exposure）（Aronson, Willson, & Akert, 1994）。當然這是指正向影響時，如果你在第一印象時即對其留下不佳的印象（如態度欠佳、性格詭異、口齒不清等），那麼曝光愈久愈多，你反而會愈躲愈遠，對其印象更加惡劣，一般來說，如果沒有這些負向的特點及印象時，時空的接近性多半會增加吸引力及喜歡。林孟旻、陳皎眉在一針對國內大學生（N＝72）的研究中發現，結交異性最多的途徑是班上、系上同學（53.33%），其次為社團夥伴（31.66%），再其次才是聯誼活動及其他休閒娛樂認識的異性朋友（10%），因此，有機會碰面親近才容易做成朋友，即使在網路上交友，如果缺乏互動的頻繁，相互吸引成為朋友就不容易。

㈡外表的吸引力

當然，時空接近性並不是唯一的兩性吸引要素，在第一印象中，外貌即占了很重要的因素。這是不是會讓自覺外表有些抱歉的人覺得沮喪呢？其實外表不只在五官身材等身體形態，同時也包括了外表所特有的感覺、氣質，在**表 7-2** 中，我們的確可以發現外表姣好者是較具同儕吸引力，但同時也反映了Walster（1972）所稱的「美就是好」的刻板印象（Aronsow等，1994），但相對的也有另一種刻板印象產生，例如美麗的女人可能比較自我中心或缺乏智慧，英俊的男人或許較自大不聰明。這刻板印象的確來自我們的文化，但在長期關係的建立（如約會、結婚）上，並不具那麼大的影響，如**表 7-2**，成為朋友時外表是很重要，但在約會及擇偶時，其他因素（如可信賴的、體貼等）則比外表更重要，這正好也反映出我們前面所討論的喜歡、友誼與愛本質上的差異。當然，不可否認的，如果你一味疏於整理自己的外表，那麼在第一印象的較勁中，你可能就損失建立友誼或一見鍾情的機會了。

㈢性格特質

　　我們知道，除了氣質之外，個體有許多性格特質在社會化歷程中會成為個體的代表性，當然也是可以改變的。在**表 7-2** 中，我們發現了許多性格特質，如愉快的、體貼的、可信賴的，以及幽默感（如同我們先前第四章討論性格與社會發展時，「玩性」特質也與個體的社交能力正相關），這些正向特質的確使個人較具吸引力，但我們也可以發現不乏我們提到的女性化特質與男性化特質，因此在兩性關係中，兩性化特質的人應比傳統的、刻板的性格特質具吸引力。

㈣相似性

　　當我們與異性不熟悉時，接近效果和外在吸引力是構成「喜歡」與「友誼」的因素，此外我們會觀察、發現對方的性格並作評價，在互動頻率增加，也會開始在乎彼此之間的特質（包括性

格特質）有多「相似」。相似性（similarity）常反映在態度的相近。換言之，個體在態度（認知、情感與行為）愈相近，彼此的接納與分享程度就愈高，這也是建立友誼的重要因素，當然相似性也包括了聰明才智、社會地位、興趣與經驗，但是在態度與價值觀上的相似是吸引彼此發展親密關係的重要因素。

㈤互補性

由相似性來看，態度上物以類聚似乎是存在的，但是在性格特質互補的人，會增加彼此的吸引力（Lydon & Others, 1988）。例如依賴性強的人可能會吸引養育性強的人；喜歡高談調論的人則可能吸引安靜傾聽的人。互補性的支持者認為人會受到與自己性格特質相異的人所吸引。一般而言，許多研究較支持相似性是關係的重要基礎，而非互補性（Aronson & Others, 1994；馬尙仁，1996）。但是有關這方面的研究，目前仍是處於爭議中。

在這些人際吸引的要件中，事實上也反映了研究重心的轉移。先前在這個領域中，有相當多的文獻在第一印象上著墨，但漸而趨向對長遠的親密關係進行討論，如互補性、相似性、時空接近性都深刻地反映了長久關係的特質（否則你如何察覺性格相似呢？），當關係建立之後，大部分人都期待能持續經營與發展，並獲得愛與歸屬感，換句話說，無論親密關係的型態如何，是友誼、喜歡之情或是愛，我們都願意投入其中而排除阻礙關係發展的因素，那麼我們就必須先察覺兩性關係中關係歷程的發展及其影響因素。

二、異性戀約會

愛情的感覺與親密的確不是那麼容易可以量化的，因為愛是反映出個體主體性的感覺與知覺，也就是反映了個體的需求與詮釋能力，不知你寫過情書、愛的小紙條或說過愛的親密話語嗎？回想一下，抓得住那份感覺的程度如何？是否誠如Beilby　Porteus的描寫（Aronson & Others, 1994）：

> 愛情是如此美妙；
>
> 言語描述不及其妙；
>
> 它可以感覺，却無法定義；
>
> 它可以瞭解，却無法表達。

因此，我們將在隨後的段落中，透過兩性親密關係發展的歷程來看看不同性別性格的個體如何隨著關係的起落而投入、分享。

如果友誼的建立會受性別角色和刻板印象的影響（先前章節的討論），那麼戀愛受此影響會更多（Basow, 1992）。異性戀約會、婚姻和同居，和同性戀關係一樣，均反映了社會上的訊息與文化，關於適當的兩性行爲，我們將依序地檢驗每一種關係的類型，不過因爲性行爲在第五章已經討論過了，所以在此只作簡單的說明。

性別角色和刻板類型對男性、女性彼此如何相處上有些明確的影響，例如，傳統上認爲女性應該較喜愛「男性化」的男性，男性較喜愛「女性化」的女性、男性應該引導另一方來探索彼此的關係（即指雖然女性可以間接地指出她們的性喜好與方式，但是男性應該支配這個關係）、性對男性來說應比對女性來說重要，而且女性比男性重視愛及關係，這些訊息都是異性戀文化「脚本」的一部分。事實上，異性戀約會脚本是相當普遍的，當大學學生被問及第一次約會的內容及行動時，對性別刻板印象的贊同程度是極高的（Rose & Frieze, 1989）。女性的約會脚本強調她們的外表，以及對與性行爲有關活動的控制，而男性的約會脚本則強調男性的約會計畫、付帳與性的激起等議題，這些相當具有性別刻板印象的活動與信念，在即將邁入二十一世紀的今日是有些轉變，但仍然普遍地影響著兩性之間的親密互動。

㈠戀愛的開始

戀愛（be in love）基本上和約會（dating）是分不開的，透過約會使個體對他人的喜歡與愛的感受更加具體，也能因此增加瞭解的深度和廣度。一般來說，青少年階段是約會的初探，研究指山一半以上的青少年在十二歲即開始了約會的活動（黃德祥，1995），並且透過約會的功能發展自我及學習兩性互動。但是真正的兩性**親密關係**並未受到鼓勵（Basow, 1992），因為在兩性之間的互動存在著相當鮮明的性別刻板印象：男性要展現性的成就與支配性，女性則要吸引一位條件好的男性且受到女性崇拜等，這些信念與態度使得兩性在親密關係的開始歷程並不平等，因為地位的差異（支配性與附屬性）相當鮮明却刻板運作，這樣的情形容易導致男性過於在乎權力及地位（如拚命賺錢以付帳），或者女性過分關心外表的吸引力，由近年來報章廣告或媒體中即可發現許多瘦身或塑身廣告的訴求重點幾乎都刻意在突顯兩性之間的刻板印象。例如，台灣一家瘦身公司的廣告，廣告中強調女主角在產後短短幾個月即恢復懷孕之前的身材，並且尋回自信及丈夫的讚賞，而男主角則在滿意之餘提出「老婆，讓我們再生一個吧！」（1996～1997），其中的情節與對白完全反映了性別刻板印象，男性有目的的支配及性的意圖，女性對外在及吸引力的關注及附屬男性角色的地位，廣告中明顯失去女性的主體性和兩性平等的地位。

傳統的（典型的）約會模式也充滿了男性支配性，例如男性負責邀請及展開追求，女性只能作拒絕或接受的選擇，即使目前已有改變，但研究顯示仍有半數以上的約會是由男性主導（Basow, 1992；Rose & Frieze, 1989）。對男性來說，由於社會化歷程中接受的性別刻板印象，使其對性的依戀及對女性的性表現有雙重標準，因此在親密關係的建立上十分困難，當女性朋友表達友善時，會知覺到性的訊息，並經常因此「性化」女性來

進行約會或親密關係，這刻板印象的迷思在許多約會強暴中可以發現，男性並不認眞的認爲女性說「不」就是「不」的意思。這類溝通上的混淆也反映了社會化歷程中溝通模式的差異，女性必須扭轉男性認爲女人講話不直接、迂迴的刻板印象，同時男性必須改變性化女性的意識型態與行爲（Muehlenhard & Hollabaush, 1988）。

有趣的現象是兩性雙方都以爲對方期待自己有符合性別特質的表現，如男性化的男人、女性化的女人（Scher, 1984），的確，如**表 7-3** 所示，在個人外表吸引力上，男性化與女性化特質有其影響性，但這也反映了我們習慣於如此的人際互動模式（至少在十年前），但是在仔細分析表中其他特質，女性化與男性化（表達性與工具性）特質是表現在社會行爲及個人特質中，回想我們先前提到的外表吸引力和關係品質與持久的關聯性，我們應該瞭解，對於傳統性別刻板印象必須有所自察與改變——如果我們期待的是一份高品質及長遠的親密關係。

㈢關係的發展

在親密關係的發展中，有其較普遍的階段性可以讓我們瞭解關係的發展歷程，如同彭懷眞（1996：33）的劃分：

(1)同質性階段。如先前章節所提到的關係開始階段，男女兩性會在各種可衡量的人際互動標準上加以評估比較，並因而喜歡對方，覺得彼此「有緣」，並透過性別刻板印象來強化自己的互動優勢，好比男性會強化自己的體格健壯形象，以成爲具有吸引力的男人，或是爲女性開車門、遞碗筷、夾菜等。

(2)和諧階段。彼此共識增加，多使用｜我們」或有特殊意義的詞彙，如「我們常去的那個地方」、「你在那個銀行門口等我」。這階段的關係會彼此有「我覺得我倆在一起很好」的和諧感，並且逐漸增加自我揭露的程度，發展更趨親密的特殊關係。

(3)承諾階段。在這階段中，期待自己是對方心目中第一順位

表 7-3　青少年受他人喜愛與不受他人喜愛的性格特質

受他人喜愛	不受他人喜愛
1.個人外表	1.個人外表
(1)長得好看	(1)俗氣、不具吸引力
(2)女性化、面貌姣好（女性）	(2)小孩子、太胖或太瘦（女生）
(3)男性化、體格良好（男生）	(3)膽小、瘦小、太胖（男生）
(4)整潔、乾淨、修飾整齊	(4)邋遢、骯髒、懶散
(5)適當衣著	(5)衣著過時、不合身、不適當、髒亂
	(6)化外之人（男生）
	(7)身體殘障
2.社會行為	2.社會行為
(1)外向、友善、能與他人相處	(1)害羞、膽怯、退縮、安靜
(2)主動、有活力	(2)無活力、無精打采、被動
(3)參與活動	(3)不參與、隱遁
(4)社會技巧：良好態度、能說善道、有禮貌、穩重、自然、機智、會跳舞、玩很多遊戲	(4)喧嘩、吵鬧、態度不佳、不尊重、自誇、愛現、不冷靜、傻笑、無禮、粗魯、聒噪、不知如何做事與遊玩
(5)有趣、運動佳	(5)無聊、運動差
(6)行動與年齡相稱、成熟	(6)孩子氣、不成熟
(7)冷靜	(7)聲譽不佳
(8)順從	
3.個人的特質	3.個人的特質
(1)仁慈、富同情心、瞭解	(1)殘暴、敵意、不感興趣
(2)合作、與人能相處、脾氣好、穩定	(2)好辯、蠻橫、脾氣不佳、支配、發牢騷
(3)不自私、慷慨、助人、考慮別人	(3)不考慮別人、不可靠
(4)活潑、樂觀、快樂、歡欣	(4)說謊、欺騙、不公平
(5)負責、可靠	(5)不能開玩笑、沒有幽默感
(6)誠實、有信用、公平、正直	(6)心地不好
(7)有幽默感	(7)欺詐、虛榮
(8)有理想	
(9)自信、自我接納	
(10)聰明、有智慧	

資料來源：F. P. Rice, 1984. The *Adolescent : Development, Relationships, and Culture*,引自黃德祥(1995), p.520.

是必然的，却也可能因過於具有支配性或自私而形成壓力，造成關係中斷或不利發展，這階段最常聽見的一句話可能為「我是你的第幾個……？」或「我是你唯一的嗎？」，如果得到的回應是肯定的承諾，雙方的分享程度會更深入，也更有助親密關係的發展，但是典型的性別刻板印象的雙重標準也就會由若隱若現而突顯出來，例如探索對方性經驗、性伴侶的歷史及現況。

(4)實際階段。在這階段中，彼此得到透過先前承諾而來的忠誠，關係會漸除去浪漫面貌，展現更真實的自我，並將感情帶入真實的現實面，此時，良好印象雖然重要，但價值觀、態度、性格的一致性、角色的適應及相互的滿足程度，更為關係持續發展的重點。例如因為約會的模式固定可能就會以「來不來？我只有兩小時」或「妳先進去，我去找車位（或我順便去寄封信）」取代「我們一起……」，這階段更能反映個體對兩性關係中角色的態度與詮釋。當然，當關係深度化之後，依附及排他性（Feneey & Noller, 1996；彭懷真，1996）會增加，性的互動也會增加探索的深度，如同彭懷真（1996）所整理的資料，個體生理接觸的親密行為有其一定順序與程度，如：①眼對身體；②眼對眼；③話對話；④手對手；⑤手對肩；⑥手對腰；⑦嘴對嘴；⑧手對頭；⑨手對身體；⑩嘴對乳房；⑪手對生殖器；⑫性交。在這些親密關係的發展中，我們不難發現其中反映的男性支配性及性別角色的腳本，這也讓我們關心，除了知道在戀愛中的歷程之外，性別角色和刻板印象如何在異性戀中帶來影響。

然而，在關係的建立與發展中，其實也會呈現其獨特及多變的風貌，如此的順序並个代表所有的關係皆呈現相似的歷程，有許多關係是不斷地循環，並從中發展、反省兩人親密，有的關係則以跳躍式的方式來發展，為什麼會如此呢？這可能和當事人性格、過去愛的經驗以及如何看待這段親密關係的態度有關，畢竟親密關係是猶如生命般具發展變異性質的。

先前我們討論了愛的定義和類型，那麼，男女兩性對愛的看法又如何呢？Cancian（1987）指出，在美國，愛的定義是相當女性化的，亦即非常強調情緒的表達，但是值得深思的是，一旦女孩自在且愉悅地表現表達性特質時，多半被視爲是「喜愛性的」人，這使得女性在關係的發展上容易被曲解及定位，這種兩性親密關係中愛的定義反映了父權制的思維，因爲在兩性互動中，男性對愛的定義在於工具性行爲（我願意幫助妳）或身體上的表示（例如性的探索），所以女性在關係發展上即明顯地處於附屬與權力的次級地位，也許性別特質爲兩性化的人對愛的定義或許綜合了表達性及工具性（Basow, 1992），而更能洞察關係發展的盲點（性別差異），但是不容否認的，由社會學中功能論及衝突理論角度來看，性別角色及刻板印象比特質的影響更明顯，例如約會強暴、同居強暴，甚至婚姻內強暴都可以發現以下的迷思：「愛我，就給我！」、「妳是我老婆，爲什麼不可以？」，因此當女性想從如此男性觀點的「愛」的定義中自覺自己需求時將更加辛苦。

　　與性別角色有關的另一項因素是兩性關係發展中所強調的男性優勢。研究顯示，男性比女性更要求傳統型式的婚姻（指工具性的男性角色和表達性的女性角色，如男主外女主內）（Basow, 1992）。雖然到了二十世紀末理想（傳統）的婚姻標準已改變，如只有三分之一的男性認爲已婚女性的活動宜以家庭爲主（先前的比例在二分之一以上），但是女性的改變仍然比男性快（Astin, 1991），這觀念同時反映在約會、同居及婚姻關係中。這與女性開始喜歡及欣賞兼具兩性化特質的男性的轉變有關（Basow, 1992）。

㈣關係的轉變：分手

　　在面對二十一世紀的此時，許多現象也顯現對兩性關係中典型互動模式的挑戰及解構，親密關係更是明顯。余德慧（1980）曾經指出在中國人的社會中，有一套極爲獨特的戀愛過程，是一

種為結婚而談的戀愛，結合了穩定和浪漫的需求，並且是依據傳統擇偶條件來選擇戀愛的對象，再滲入一些西方愛情的羅曼蒂克情調，直至今日，這中國社會特有的愛情文化仍然存在。當兩性互動所反映出來的社會價值（如典型的擇偶條件、性別角色）無法充分滿足戀愛目的時，關係的發展將會邁入淡化或分手的歷程，當然異性戀的分手不一定全是與擇偶要件有密切關係，但是我們仍可看見性別刻板印象的影響，特別是在所謂的傳統擇偶條件之中。

例如，在分手的歸因中，女性多半認為自己外型不具吸引力、不討人喜歡；男性則認為自己條件不夠、能力不足或缺乏經濟，這是社會化所造成的歸因型態。劉惠琴（1996）曾在性別與分手歷程的文獻探討中指出，依據Rubin, Peplau和Hill（1981）的兩年縱貫研究發現，性別差異存在於雙方對關係的感受、對問題的敏感度、分手的方式及分手之後的調適。女性在親密關係中較男性容易察覺存在兩性關係之間的問題或不滿意的感覺，同時女性對關係的不滿足，多半會形成預測關係結束的指標，所以女性在此情況下，也較男性主動提出分手的要求。而在分手之後，男性比女性有嚴重的情緒反應及自我失落感，這歷程顯示了女性的表達性特質使個體較敏感於關係的轉變，並且在提出分手之間已觀察、準備了一段時間，因此和男性「被告知」分手的情況相比，在分手歷程及分手後的調適都較為良好。男性個體在分手後的調適較女性差，除了上述較不敏銳於關係品質變化之外，可能和失去掌握（loss of control）的失落感有關，這突顯出與典型的男性化特質──工具性、能力感的失落，所以在分手後較難以適應。

關係的失落（分手）不一定對個體只形成負向的影響，也有可能協助個體發展建立良好兩性關係的新能力，劉惠琴（1996）引用Brehm（1992）的資料討論了個體在兩性親密關係中分手後歸因型態（如圖7-3）所造成的影響。當個體在分手後會嘗試著或

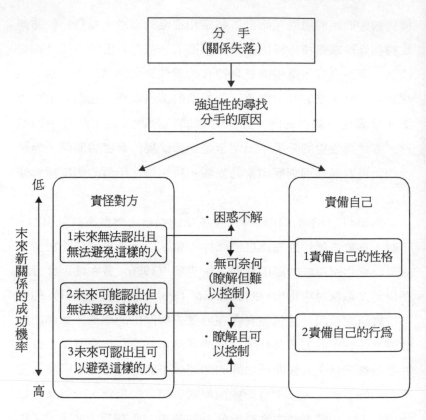

圖 7-3　分手後個體的改變歷程

資料來源：修改自劉惠琴, 1996. ＜大學生分手行為研究—結構因素
與歷程因素＞. p 14.

強迫性地回顧分手的原因，如果對分手的原因能瞭解，調適就較
好，而瞭解並且能夠控制的情況下（例如可以改變自己的行為），
那麼在未來發展新關係的成功機率就會增加，如果探求的分手原
因是無法控制的（如責備自己的性格或責怪對方的不是），那麼就
會降低未來建構新關係的成功機率。

　　整體來說，異性戀的關係是由性別角色規範及刻板印象所建
構的，顯然兩性平等在目前的現況中，仍是一項理想而非事實。

雖然典型的父權觀念或男性優勢已經不如已往般為大家所認同和接受，但是性別角色的平等性仍是難已達成，我們並不主張性別角色逆轉（例如女性角色以工具性為主，男性以表達性為主），但顯然跳脫傳統的性別角色刻板印象才是有助於兩性關係的發展，畢竟如Goodwin（1990）研究顯示，男女兩性都希望對方是體貼、幽默的（排名第一項特質）（Basow, 1992；Brehm, 1992）。由於消除關係發展中的男性優勢（例如決定多久見一次面、見面時做些什麼、誰求婚等）並不容易，而容易造成關係的壓力，如果有一方為了尋求伴侶（如擇偶條件）而勉強依循典型的性別角色刻板印象來互動，這些難以化解的困惑將會為日後的關係（如婚姻關係、家人關係、親子關係、姻親關係）帶來更大的隱憂。也許我們都必須重新思考兩性關係中典型的主流模式的深遠影響，以及對關係發展歷程中性活動發展的影響。

婚前性關係

在社會的變遷下，婚前性關係的變化是極為明顯的，由傳統的嚴禁婚前性行為，到現今的呼籲「真愛要等待」（Turc Love Wait）（1994）運動，則可發現婚前性行為的雙重標準（男性的婚前性行為是可以容忍的，女性則是嚴格禁止的）已漸式微（羅惠筠等，1992），而呈現在性開放風潮下的普遍程度。這項「真愛要等待」的運動核心旨在重視婚前的貞操，強調遵守盟約的期待與要求：「本著真愛要等待的信念，我願意對上帝、我自己、我的家庭、我的異性朋友、我未來的伴侶，及我未來的子女，有一個誓約。保持我的貞潔，一直到我進入婚約那天為止。」（彭懷真，1996：43）這活動的推行十分明顯的標示出婚前性關係正挑戰我國傳統的兩性關係，並且反映出親密伴侶認為婚前的性行為是合

宜且能接受的。此外，在第四章的圖 4-5 中呈現了現今美國高中生及大學生婚前性交的歷年變化（1925～1990），同樣可以發現男女兩性婚前性行爲的差距逐年縮小。這些數據究竟反映了什麼，在婚前性行爲中，男女兩性扮演了什麼樣的角色，都是值得深思的。

Fuhrmamn（1990）曾就青少年性行爲的資料中發展了性決定的模式，並認爲婚前性行爲的主要決定者爲女性（黃德祥，1995：194），如圖 7-4 所示。這是一項有趣的信念，先前我們發現不少文獻指出關係中男性居於掌控及主導的地位（如鄭淑子，1992），然而在探討「婚前性行爲」時如此「不可否認的，這是被負向評價比正向評價多的行爲」，女性成了「主要決定者」，是否暗示婚前性行爲（不受允許或鼓勵的）如果發生，女性必須負起主要的責任。這是一種如同約會強暴（如她穿著性感、言語挑逗）、家庭暴力（如她激怒我）等一樣的迷思，及對女性的不平等和不尊重信念。

在 Shaffer（1996）、鄭淑子（1992）、簡維政（1993）的研究中，我們可以發現即使現今性行爲、性態度的開放程度上男女兩性差異縮小，但是道德上的雙重標準却相當明顯，對性伴侶性經驗的要求，男性所持有雙重標準的人數比女性多（例如鄭淑子的研究結果：男性在受試大學生樣本約五成以上，女性爲二成左右）。而具有典型男性化特質的男性的道德雙重標準要求高，且在約會中重視男性主導約會進行的互動模式。由這些資料，我們實可以發現在親密關係的兩性互動模式，女性仍是處於從屬地位，並且在婚前性行爲中，女性扮演的仍是被動的配合者，但是當性關係開始形成互動模式之後，女性就必須爲其結果負主要的責任（如懷孕、墮胎），這是相當鮮明的父權思想，而男性角色（特別是男性化特質的男性）則在婚前性行爲的活動中，發揮了典型的主導功能却不負責的想法（例如，「是你不反對的」、「妳怎麼這麼

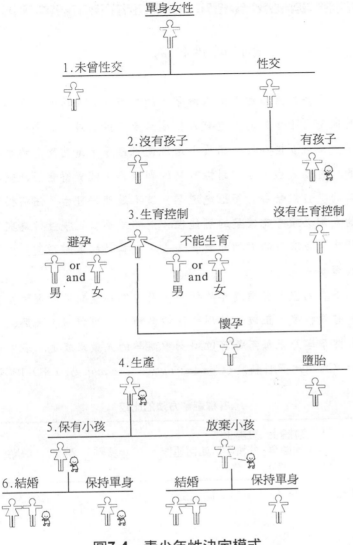

圖7-4　青少年性決定模式

資料來源：B. S. Fuhrmamn, 1990, Adolescents, p.262. 修改自黃德祥 (1995), p.195.

不小心！」），如果兩性平等及尊重的信念與行為無法落實於關係
互動中，那麼「真愛要等待」活動的推行是刻不容緩且必要的，
因為這不僅能協助兩性重新界定自己的角色及尊重他人的角色，

專欄7-1　負責任的性行為

　　有太多的人依賴希望來避孕，例如有些人相信女性經期的某段時間是「不孕」的，也有人相信只要女性不達到高潮便不會懷孕，或如果女性在性交後馬上灌洗便可避孕，這些觀念均是不正確的。有些人也因他們對性行為的罪惡感，或覺得會因此破壞了當時的「自然發展」而拒絕避孕。這不是個好理由，任何從事性交的人都必須考慮懷孕的可能性。忽略或不肯正視性行為與生殖之間的生物關係的人都非負責的人，尤其是採取避孕便可以免除這些煩憂。

　　下表列出了各種避孕的技巧，及它們的優缺點和理論及實際上的有效程度。正確地使用一種或多種方法可以減少失敗。

　　懷孕率乃以每年每百位婦女中懷孕的人數來表示。表中懷孕率乃摘自〈避孕科技〉（*Con-traceptive Technology*, 1980–1981）。

各種避孕方法的比較

方法名稱	理論上的懷孕率 (%)	實際上的懷孕率 (%)	如何運作	優點	缺點
避孕丸	0.34	4-10	防止排卵	非常有效；性交時不須使用；減少經血及經痛	持續花費；每天使用；副作用
子宮內裝置 (IUD)	1-3	5	防止受精卵植床	有效；性交時不須使用；裝置時不用花錢	增加絞痛及流血；會排出
保險套	3	10	阻止精子	有效；可預防性病	性交時使用；會降低感覺

避孕隔膜、乳液或膠質	3	17	阻止精子及破壞精子	有效；便宜；副作用少	性交時使用；不雅觀
殺精劑	3	17-22	阻止精子流動及破壞精子	容易取得；不須醫師處方	使用不恰當時不可靠
週期 (子宮頸黏液,基礎體溫,經期)	2-13	20-25	禁戒性交	花費低,天主教接受的方式	需要一段時間的禁絕性交,適合週期規則的婦女
抽出	9	20-25	體外射精	不用花費	性愉悅降低,造成旁觀的態度,不可靠
灌洗	?	40	機械式地移去精子	便宜	不可靠
授乳	15	40	阻止排卵	不用花費	不可靠
輸精管切除術	0.15	0.15+	機械式阻止精子	永遠；非常可靠	一次花費較多,且不不可能復原
輸卵管結紮	0.04	0.04+	機械式阻止精子	永遠；非常可靠	一次花費較多,且不不可能復原
墮胎	0	0+	將胚胎移去	非常有效	反覆墮胎後流產的可能會增高
禁慾	0	?	禁止性交	非常有效	禁止性交
未使用任何避孕法	90	90			

資料來源：羅惠筠等 , 1992 . 《現代心理學》. pp.378-379.

專欄 7-2 墮胎

墮胎 (abortion) 是指胎兒能在子宮外生存之前終止妊娠。就我們目前的技術而言，這意味著是在懷孕後二十四週之內。在懷孕後十二週之內，終止妊娠的方法可以通過擴張子宮頸，然後或者使用真空吸出器吸出子宮內的物質，或是直接刮掃子宮內膜。在懷孕十二週後，可通過注射一種鹽溶液或前列腺素來實施墮胎，也可以通過使用類似於在剖腹產中使用的手術程序移除胎兒 (Cunningham, MacDonald & Gant, 1989)。

在法國的研究促成一種叫做RU 486的藥物的誕生，它能通過阻礙黃體素 (progesterone，一種女性激素) 的合成和循環而終止妊娠 (Baulieu, 1989)。這種藥物在最後一次月經後的前七至前九週裡使用最為有效。它引起子宮內襯壁的脫落排出，因而也就不需要用吸出器或是手術方法。在一九八九年的一至九月間，每月都有兩千多名法國婦女服用此藥，它在懷孕後前七週內服用的成功率為95%以上。目前在美國還不能使用這種藥。它應當成為合法的嗎？它會使墮胎的決定再一次置於婦女更直接的個人控制之下。

一九二〇年，在蘇聯革命之後，蘇聯成為率先允許在母親的要求下墮胎的國家之一。雖然墮胎的法律化是一種現代事物，但墮胎本身卻是和處死嬰兒一樣，在歷史及許多文化中一直是被使用的一種控制生育的方法 (Krannich, 1980)。例如，在澳洲中部的Aranda和亞里佐納的Hopi，都有這樣的記載：用一根帶子緊緊

繞住孕婦的腹部而實施墮胎 (Murdock, 1934)。

　　關於墮胎的爭辯中，需要加以定義的一點，是胚胎發育到什麼年齡，其個體化已達到足夠的程度，而有資格受到政府的保護。一九七三年，在Roe V. Wade的個案中，美國最高法院提出了一個發展模式以說明這一問題。法庭支持這樣一種觀點，即孕期能區分為三個三月期。其判決認為，在第一個三月期中墮胎是母親的權利，是受私人保護法案的保護的。他們說，根據墮胎對母親可能帶來的危險，對第二個三月期中進行墮胎要進行某些限制。胎兒的權利仍爭論未決。在最後一個三月期，當認定胎兒有較大的可能在子宮外存活時，各州可以選擇不允許墮胎。

　　自這判決做出後的幾年中，最高法院裁決了許多試圖約束墮胎但與憲法有抵觸的州法律。但在一九八九年的七月，最高法院支持了一條密蘇里法律，它規定任何公共機構或公職人員實施墮胎均屬非法。此外，這項密蘇里法律把生命定義為開始於懷孕的那一刻，這意味著從懷孕的最初的日子裡，這個州便要承擔起保護胎兒的責任。這項法律還要求給孕期二十週後的孕婦實施墮胎的醫師們，首先要做檢查以確定胎兒是否能夠獨立存活。如果能，那麼墮胎就是非法的 (Economist, 1989)。對這項密蘇里法律的支持並不推翻對Roe V. Wade個案的判決，但它卻給各州以新的自由去設置有關允許墮胎的種種限制。

　　我們對墮胎對孕婦的影響有哪些瞭解呢？墮胎是否有醫學上的危險？婦女如何在情緒上應付墮胎這種經歷？

　　一九六五年中，在所有與懷孕和生育有關的死亡中，有20%是由墮胎造成的。自從墮胎合法化以來，有關的死亡降低了50%

以上。目前，合法墮胎引起的母親死亡率為每十萬人中零點八個。因此，對婦女來說，合法墮胎要比生育安全十倍。目前，墮胎，尤其是在懷孕十二週之內，在身體方面要比把一個不期望的妊娠堅持到底安全得多。一九八九年，在對現有的研究的充分評估之後，官銜將軍的軍醫C. Everett Koop報告說：「科學研究還不能提供有關墮胎對婦女的安全作用的結論性資料。」(Holden, 1989) 雷根總統下令研究以希望通過由科學文獻提供的證據而建立一項法案，要以墮胎對健康的危害為依據而反對墮胎。Koop所評估的大部分證據都是集中於墮胎的心理作用方面的。他發現：這些研究在方法上有很嚴重的缺陷，導致這些結果不能被用於支持有關墮胎的辯論的任何一方。

經歷墮胎的婦女的典型心理體驗是減除苦惱 (Lemkau, 1988)。尤其是當墮胎是懷孕後頭十二週之內實施時，婦女通常解除了所有負性情感，認為一旦恢復之後可再懷孕 (Olson, 1980；Shusterman , 1976)。然而，許多婦女則是在作出決定的過程中體驗著某種矛盾衝突。

有兩個心理因素與正性的墮胎結果相聯繫 (Alter, 1984)。其一是雌雄兩性同體，也就是說，男性和女性特徵均有可能發生。雌雄兩性的婦女比其他婦女訴及較少的喪失，較少的焦慮，較少的身體症狀，也較少想到死亡。第二個因素是自我與職業的吻合。那種把自己看成與在事業上高度投入的人相似的婦女，在墮胎後往往有較積極的反應。這些發現意味著，墮胎的經歷對一個婦女的意義，是與她對性及她的生活方式的態度密切聯繫的。

在有些情況下，墮胎引起消極體驗的延續。Lemkau (1988)

提出了一些臨床案例，其中墮胎造成了強烈的、難以消逝的負性
情緒。有時，當發現胎兒有遺傳異常時，實施墮胎已到是了懷孕
晚期。一個已經對胎兒建立起依戀感的婦女則會爲她的喪失而憂
傷。在另一起第二個三月期墮胎的事例中，導致墮胎的決定被拖
延的矛盾心理，被因墮胎較晚所引起的身體不適所誇大。最後，
有些婦女發現，她們墮胎後已不能再懷孕了。於是，內疚、憤恨、
懊悔等情感湧上心頭。雖然大多數墮胎都伴隨著一種已把握住個
人命運的積極感受，我們不應忽視一些婦女所面對的情緒上的危
險。

　　目前美國總統和最高法院關於墮胎的保守看法，並不反映大
多數美國人的看法。在《新聞周刊》一九八九年一月進行的蓋洛
普民意測驗中，58％的居民不希望看到 Roe V. Wade 一案被推
翻；31％的人則希望如此。在把現代流行的觀點與一九七五年的
看法相比較時，這項測驗發現：和一九七五年的21％相比，更多
的現代居民（29％）認爲墮胎在任何情況下都是合法的（New-
sweek, 1989）。出於對這一普遍化情緒的反映，一九八九年的較晚
些時候，一項被稱爲「行爲選擇自由」（Freedom of Choice Act）
的議案被提交國會。這項議案是要明確認定婦女有權力選擇終止
妊娠，並要阻止各州禁止在胎兒能在子宮外生存之前墮胎。

　　婦女和她們未出世的孩子並不是唯一受墮胎決定影響的人。
一九七六年，最高法院規定，婦女要墮胎不必得到她的丈夫或這
孩子的父親的同意，否決了在十二個州均已合法化的必須獲得父
親同意的規定，這些州中包括密蘇里、佛羅里達、麻薩諸塞、賓
夕法尼亞（Etzioni, 1976）。這一新規定與一九七三年的不得干預

婦女的有關這方面的權力的規定是相符合的。然而，這也引起了關於父親在決定他們未出生的孩子的命運上的法律權力的問題。

Shostak和McLouth（1985）訪談了全美國共一千名陪同妻子去墮胎診所的男子。在這些男子中，有93％的人說，基於這次經驗，他們要改變控制生育的方法；83％的人認爲，墮胎是解決孕期麻煩的一種合意的方法。這些人中，有許多對這一不希望的懷孕或墮胎流露出焦慮、失意和內疚。很顯然，隨著父親們愈來愈投入到參與對後代的照顧之中，這一問題將被繼續辯論下去。

關於墮胎服務機構的合法性和可能性的爭論，是心理社會分歧的極好例證。一方是那些堅持婦女的個人權力以及她選擇或拒絕做母親的絕對權力的主張的人。另一方是那些尋求保護那些還沒有能力來保護自己的利益的未出生胎兒的權力的人（Allgeier, Allgeier, & Rywick, 1981）。被這一爭論所圍繞的，是至爲重要的人類發展問題。人類生命是從什麼時候開始的？一個胎兒何時有存活的可能——也就是說，能生存於子宮之外？實施墮胎對婦女的身體健康和心理健康有什麼影響？生育和撫養一個有缺陷的孩子對婦女的身體健康和心理健康又有什麼影響？做一個沒人要的孩子其影響又是什麼？父親涉及母親墮胎決定的權力是什麼？父母對一個青少年的墮胎決定權力和責任是什麼？社會一直在爲如何定義死亡，以及如何解決涉及延長那些受嚴重腦創傷或患絕症者的壽命的技術干預的倫理問題而爭論，同樣地，社會也一直在爲如何定義生命的開始，以及如何解決有關社會對成年婦女和她們未出生的孩子的責任的倫理問題爭論不休。

資料來源：郭靜晃、吳幸玲譯（1992）

同時也可以減少未成年父母及墮胎或其他負向影響。

　　在這一章中，我們探討了有關性別刻板印象對友誼及愛情關係的影響。一般來說，女性在社會化的歷程裡發展了對關係的敏銳性和適應能力，也展現了表達性特質的優勢，這些因素有助於她們成為好的關係中伴侶。女性是值得珍惜和敬重的朋友。在女性的同性友誼中傾向高度的親密性和回饋性。男性的社會化歷程著重在發展出具競爭及主導特質的男性性別，這使得男性的同性友誼展現了高度的活動力與較為平淡的友誼關係（這是以男女兩性團體間的比較，非指團體內的個別差異）。男性的同性友誼難以深刻發展，也反映了對同性戀恐懼的高度防衛。

　　在愛情關係中，性別角色和性別刻板印象的影響相當明顯。儘管多數的大學生認為男女兩性在愛情關係中是平等的，但是我們仍然可由研究中去瞭解男性優勢的信念與態度是存在的。事實上，男性與女性都有親密關係有的強烈需求，然而在傳統社會化的性別角色規範中，似乎女性比男性更容易獲得這些需求的滿足，而男性只能由異性關係中（如果可以的話），來得到情緒及情感上的滿足。如果兩性互動中能捨棄刻板的性別特質，並且都能發展出表達性及其它有助關係發展的性別特質，相信男性在所有關係中將會更加自在並且擺脫壓抑，在朋友及親密伴侶之間，強烈的性別刻板印象是最不容易成就一個良好關係的重要因素。

第八章
婚姻與家庭關係

在婚姻中，彼此有不同的需要、能力、價值和期望，因
爲我們是不同的個體，並不只是因爲我們扮演丈夫或妻子。
　　在婚姻中，我們共同的目標是「關係」，而不是房子或是
孩子。

——O'Neill 和O'Neill,1973

　　誠如本章引言O'Neill夫婦（1973）在其所著《開放的婚姻》
（*Open Marriage*）一書中所提示的，個體在婚姻關係中首重兩
性關係的良好(其它次級關係——如親子關係才得以發展完善)，
而個體所呈現的能力與需求應是反映個體的獨特性，而非來自扮
演社會期許的性別角色（如丈夫或妻子）。再一次地，我們將要探
究性別角色及其刻板印象對婚姻和家庭關係的影響，同時提醒自
己這些影響將會多深遠，因爲這階段正是另一新生命的社會化歷
程開始（例如新生兒），在先前章節中，我們已經瞭解家庭及父母
是個體性別刻板印象或性別角色的社會化管道及典範，這是性別
認同與印象代間傳承的軌跡，也可能是一個可以改變的起點。

婚姻中的兩性關係

　　在異性戀約會中男性與女性通常以結婚收場，不過以現今的
情況來看，這並不是異性戀發展的唯一模式，尤其近幾年來，愈
來愈多的情侶選擇不婚、同居或試婚的生活方式（Basow,1992），
美國在一九九○年的異性情侶同居人數普查中就發現有二百九十
萬的同居人口，占所有戀愛中情侶的4%以上（Barringer,1991），
在台灣，同居的情形已經可以明顯感受呈現增加的趨勢，但是並
沒有切實的調查數據可供參考。
　　在傳統的社會價值觀中，婚姻被視爲女性生命史上的兩件大

事之一（另一為生育子女）。在既有的婚姻模式中，女性被期待奉獻自己或放棄自己（如姓氏、子女角色和興趣）來滿足以丈夫、子女為主要架構所形成的「家庭需求」。例如在留學生的社會中時常可以發現，即使夫妻同時具有學習研究的能力與動機，當經濟情況不理想時，多數的女留學生會放棄自己的學業與理想，轉而協助丈夫攻讀更高的學位。此外我們在日常生活中可以隨時發現如此的對話：「妳貴姓？妳的孩子好可愛啊！」「我姓林。」「林太太妳好！」「對不起，我先生姓吳，我的『本』姓是林。」或者你也可以發現如下的觀察：筆者曾經在一家簡餐店用晚餐，鄰桌有四位中年女性正在討論一些休閒活動的安排並用餐，隔桌的另一群男性十分納悶的說：「奇怪，這些媽媽怎麼不回去煮飯，她們老公和孩子吃什麼？」，這是一段十分令人深省的話，女性在婚姻中的主體性似乎並不存在。事實上，這群中年女性的青少年子女正在補習班上課，丈夫正在應酬或加班。當生活型態在社會變遷下產生變化，典型的性別角色與角色功能必定面臨重新反省與定位的衝擊。

一、婚姻的意義

　　婚姻是法律的契約，異性戀的親密伴侶多半選擇婚姻的承諾作為完美的愛之見證。愛是浪漫的，然而法律却是不具浪漫性質的。誠如Basow（1992）所指的，在法律的規範下，妻子接受丈夫的姓氏和住所，放棄她不願意時及抗拒丈夫強暴的權利（丈夫是**合法**享受妻子的性服務），並且同意做家事而不領薪水，而丈夫則是**依據其能力**來提供妻兒生活所需，包括性行為。這情形在國內更加明顯。即使「家務有給」觀念受到初步肯定，但在推動及施行上的困難實已反映了存在社會中的性別角色刻板印象和父權思想，這對謀求兩性關係的平等期待的努力是極大的考驗。

　　什麼是婚姻？婚姻既是法律契約，相對的也反映了該社會對

婚姻的價值觀。郭玲惠（1995）、陳惠馨（1996）指出，婚姻乃指男女雙方以永久共同生活爲目的而結合之適法關係，由於這種婚姻共同體的基礎，不同的社會、國家則各自發展出一套家庭與婚姻制度。

我國有關男女婚姻的規定主要規範爲民法親屬編。依現行民法親屬編規定，婚姻乃係一男一女在雙方當事人同意下，以終生共同生活爲目的適法之結合關係（保成元法全書，1991:879）。在此法律規範下所形成的婚姻制度，也構成我國的家庭制度，並且成爲社會制度的基礎。

(一)婚姻關係中的兩性平等

有些學者如DeBeauvoir（1953）、Friedan（1963）認爲由社會交換的投資與報酬角度來看婚姻是必要的，亦即視婚姻爲一種划算的交換行爲（Basow,1992），例如女性在婚姻中以家務及性服務獲取經濟上的援助，而男性因而得到其基本需求的滿足。即使這樣的觀點來解釋婚姻關係幾乎無「愛」與「親密關係本質」存在，並且顯然物化了男女兩性，但是在許多社會文化中，我們難以否認它的確存在，如果這現象存在，也就反映了建構這現象的價值觀與制度是兩性不平等的，因爲這現象與觀念是視女性爲被動的受助者，而男性爲工具性角色（以能力、金錢養家或滿足自己）的態度更加明顯。

郭玲惠（1995）認爲我國傳統以來，鑑於農業社會的生活型態「男尊女卑」、「父、夫權優先」的觀念是根深柢固地存在社會中，視婦女爲附屬地位，並未承認婦女具有完全之獨立地位，而女性一旦進入婚姻，似乎就喪失自身的人格（p.282），這些情形即使在現在的社會仍可發現，例如技術傳子不傳女，即使子亡，仍是傳媳不傳女，因子媳爲入門且有子嗣，而女兒爲嫁出家門，這種父、夫、子爲關係主軸的情況並不少見。

參考郭玲惠（1995）、黃惠馨（1996）、《婦女新知》月刊（1997,

1月）等針對現行婚姻制度中有關兩性平等的疑點的資料（以民法親屬編為例），或許可以協助我們對婚姻意義及其法律層面有進一步的瞭解，因為大部分的人在擇偶或戀愛後選擇婚姻來發展更深刻的親密關係時，並不考慮婚姻是法律契約的實質意義，而在邁入婚姻關係中，面對分工或婚姻滿意感時才赫然發現婚姻制度的存在。

● 自由權的規定

我國民法第一〇〇二條規定，夫妻之住所原則上由夫指定，雖然附帶但書為夫妻可另行約定，然此一但書並不符社會現況且流於形式，因為「約定」必須雙方同意，如果妻子想和丈夫約定居住所而遭丈夫拒絕，也只能依法而為隨夫居而居。此外，即使約定後，丈夫又另搬他地，並依據民法第一〇〇一條規定，要求妻子履行同居義務，則妻子的自由權便在傳統「夫唱婦隨」父權觀念中失去保障。若再配合第一〇五二條造成妻惡意離棄夫，形成離婚要件（註：若夫妻有不能同居之正當理由，如虐待行為等，則此要件不成立），更是對女性不平等的傷害。

● 離婚要件的規定

我國的離婚制度是允許兩願離婚與裁判離婚併行的「雙軌離婚制度」，在此制度下，當事人一方面有自由協議的機會，降低因離婚而產生的不必要傷害，另一方面當協議不成立時，也可以經由訴訟的管道達到終止婚姻關係的效果，以確實符合事實的需要。但是民法第一〇五二條所規定的法定離婚原因仍有其缺失及爭議，例如第十款的「不名譽」，定義及規定不清楚、不明確。又如第三款及第四款的「不堪同居之虐待」過於嚴苛，常使受虐婦女為取得法定「主、客觀虐待事實」而冒生命危險被凌虐等（如驗傷單的張數、內傷程度的難以判定等）。

婚姻的本質是在於夫妻雙方共同協力維持家庭關係，我國現行法令使得婚姻中的女性在面臨無可挽回的婚姻時，却無法享有

充分的自主權訴請法院終止婚姻關係，這已使婦女喪失婚姻關係中的人格地位，兩性不平等的現象是值得深思的，這也是為什麼在家務有給制、子女監護權和財產權的部分修訂後，仍有待努力的呼聲日益壯大，因為兩性不平等事實明顯所呈現性別角色的刻板印象，早已在教化中建構了我們的社會價值觀，主導了所有的制度與政策——包括了婚姻關係和家庭關係。

在如此不具浪漫色彩的角度來看婚姻的意義，却也反映了在婚姻的典型中，男性支配性主導的模式（女性的劣勢和從屬地位則相對顯現）。這背後其實也隱藏了權力的觀念，換句話說，婚姻關係中結構的改變突顯了權力的消長，也因此可以瞭解為什麼具父權思想的個人（有男性、也有女性）在民法修正的過程中，深感倍受威脅而發出各種忽略兩性平等、尊重的誤解，這顯示了在浪漫戀愛中所隱藏的權力迷思是那麼地深刻！

二、婚姻的分工

在傳統的婚姻中，男主外、女主內的男性養家、女性顧家的角色分工是目前的主流觀念，即使在二十世紀末，女性投入就業市場成為職業婦女的比率增加，其對薪資的運用，仍稱之為「貼補家用」，而鮮少有人稱為「賺錢養家」。換句話說，在婚姻的分工中，女性角色的次級地位與附屬性並不會因為其付出的多寡與層次的改變而有所提升。這反映了一個事實，不論婚姻的類型為何，女性的工作（或生涯規劃），相較於她丈夫的工作或她的主要參與地——家庭來說都算是次要的，而且女性也比男性負擔更多更瑣碎的家務工作，因為典型的性別角色告訴我們，這些家務及與家庭有關的事務是女性角色的責任。研究顯示，不僅男性對家庭中女性角色的要求與刻板印象明顯，女性自己對她的家庭角色也仍然抱持著極高的期望，並且顯現了女性在工作態度上較現代（偏工具性特質），而在家務分工態度上較傳統（偏表達性和養育

性特質）的現象（鄭淑子，1992；伊慶春，1994）。換句話說，女性在現今的角色中，具有較高的兩性化特質，但却在時間、精力及金錢的有限下，疲於角色間的轉換與負荷。相對於女性的困境，男性在角色分工上就較為一致，即使是分擔家務工作，仍是以修理家具、維修等工具性工作為主，這現象就反映了婦女整天不停的工作，而男性則依自己的「時間安排」選擇何時去做家務之類的零工。例如一般核心家庭（小家庭）的倒垃圾問題，由於目前北高兩市及臺灣省推行「垃圾不落地」運動，如果家中由丈夫負責倒垃圾，多半可以發現他們在倒垃圾時「順便」抽根煙、買份晚報、整理車子，然而如果沒有這些事要處理，丈夫在聽到垃圾車來時，多半會說「等一下再幫妳倒」、「今天垃圾不多，明天再倒」，這相當鮮明的反映了家務工作在男性心目中的次級與非主要工作，甚至於是「幫妻子做家務」的心態，即使分擔家務，仍明顯反映出這是女性角色的職責，因為我們或許可以在日常生活對話中聽到「幫我老婆倒垃圾」、「幫我太太洗碗」，却很少有丈夫會說「倒垃圾是我的工作」、「洗碗是我的責任」。顯見丈夫在整個家庭的調適及妻子角色的變化中，雖然扮演了很重要的地位，但實質助益仍然有限（唐先梅，1996），這來自性別角色的知覺刻板印象，使得即使愈來愈多的丈夫承認妻子是家庭的另一重要經濟提供者，却不會增加分擔家務工作的事實，因為這來自妻子的收入，仍被視為「貼補家用」，隨時可以因更重要的角色功能而取代或放棄，例如照顧幼小的子女或年邁的父母。

　　基於家務分工所反映的婚姻中分工制度還有一項值得思考的現象，即家務理財的情況。這涉及家中的決策權力與決策型態。根據林忠正（1994）所作的臺灣地區家庭理財的研究顯示，家庭理財者以女性為主，並且比率比男性高出許多，同時在小家庭中，女性理財的地位更高於大家庭（p.183），如 **表 8-1** 所示。但是在家庭財務的決策上，却以「各項花費程度」的爭執最大，占31%（林

表 8-1　台灣地區家庭理財者之特徵(1992-1993)

理財型態	核心家庭 (%)	非核心家庭 (%)
妻	43.64	27.08
夫	30.93	22.66
夫妻共管	20.68	10.40
夫妻各管各的	4.75	9.10
母或岳母	—	16.20
父或岳父	—	10.00
總計	100.00	100.00

資料來源：林忠正 ,1994 .〈家庭理財與金錢遊戲〉. p.183.

忠正，1994)，其次為「買什麼東西」，占26％，這顯示女性在家
中具有理財者的的角色却不具有決策權，也顯示了在大部分的家
庭中，男性的權力仍是居於主要地位，當然這資料可能也提供了
一些訊息，家庭財務管理的分工是頗為明確的，如果爭執顯示是
因為兩性皆有權力討論發言所致倒是可喜的現象，但是若由女性
理財，而在與家庭有關的各項消費上產生爭執的比倒高達半數以
上的現象來看，不難發現女性的理財者角色仍僅限於執行者而非
決策者。

　　在婚姻的分工中，我們發現女性的角色並未受到平等對待及
同等尊重，全職主婦不被視為專業，勞心勞力的付出等同應盡義
務（性別角色期待）或「閒妻」，職業婦女則至少要做二份工作（一
份在家裡，一份在職場），而男性多半只要做一份工作，並且被視
為專業的正職。

三、婚姻滿意感

　　婚姻中的角色分工的確會影響婚姻滿意感，但另有一更重要
的因素為角色期待（Basow,1992）。曾經有這樣的一個例子來形

容男女兩性要邁入婚姻及婚姻中的情況，在父權思考下，男性結婚彷彿是在挑一輛車，當他看上一輛對眼、性能佳及品牌佳的進口車時，就會先衡量自己的維修能力，如果付得起原廠零件的費用，那麼車子就可以保養得不錯，也較不容易出狀況（顯示此男性的工具性特質是以「門當戶對」為優先考慮），如果經濟能力不足，又想開這部進口車，只好用其他品牌的零件維修（經濟些），但是平時開車就要摸清楚車況和路況（有洞就閃，車速放慢些），開車就要小心翼翼。車子開久了，不是只剩下觀賞價值（一不小心就會解體），不然就是零件愈換愈好，車子動力十足，當然也有可能把車換掉了或換人開（劉秀娟，1997）。這情況就猶如婚姻中的滿意感，伴侶彼此充滿角色期待，卻也不免反映男性在婚姻中的選擇性大於女性，要較有決定權及自主權。此外，婚姻中的配偶性別形成、溝通型態及社會支持等都會對婚姻滿意感有所影響。一般來說，丈夫對婚姻的滿意度是高於妻子的。

一、分工型態

參考Basow（1992）的分工型態，我們可將婚姻關係分為四種類型：(1)傳統分工型。(2)被迫分工型；(3)志願分工型。(4)平等分工型。

● 傳統分工型

這類婚姻關係中角色的分工是傳統典型的性別角色分工：男主外、女主內。男性主要的功用為提供物質上的需求滿足，而女性則著重情感上的支援，因此丈夫的情感滿足比妻子大，而妻子冀望由丈夫那裡獲得經濟及情感上的滿足則較為困難。同時因為夫妻雙方活動型態不同溝通就較為困難（Basow,1992），表達性的特質也難以適切展現，情感上的需求就較不易達到滿足，女性對關係的親密性與分享需求就會局限在丈夫所持有的男性化的刻板印象，而降低婚姻滿意程度。

此外，傳統分工的婚姻中，女性就業如果未受到丈夫支持或

專欄 8-1　婚姻的迷思

　　婚姻的定義在不同的社會與文化中是相當多元化的，然而在各種社會結構中，婚姻迷思（myth）仍然左右了大部分視婚姻爲人生發展任務的人。Lederer和Jackson（1968）則將這些影響婚姻本質的信念歸納爲七類（修改自陳皎眉，1996：68-69）

迷思一：人們結婚是因爲彼此相愛

事實：很多人將性的需求、害怕孤單、需要他人誤以爲彼此相愛。
　　　　如此信念下的婚姻往往容易忽略了對親密關係經營的動力，
　　　　而誤以爲「愛」圓滿了一切，結婚即彼此相愛的見證。

迷思二：大部分已婚伴侶彼此相愛

事實：結婚後，伴侶多半較戀愛時趨向實際（utilitarian），較少提
　　　　及愛的「感覺」，而較重視愛的「行動」，例如「他努力工作
　　　　養家」、「他很誠實」、「他準時回家」。

迷思三：愛是婚姻幸福的必要條件

事實：許多伴侶視浪漫（romance）視爲愛，然而真正的幸福是來

允許，她的需求與理想容易壓抑下來而受挫，大部分的女性在婚姻中仍然希望和婚前一樣兼顧工作，但是性別刻板印象和配偶的阻礙將造成她們生涯發展的困擾與挫折。即使投入職場，也可能在角色要求下中斷工作或斷斷續續「依家庭需要」而就業。因此在傳統分工角色中，女性的幸福感及滿足感是低於男性的。

　● 被迫分工型

自成熟的愛，即除了浪漫之愛之外，更包含了尊重及相互的
滿足與安全感，伴侶在婚姻中成長與成熟比愛更重要。

迷思四：大部分的婚姻問題是因為男女兩性與生俱來的行為差異
　　　　所致。

事實：基本上這是種性別刻板印象，即當伴侶間的差異性被過度
　　　強調，如女性較情緒化、較重視溝通，男性對性較重視，較
　　　重視權力等，這都有礙親密關係的發展。

迷思五：子女的來臨，可以自動改善不幸福的婚姻。

事實：基本上子女的來臨的確可以檢驗婚姻的穩定度，因為伴侶
　　　會挪出注意力在子女身上，但是這並不一定會帶來正向的影
　　　響，因此以子女來「挽救」婚姻並不能解決既有問題，也不
　　　是一個良好的手段。

迷思六：婚姻可以治療寂寞

事實：不幸福的婚姻，將製造更多的寂寞。

迷思七：會爭吵的伴侶，他們的婚姻並不幸福。

事實：衝突在親密關係中是相當尋常的，如果妥善處理，將有助
　　　婚姻品質的提升。

　　這類型的分工是來自現實壓力（如經濟壓力）所造成的，女
性別無選擇要分擔家計，同時也要包辦所有的家務工作以及照顧
子女。這類型的婚姻滿意度對夫妻來說都是最低的。在傳統性別
角色的期待下，男性會因為自己無法完成工具性功能（賺錢養家）
而自覺角色失敗，因為愧對養家糊口的傳統男性角色，如果他們
失業，而家中生計只能依賴妻子的供給，那麼角色壓力和焦慮則

更加顯著（Staines et al.,1986），並且滿足感低落。對妻子來說，兩份工作（職場和家庭）會造成更多的角色衝突，如果由角色耗竭理論（scarcity theory），每個角色都要求她全力付出,但在時間、精力和金錢的有限性之下,勢必難以兼顧,同時角色的回饋不一定是正面的,例如工作可能為低層次的,婚姻的經濟壓力也可能沈重得令人無法喘息,更何況投入職場並不是出於志願的選擇,因此滿足度也是最低的。這情形在大部分的雙薪家庭中可以發現。

• 志願分工型

妻子就業並非基於環境所迫而是志願的,同時她也承擔大部分的家務工作。這類型女性的角色壓力雖然比前一類型低,但在角色間的壓力仍是極大,猶如一般刻板的女「強人」印象般,肩負傳統及現代的角色,並且做傳統女性和現代女性該做的事,例如獨攬絕大部分的家務和接送子女與照顧老年人,並準備自己的生涯規劃（如再進修）。這情形在大部分的雙生涯家庭中明顯可見,男性的滿意度與第一類型是一樣高的,因為男性的丈夫角色並沒有什麼變化,畢竟他不必擔負什麼家務工作,也不喪失工具性角色。

• 平等分工型

夫妻雙方出於自由選擇及共識下各自發展生涯規劃,並且共同分擔家務工作,研究顯示,這類型的婚姻壓力最低,雙方的滿足高。這類型呈現了兩性在婚姻關係中的兩性化特質和平等的觀念,基於此,所以即使同樣面臨角色間壓力（例如孩子生病了,誰帶子女去醫院看病？）,但是顯然在彼此共同分擔下,關係會更加緊密與相扶持,滿意度在擺脫性別刻板印象後更加提升。

顯然婚姻滿意度與角色期待是有關的,如果角色期待得到滿足,且在家務上分工相似（如平等型）或互補（如傳統型）,那麼滿意度是令男女兩性雙方都滿意的。根據研究,誰來做家事比誰

賺錢養家是更重要（Suitor,1991，引自Basow,1992）的婚姻滿意度的指標，尤其對女性來說，雙方在家務工作上的合作是兩性關係平等的基礎，而我們清楚，這與個體能不能擺脫社會化所致的性別刻板印象有關。

(三)社會支持

雖然婚姻滿意度主要受到夫妻對角色及分工的參與情況所影響，但是來自環境的社會因素同等重要。對女性來說更是如此。親密的友誼或原生家庭，夫家以及其他的朋友，都是一項有助於經營關係的社會支持。例如在理財上，女性最常向親朋好友諮詢（林忠正，1994 :184），婚姻問題（如外遇）也最常向朋友求助（彭懷眞，1996；簡春安，1997）。這些支持絕大部分是情感需求的滿足。

總體來說，對性別刻板印象太固執的人，在婚姻滿意度及穩定上會產生負面影響，尤其對女性來說，需求是難以滿足的。男性的刻板化會使他欠缺表達及人際間的敏感性，因此為他的婚姻帶來很大的壓力，如果男性沒有在社會化中相信男人應該比女性強的話，就不會這麼害怕女性的要求尊重與平等的需求和經濟獨立。打破性別刻板印象是絕對有必要的，鼓勵年輕的男性對婚姻的期待不要像他們的父親一樣有傳統的性別期待，那麼婚姻就可能為兩性帶來更理想的滿意感，並且跳脫婚姻的迷思（如**專欄8-1**）的箝制。

親子關係中的母職角色

在先前的章節中，我們討論了性別角色和性別刻板印象對個體和各種關係的影響。隨後，我們將由親子關係來看看母職及父職的角色。

傳統上，父母親與子女的關係多半被視爲「母子（女）關係」來討論，似乎親子關係即指母職角色，這顯示在社會變遷中，對父、母親角色的定位仍是相當明確傳統，但是角色要求却有所差別：父職是工具性的，母職是養育性的（表達性），但親子關係如果出現問題或子女行爲有些偏失，我們多半認爲那是母職角色的失能或失職，換言之，親職即母職。

先前曾經提到，生育子女是女性生命中的二件大事之一，對多數人來說，這也是婚姻的要求，它並且成爲女性存在價值的判斷規準（Basow,1992）。母親的角色對女性來說是必要的，而且這個角色向來被視爲是女性發展生命意義的主要目標，有些人甚至認爲這是必要的女性角色要求——不但要生育，而且要教養良好——或許，我們可以由下面的母職角色迷思中去探究或反省母親角色的意義。

(一)母職角色的迷思

當我們詢問幼兒：「小姊姊長大要做什麼？」多數的孩子可能會告訴我們：「長大了要結婚，然後當媽媽呀！」在我們的社會文化中，女性與母職是難以分開的，其中存在一些值得我們思考的不當想法，而這些迷思也在代間傳承中，強化了傳統的性別刻板印象，這些迷思包括了：

迷思一：所有的女性都該作母親，不然她們就是失敗者。

事實：母職角色並不是女性必要的角色之一，女性有權力依其發展狀況、能力及意願，並在外在條件配合下，決定是否扮演稱職的母親角色。

許多人，特別是有些宗教意識型態認爲女性不生育子女是自私的行爲（Dreyfous,1991）。這樣的觀點，使許多無法懷孕或生育的女性（不一定是自己的因素所致）充滿挫敗感和無價值感，甚至藉助科技來懷孕，以取代自然環境下無法受孕的罪惡感。

然而只有生育子女、懷胎十月是不夠的，母職還包括了養育及教育，社會化歷程使女孩自幼即為成為「一位好母親」的角色而準備，基於這樣的主張，大部分的女性被訓練成為母職角色（包括兩性關係中），甚至缺乏其它角色的選擇性，對女性來說，生命的價值與成就並不是與工作劃上等號，而是與生兒育女、子女能否成龍成鳳有關。這些訊息反映了對女性來說照顧子女，維繫良好品質的親子關係，發展良好的親職知能，遠比工作生涯的發展來得重要。

　　事實上，女性可以在生命中的其它層面或角色中找到肯定，並不是所有的女性都願意或都可以成為好母親的，因此由子女的幸福及福利來著想，我們必須瞭解母職角色必須是個體有能力、有意願的選擇，而不是強制性或習慣扮演的角色，否則因母職不適而導致的兒童受虐事件將難以避免。

　　迷思二：母性是女性本能
　　事實：根本沒有母性本能存在（Basow,1992；Shaffer,
　　　　　1996），教養子女、親職知能是後天學習來的。

　　我們由本書前面的章節知道，即使是表達性、養育性等性格特質也是存在著個別差異，而不應該視為性別差異。這項迷思即反映了父權制度中對女性角色的錯誤信念，認為所有的女性都需要子女，並且知道如何養育他們，這是天職（也是天份！）。事實上，我們每個人都是在社會化的歷程中由觀察學習或與嬰幼兒互動的親身經驗中來學習如何照顧嬰幼兒。我們或許都有如此經驗，自幼隨著父母去探望或逗弄親友的小孩、在幼稚園中照顧比我們年幼的小朋友，在小學中成為老師的小幫手，協助照顧自理能力較差或生病的同學，在這個歷程中，我們由經驗中培養了能力，男孩與女孩都能夠勝任愉快，並且沒有性別差異，除非社會要求女孩如此，却不允許男孩嘗試這類照顧性的角色，性別差異

才有可能形成。

此外，親子關係對母親來說，絕不是來自本能、天性，而是生物學基礎與後天互動而來。例如有些母親在生產時和哺乳時與子女建立了良好的依附關係，並且在情感上有了強烈的連結，母職對子女的愛與依附並不是與生俱來的，是在互動中發展的（Basow,1992）。

這項迷思和前項迷思一合併，就造成了「代理孕母」這種借腹生子的社會現象，這使得借腹的女性與代理生子的女性同時淪為男性主義社會制度下的附屬品，前者為無法成為母職而費盡心機，以免除社會壓力及不自覺形成的不當罪惡感，後者則被視為為金錢放棄親生子女的「壞」母親，前者博取了社會同情，後者面對社會的毀譽，卻都承受了性別角色刻板印象下的莫大壓力，其中主張傳遞宗族香火的男性角色却成為超然立場的一方。到了二十世紀末，更新的母職迷思也產生了，例如鼓勵在職場上擔任管理工作的女性留在家中並且生育子女、相夫教子，以維持「家庭功能」的「完整」運作（Basow,1992），因為視母職為天職，也是一項天份，因此必須善盡職責才是女性應盡的角色義務。

迷思三：所有的孩子都需要母親無微不至的照顧。
事實：孩子需要完善適切的照顧，並不只是來自母親，孩子
　　　也需要其他成人角色（如父親、保母、老師）的妥善
　　　照顧。

現在的孩子並不是只在「家」裡成長，從福利及教育的角度下，我們瞭解好的環境必須是能讓子女廣泛探索與接近的，母親並不是唯一能做到這些事的人，更何況親子關係對母親和子女來說，絕不是只靠「家」來維持的。Scarr（1990）指出，好的照顧、培養健康的子女首要在穩定的生活環境中，給與恰當的體能和智能刺激與引導、付出愛和關心，還有持續、體貼的照顧（引自

Basow,1992)，孩子所需要的發展、愛與滿足，不是只來自於原生母親的給與，除了母親之外，一樣可以由其他人那裡獲得，只要有互動就會有回饋，甚至於比母親所能給與的更好（Basow, 1992）。對子女來說，好的保母（包括母親，但不代表就必須是母親）才是成長必要的角色，子女由母親之外的人照顧並不代表他一定會受苦。

迷思四：「好」的母親是無私的，必須為子女犧牲一切。

事實：要成為好母親（或好父母）先要成為一個肯定自我、滿足自我需求的人。

雖然照顧孩子的需要對父母來說是很重要的，但對一個母親來說，有自己的需要絕對不是「自私的」，不管這些需求是工作、進修、朋友、運動，或是只是需要有自己的獨處時間。如果母親鼓勵孩子要有自我，那她也要有自我，孩子需要有個能平衡個人需求和他人需求的榜樣。有個為別人需求而犧牲自己或配偶需求的父母，或是有個為自己需求而犧牲別人需求的父母，都不能鼓勵孩子發展均衡的自我。母親的無私典範，也會增加孩子的負擔，他們必須達到母親的期望標準，這種母性的缺乏自我的影響更易讓女人被視為壞母親。她們應該表達的是自己的需求，不管是在性方面、工作方面或是個人方面。

在這些迷思中，我們不難發現一項有趣的訊息，孩子能否安全成長完全有賴於母職的角色實踐，否則孩子是脆弱的，容易受傷的。然而害怕母親不在家孩子會受到傷害的想法，事實上反映的是母親待在家裡可以符合男性的需求（女性做所有的家事、待在家中，可以削弱女性的職場競爭力，使男性對女性保有優越感）（Lowe & Hubbard,1979）。這種應為子女奉獻一切的無私意識存在於女性中而非男性，正代表男性把自己的需要放在第一順位，藉著提出所有孩子都需要母親（而且是親生母親）的口號，

來強化性別刻板印象中的角色分工。目前政府沒有經費建立高品質的托育制度，對於需要這種服務的迫切性來說，托兒所及托育中心的數量顯然是不足的（Scarr,1990；台北市社會局五科，1997；兪筱鈞等，1996），但是大部分家庭都需要這種服務，換句話來說，目前社會的母職迷思——而非母親——正使孩子陷入危險中。

所有女人都必須成為母親、所有孩子都需要母親，以及所有母親都需要孩子等迷思是非常普遍的。這些迷思的影響對女性是非常嚴重的，照顧孩子的責任限制了女性對生涯的抉擇（如工作或進修）。這些迷思也對女性造成工作歧視，因為有人認為女性懷孕的話，她們可能會辭掉工作，或者至少不是那麼專注在工作上，對於那些想要投入工作的女性來說，這些迷思造成了角色衝突，因為社會給與女性的支持實在太少了，缺乏高層次的兼差工作，也幾乎沒有合適的托育服務，這些迷思讓女性注定在生涯發展上失敗，也讓女性產生罪惡感，因為沒有一個女性能完全符合這些傳統母職角色的要求。

親子關係中的母親角色的確充滿樂趣，但未必使所有的女性都快樂。女性必須學習如何照顧她們的孩子，但是我們也必須瞭解孩子發展上和情感上的需求，可由其他不同的人身上獲得，而不只是經由親生母親一人而已。

在母親的經驗中有些共通點，但是由於個人因素（如性格特質、態度、健康）和社會因素（如種族、階級、工作和婚姻）的影響，仍存在許多差異。幾乎所有的女性都認為，母職的經歷在她們的生命中是一個主要的歷程，而且她們必須去因應和學習。最好的方法是讓母親能同時接觸子女照顧與工作（就是兼職的工作也好），在適切的壓力下，多重角色的扮演對大多數的婦女是適當的，但若壓力能再降低一些的話，角色扮演會有更好的效果。

目前對母職角色的關注不在於它是一個價值非凡的任務，而

是它關係著社會的未來，因此，只有打破有關母職的迷思，社會的支持增加，並且重視雙親的親職角色，而非單獨對母親賦予重責大任，我們才能期望有更快樂且更適切的父母及子女。

親子關係中的父職角色

在親子關係中，父親這一親職角色在性別角色刻板印象的影響下，並不像母親角色在歷史上受到學術研究的重視（Basow, 1992），這現象反映了父親在家庭這屬於「私領域」的角色缺位？或者暗示我們父親的角色功能明確，父子（女）關係僅是血緣關係？或提醒我們，親子關係並不是男性的主要涉足的場域？在中國的社會中，特別是父子軸的傳統社會性質，父親所代表的地位與權力是難以用親子之間的親密程度來衡量的，例如「孝道」，對父親的「孝」、「順」，而對母親則偏重「孝」爲主。似乎都反映出一個逃避的，有距離的父親角色（Basow,1992；彭懷眞，1996）。

一、父職角色的類型

在歷史的背景下，因時代的不同而對父親角色有不同的定義，父職角色與功能也有不同的詮釋，依據Pruett (1987) 的分類，可發現有四種類型的父職角色，並且根據Basow (1992) 的觀察，這四種類型在現今的社會中依然存在，或許你也可以檢視一下自己生活中所見到的父職角色是否也有這些類型。

(一)父親是道德啓蒙與教育者

在美國十八世紀及十九世紀早期，這是屬於鄉村經濟的時期，因爲父親的工作場所即其居所，子女在成長的過程中，隨時可與父親互動，因此父親所扮演的道德啓蒙及知識教育的角色是明顯的，特別在道德塑化及行爲上，子女往往跟隨父親的脚步。

㈡父親是家庭經濟的供給者

到了工業化時代，尤其是處於都市地區的父親，所扮演的父職角色是完全工具性的，一切以賺錢養家為主，至於子女的養育照顧責任，則委由母親角色來全權處理，換句話說，父親並不涉入教養子女、處理家務之類的女性事務，而以家之外的「公領域」為活動重心，對家庭與子女來說，父親扮演的是經濟支持與供給者。

㈢父親是子女性別角色的典範

在二次世界大戰之後，父親的角色有些變化，研究者開始關心父親角色缺位（在前述類型中）對子女性別角色發展的影響程度，以及據以強調父親角色對子女的重要性。在這階段，父親的性別角色典範被視為與子女互動、維繫親子關係的促成因素，因此父職的角色功能也在互動中深刻的影響子女對自己性別認同的看法及發展（參考第一章）。

㈣父親是兩性化的親職角色

在一九七〇年代之後，父親的兩性化角色開始浮現，即父親扮演工具性角色，也扮演表達性、養育性的角色，而以兼俱兩性化特質的教養行為表達新的父愛形式，這類父親角色多半積極參與子女教養及成長的歷程，並且分擔傳統母親角色的工作。他們或許在婚前就開始涉獵親職教育、性教育、兩性教育、婚姻與家庭等資訊，或許在伴侶未懷孕之前就參與成長團體，在懷孕時參與準父母團體，在分娩時全程參與，在產後提供對伴侶、子女的實際支持與協助，在子女成長過程中與伴侶共同扮演親職角色。

環視我們所存在的社會中，這四類型的父親角色其實仍然存在，雖然我們普遍期待第四類的父親增加，然而我們仍然可以發現第二類工具性、以賺錢養家為主的父親仍為多數，這反映了傳統性別刻板印象對父職角色的影響。在不少少年、青少年的心目中，父親所扮演的就好比是「提款機」，子女只要依照規則、規範

行事，就取得經濟支持，就好比當提款卡取得認證，提款機就會吐鈔，而不論持卡者是誰或者為什麼要提款。當然這樣的形容略顯極端，但不容否認，許多子女在向父母要錢時，母親較常問東問西（囉嗦）父親較乾脆，在傳統性別刻板印象的影響下，似乎父親比母親重視子女行為的結果（final product）而較不在乎其過程（process）。其實，在新近的研究中，我們發現父親一樣重視子女的養育、成長歷程，只是較不善於表達情感上的關切，而容易形成對父—子（女）溝通模式的誤解。

二、父愛的重要性

　　父愛對子女的重要性是不容忽視的，而父子之愛更是男性成長歷程中相當必要的。研究顯示，男性也渴望有自己的子女來臨，並不是我們一般所認為女性比男性較期待子女，Astin（1991）在研究中發現，有三分之二以上的男性表示撫育子女、照顧家庭對他們個人來說是「必須的」，也是「相當重要的」。但是部分男性在扮演親職角色時，的確與女性視為人生歷程及社會期許不同，他們較會抱持著一種角色衝突的態度來面對這些都被其視為相當重要的事：婚姻、親職角色以及工作。他們會擔心子女的到來是否會拖累他們的能力（Goleman,1984），形成過重的負擔與壓力，所以男性在面臨是否要決定有個孩子時，多半是相當困擾的。

　　在傳統性別刻板印象的社會化歷程中，男性體認並自信於扮演好的工具性角色，和子女之間的互動及溝通也傾向於形式化或不具表達性，父愛的表達是深沈而有距離的，我們可以在不少文學中發現對父愛的描寫總是那麼的沈穩內斂，父愛其實存在，只是受限表達形式，有時子女體會或認同時却失去了珍惜的機會，站在親密關係的立場上，如果能及早明確地跳脫父愛形式的刻板性，對父親及子女都將是更有利的影響。

　　父愛所傳遞的除了親情與信任之外，對子女而言，特別是對

兒子來說，也是其學習愛及表達愛的重要方式。當子女在性別角色認同的歷程中，學習了父職角色的行為，態度與信念，同樣地也學習情感、情緒的表達模式，以兩性化父親角色來傳遞親密關係的正向模式，對子女，特別是兒子來說，是最理想的社會化，也是打破傳統男性性別角色刻板印象代間傳承循環的最佳方式。

三、父子（女）關係的障礙

父愛是重要的，然而即使男性體認性別角色的彈性可以促使自己成長並影響親子關係，但是仍然有些因素影響了男性在扮演父親角色時的實際表現。

㈠對母親角色的迷思

許多人認為只有母親才能夠和子女建立親密的親子關係，事實上這是對「母親角色」的迷思，因為男性（父親）同樣具有和子女建立親密關係的能力。如果抱持著這樣的錯誤信念與態度，則容易導致男性認為「父親」的角色是次要的。就如同我們在先前段落所討論母職角色一樣，親職角色與功能並不是來自本能或反射行為，而是後天學習而來的，換句話說，養育行為來自學習，親職功能亦來自對責任的學習和實踐，親子關係（尤其是父子關係）更是可以透過學習而培養、提升品質。在Harlow（1958）有關猴子的一項著名研究中，我們可以發現母職功能的關鍵並不是在於母猴提供食物（工具性），而是在溫暖關懷的身體接觸（表達性）（Basow,1992），這一關鍵能力，並無性別差異，男性與女性都可透過後天學習而塑化，所以，父親與子女的親子關係，並不應該受到母親角色迷思的誤導而生疏。

此外，由男性的社會化歷程中，我們可以發現他們並沒有一個良好的父職角色典範。在他們的童年生活中，甚少被鼓勵玩扮家家酒或玩洋娃娃等遊戲，因此自幼即缺乏扮演或精熟父職角色與功能的經驗，而且他們多半傳承了傳統的刻板男性化角色，並

且成長自性別不平等待遇的環境中,例如謝臥龍和駱慧文 (1995)
指出,在幼稚園中老師介紹玩具時,通常都讓男性來示範聽診器,
而請女生示範洋娃娃。即使到了學齡階段,教科書所呈現的「男
優女劣、男尊女卑」更顯示女性的養育行為以及私領域、配角等
情況,這些現象在社會化歷程中導致男性無法學習一個良好且恰
當的父職角色,因此,當男性與幼兒或子女接觸互動時,會感到
茫然與恐懼,這主要的原因與其缺乏學習及訓練經驗有關。

　　造成對母親角色的依賴與迷思,以及認為父親不善扮演父職
的情形,兩性都必須負擔責任並且挑戰性別刻板印象。在許多家
庭中,女性可能不鼓勵丈夫去照料子女,這可能是女性認為是自
己「分內的事」而該當仁不讓或勉力而為。但是「分內」指的是
什麼樣的角色 (role)?母親或親職?我們瞭解母親與父親是基於
生物學上性的女性、男性差異而區辨,但是二者的共稱為「親職
角色」是不變的,因此這種「分內」的想法,事實上也剝奪男性
學習與發揮的機會。同時,男性在家庭與親子關係中多半扮演紀
律規範或諮詢顧問的角色 (權力與專業),例如當子女要求買「一
輛摩托車時,母親多半會說「問爸爸去」或「爸爸同意了再說」。
這些情況顯示傳統以來總認為「父親知道最好的」(father knows
best),當然這句話也隱含了對於父親以「權」制人的反諷意味,
畢竟父權至上並不是兩性平等及家庭平權推動者所樂見的。

(二)性別形成

　　另一項阻礙及影響父職角色扮演的因素是男性的性別形成。
「男性化」性格阻礙了父子關係的發展,男性在表達情緒及感情
時會覺得不自在,所以容易妨礙與子女親密關係的品質。事實上,
年幼的孩子並不是靠著說服性溝通或說理就可以影響的,他們需
要的是更多情感表達及依附關係(Feeney & Noller,1996),當然
也不是以粗暴的對待、羞辱或獎賞就能得到親情的慰藉或滿足。
此外,由於男性化特質中隱含了社會對其工具性特質具體作為的

期許（如功成名就、出類拔萃等），因此男性對親子互動（特別是情感及親密的分享）的重視程度，多半受到身為家計供給者此一角色壓力的影響而涉入不深。目前在社會變遷下，許多男性投入養育子女及照顧子女的行列，但是由文獻中並無法切實瞭解男性增加養育行為是基於其性格中隱性的養育性特質所導引，或是在參與養育行為的經驗使男性願意繼續投入，或是基於社會期許及價值觀轉變所致，但是，只要男女兩性在行為及態度上均能較具彈性，相信都將有利於親職角色的扮演及功能發揮。

(三)職場生態

在生涯的發展上，男性與女性多半會在生命歷程中投入工作職場，男性在傳統刻板印象裡更是必須基於生計提供者的角色而汲汲營取職場的優勢，以鞏固自己「角色上的價值」（這部分請參考第十章的詳細說明）。Lawson（1991）指出，男性如果從事父職的養育工作，將形成職場上的損失，或降低競爭力（特別企業托兒福利服務並不普遍）。志願投入父職工作的男性更必須面臨來自社會的壓力，例如工作較易分心、較缺乏效率、工作上拖泥帶水，然而，實徵研究顯示，具有傳統男性職責（如養家）與兩性平權發展信念愈強的人，其工作承諾愈高（王叢桂,1996），或許這現象提醒我們，男性投入育兒等養育行為是在於其家庭承諾的實踐程度，並不應視為對其工作承諾或績效會產生排擠效應，因此，這似乎暗示男性比女性更習於接受社會期許和傳統的角色定位，所以當社會價值發生變化（如兩性平權）時，部分男性則順勢轉變自己的親職角色與功能（例如新好男人），以符合社會的接納程度。如果這轉變是一種可能的話，更顯示父職角色與其功能的確應視為長期教育的目標。

四、父職的經驗

雖然父親與子女建立親密的親子關係上遭遇一些障礙，如先

前提到的對母親角色的迷思與依賴、父親角色的刻板印象、工作環境及福利等，但是擔負親職的角色對男女兩性都是重要的經驗。在這一節，我們將討論男性父職角色的發展，並且針對不同類型的父親角色來探究他們的親子關係。

㈠父職角色的發展

● 新生兒

男性在什麼時候開始關切孩子？或許是在他們與子女開始有親密的感覺時，研究顯示，這種感覺大部分是發生在子女出生時 (Daniels & Weingarten,1988；Thea, 1996)。一般來說，當伴侶懷孕，即將成為父親的男性會深刻地感受到懷孕是兩人雙方的重要事件，也會對即將來臨的孩子產生期待及情感依附，猶如 Duckett (1990) 所稱的「腹部的同理」論點 (Basow,1992)，即將成為新生兒父親的男性會經歷著某些像是懷孕般的感覺。近年來，參與分娩過程的父親也有增加的趨勢，這情形在國外尤為明顯。Thea Sprey-Wessing (1996) 指出，在德國的家庭教育中心為初為人父者安排全方位的分娩準備，並依初為人父者、新生兒第一年不同階段設計家庭與親職教育課程，課程中除了使男性成為伴侶分娩的協助者之外，更著重在父親與其他父親之間的感受分享，協助他們發展父職角色、交換彼此的擔憂與喜悅。

這種伴隨新生子女來臨的準備與經驗，會增加父親與子女之間的依附關係與情感連結，使得親子關係不僅只是建立在生物學的血緣關係上 (Ainsworth,1989;Feeney & Noller,1996)，這種相對而來的依附關係，將有助於父親、子女彼此親密關係的發展，互動品質也較能跳脫男性性別刻板印象的限制。

在先前段落中，我們瞭解父職技巧與教育訓練及經驗有關，如果當子女出生便將父親隔離，父親就會因互動減少而限制了養育行為，相對地也降低對照顧幼兒的責任感，因而缺乏照顧和互動的經驗，更容易喪失對子女需求的敏感性。在我們的社會中，

當女性分娩之後，多半回到娘家或坐月子中心「坐月子」調養體能，新生兒的父親並不伴隨同住，多半是利用下班或假日再前往探視妻兒，無形中便與新生兒產生距離，即使分娩後住在家中，傳統觀念下也會出現妻子或母親照顧嬰兒，並儘量避免干擾男性工作為主。例如，當新生兒夜半啼哭時，起身安撫的多為女性（妻子、母親或岳母等），這情形可能來自兩個因素：(1)認為照顧子女是女性的應有責任(母親角色的迷思)；(2)認為男性不具備此照顧養育的能力，深怕愈幫愈忙。事實上，由本書的論證中，不難發現，這純粹是性別刻板印象所致。因為養育行為是可以學習而來的，的確有個別差異，却不應以性別來區分或剝奪。

研究顯示，如果父親在伴侶的鼓勵下投入育兒行列，將會投入最多並且持續（Berman & Pedersen,1987），同時來自家庭與其他親友的社會支持，也會使父職角色的發展更具有績效，鼓勵與回饋不但可以協助父親在扮演親職角色上盡力而為，更可以協助父親發掘性格中表達、養育性的特質潛力。然而研究也發現，與女性相比，男性在親職角色的扮演上較容易受到環境的影響與中斷，這可能是男性在社會化歷程中較不重視親職角色的發展，並且也缺乏一個良好的學習典範所造成的。

• 幼兒

當子女漸漸長大，對父職角色的期待也不同了。新生兒時期的父親，在母親角色的迷思下，仍有大部分的父親視照顧嬰兒為母親的責任與權利，然而當嬰兒成長為幼兒階段之後，父親會開始關切子女的性別角色認同之發展，特別是對於男孩（兒子），父職角色似乎以「指導」其性別認同為主要責任，並且協助兒子完成男性的性別典範，對子女來說，性別認同的發展會在重要成人（父／母）的協助下透過社會化歷程來達成（參考本書第一章）。然而我們很清楚地知道，如果要破除傳統上性別刻板印象的固著及因循，當子女發展性別角色認同時，父職角色更應扮演兼具兩

性化特質的彈性態度，同時協助子女自幼發展兩性平權的觀念與
行爲。

● 學齡兒童

當子女在學齡兒童階段時，父親多半是以周末的時間來陪伴
子女，可能和子女同處一室而不雙向互動（如共同觀看電視却無
深刻對話）或只是陪伴而已。LaRossa（1989）曾經指出這種只
有人在場却不太在乎子女身體和情感需求的親子互動，可以稱爲
「機械性的出席，却在功能上缺席」的父職角色。即使如此，有
父親的陪伴對子女來說仍是相當重要的。在目前我們所處的社會
中，不難發現這類情況的普遍，例如有些家庭全家共進晚餐，都
是一家人圍在茶几旁的椅子上，各端一個碗，目不轉睛地注視電
視螢幕，甚至於一句對話也沒有，即使有笑聲也可能是各自發出
而無互動；或者母親外出，請父親在家協助照顧子女，父親則端
坐沙發看報，面對子女跑進跑出皆無反應，這是相當普遍「看」
孩子的父職典型。然而實徵研究顯示，父職角色不僅在於協助子
女性別認同的發展，當父親參與及投入更多育兒及教養行爲時，
女兒會更獨立自主，而兒子則更具自信與能力（Basow,1992），所
以，家有學齡兒童的父親或許更宜在親子關係的親密性與互動品
質上努力。

● 青少年

這階段的父職角色相當艱難。親子關係在歷經先前的冷淡與
形式化之後，父親在擁有子女的親密關係上是不如母親的。雖然
許多研究指出青少年的親子關係較具衝突性（如郭靜晃，1988等）
但亦有文獻指出此時親子關係的品質與先前親子間依附關係的品
質有關（如Feeney和Noller,1996等），然而由親密關係的本質來
看，青少年雖然有其發展上的特性（如自我分化與獨立自我形成
的種種衝突），但是如果自幼就發展了良好的依附關係，在青少年
階段將會有更理想的親子關係，因爲父母已成爲情感上的安全堡

疊。父職角色由於先前的投入不多，所以在此時期的親子關係上較容易受到子女發展上的變化所影響，例如羅國英（1996）指出的：(1)青少年與父母共處時間變少。(2)青少年與父母情緒上的親密度減低。(3)青少年漸漸不願將許多事的決定權交給父母。(4)青少年與父母的衝突增加，對家庭的滿意度減少，在這些變化的影響下，父職角色所面臨的壓力與衝擊是極大的，除非父親與子女建立有緊密的依附與親密、良好的溝通、互動模式，並且對子女的性別刻板印象減低（如對女兒與兒子的要求有雙重標準），否則親子關係是容易產生衝突的。

- **成年子女**

當子女成年，父職角色較能感受到親情的回饋。但是，存在父與子之間「男性優勢」的微妙關係是不容忽視的，在如此男性刻板印象的影響下，父與子之間並不容易表達情感與愛，即使表達了也是相當的保守。例如在影片「河流」劇情中，父親對兒子愛的表達並不是在口語或肢體互動上，而是表現在行為上（如，四處奔波載兒子就醫治療歪脖子的病），如此父愛的呈現更是明顯傳達中國人保守之情。研究顯示，許多成長之後的成年男性，最遺憾的是他們沒有和父親發展出親密的父子關係（Gobriel, 1990）。對老年父親來說，他們更渴望得到父子之間的親情回饋（劉秀娟，1997），並且從中感受到生養子女的世代傳承是綿延不斷的，這也突顯出父職角色對子女或父親本人來說，情感性與工具性都是同等重要的，並且父職角色就如同母職角色般，會在投入中有所成長。

㈡特殊的父職角色

在親子關係中，由兒童權利及福利的角度來看，子女都不應成為家庭解組或結構改變下的犧牲品，換句話說，讓兒童擁有來自雙親的親職角色是我國目前兒童福利政策下的理念。然而在實務上，有些特殊的父親角色反映了其在扮演親職角色及親子關係

經營上的有限性。

- **單親父親**

　　單親在社會中的成長比例是相當高的（張英陣，1996；鍾思嘉，1997），單親父親在工作與親職上並不容易兼顧，因為他們大部分長期缺乏與子女互動的技能，或者在單親之後將父職委由家中其他女性（如母親、姊妹或女兒）來取代，自己以工具性角色為主，不論這樣的選擇是因為對育兒行為的生疏或抗拒逃避，却都反映了父職角色及功能的缺失。

- **未擁有監護權的父職角色**

　　在我國民法的修正中，監護權的歸屬是以兒童最佳利益為考慮依據（參考附錄兒童福利法、兒童福利法施行細則），並且修正為非訟事件處理的方式，因此年幼的子女歸母親監護的比例已較為提高，未擁有監護權的父親仍必須盡到撫養的責任，否則視為遺棄子女，在擁有親權及撫養義務與責任下，這類父親可能與子女見面時數有限，也不易發展親密的親子關係，或者淪為「百貨公司爸爸」、「樂園爸爸」，變成以物質、遊樂來取代親情，形成酬賞式的父職角色以彌補角色缺失，Furstenberg (1990)研究發現，在子女二歲前，有三成的孩子是一個月或更久時間才會碰見父親一次，此外，未擁有監護權的父親對待子女有性別差異，對兒子的探視頻率高於女兒，這呈現了相當刻板的信念：父職是以工具性為主的（所以缺位時可以用物質彌補）、親子關係以父子軸為主流（兒子是香火的傳遞者、重男輕女的觀念）。

- **父職退縮的父親**

　　有些男性在社會化歷程中缺乏父親典範或父親角色缺位，因而對父職角色的扮演產生退縮的情況，也不清楚如何和子女互動，親子關係的互動反而形成父職上的一大壓力或挫折來源，這些父親容易對父職角色產生退縮與逃縮的作法，也不容易與子女發展親密的互動關係。

● 未婚的父職角色

　　在社會上，未婚的父親數目是難以推估的，因為我們難以確定其性伴侶的數目及性行為的後果，但是未婚的父職角色的確存在。當然有些父親根本就不知道自己有子女，但是對育有子女卻未婚的男性來說，其父職角色的扮演是相當困阨的。未婚父親可能迫於現實，如青少年（未成年父母）、外遇、嫖妓等因素所生下的子女，而難以撫育（如能力不足、環境不允許、志願放棄等），沒有和伴侶結婚可能會遭到極大的社會壓力或內心的自責，而且無法參與子女成長也會成為對親子關係的失落感。

　　「新父親」在現在的社會中，指的是具有養育性及情感表達能力的父親，他們能親密的與子女互動，參與子女的成長，共享生命中的事物，的確，愈來愈多的父親比以前更加願意分擔家務與育兒工作（Basow,1992;王叢桂，1996），男性以家庭主夫、家庭管理為主要生活重點或工作的人也呈現了父職角色的多元化。雖然父職角色反映了傳統父親優勢的情況，但是即使父親在參與子女的生活上扮演較小的角色，仍是應加以鼓勵與肯定的，因為對子女，伴侶及父親本身，都是值得努力的學習經驗。

第九章
勞動生產力與權力

男：你在唸博士班啊！不容易喔。主修什麼呢？

女：家政教育。

男：哦……家政還有博士班啊？是不是畢業之後就可以到總統府當國宴的主廚啊！

女：當國宴主廚和讀家政教育是兩回事。我主要的研究興趣是關於家庭中親密關係與教育。

男：啊……剛剛開玩笑的啦……那就是賢妻良母了嘛！

女：是不是賢妻良母和讀家政教育也沒有什麼直接關係。

男：那就奇怪了，你唸家政要做什麼？還辛苦的唸到博士班，除了賢妻良母還有什麼工作可以做呢？

女：抱歉，你可能不瞭解家政教育的本質和內涵。家政教育的確會協助個人有良好的自理能力，但是更重要的是會讓人學習尊重他人的角色與選擇。

——劉秀娟，台北，1997

　　在這引言對話中，至少反映了幾項與性別刻板印象有關的迷思：(1)傳統印象中以女性為主的教育居然有博士班這樣研究與科學嚴謹的學習。(2)女性接受教育在於完成「女性」角色（如賢妻良母）。(3)女性工作是不具生產力的。(4)女性讀博士的投資是不符合經濟效益的（除非工作是符合男性社會認可的），女性的工作是以受支配、服務性為主。就如同第三篇開始我們所討論的，性別角色和刻板印象嚴重的影響個體發展的各個層面，以深切地影響個體的人際關係。事實上，性別角色反映了社會的和職業的角色組合，就如同我們在第一章所提到的社會角色理論之解釋一樣，性別角色的刻板印象其實是反映了男性和女性在社會生產力上所被期待的角色。女性被期待成為「賢妻良母」（是以社會認可為主的，當事人及其家人認可次要），即被鼓勵發展養育性—表達性的特質，男性則被期待成為有薪階級並能維持家計的養家者，因此

發展出主動性—工具性的特質是受到盼望的。所以，即使女性具有工具性特質、勞動生產力，也多被期待從事服務性的工作，如護理、教學、社會工作、事務性工作等，而男性則適合與領導能力及勞動生產有關的工作，如管理、政治、勞務等。

　　但是男女兩性在勞動市場上的社會地位又如何呢？我們可以發現男性多為優勢的支配者（如決策者、管理者），女性多屬於受支配或服從的地位，這些情況究竟是受到性別刻板印象的左右或是來自其它因素的社會影響？或許我們可以逐一加以檢視，並且探索勞動市場上對職業性質的認同與看法，以及性別上的差別待遇。

勞動生產力的模式

　　基本上，男性或女性的勞動生產力，已經受到就業市場中雇用關係、薪水和權力地位的情況所影響，我們可以在本章引言對話中發現，男性的優勢情結相當明顯地被運用在對任何女性求學就業的分析上，女性的勞動生產力必須符合這父權優勢思考下的模式，否則是「不合邏輯的」作為。這是挺有趣的現象，彷彿男性建構勞動市場的主體（工具性特質的社會期許使男性投入所謂的公領域），並且在其中競爭、合作且勞動不斷（忙得像個陀螺般轉個不停），同時對闖入其中發揮生產力的女性充滿防衛心態，對自己所肩負的工具性能力滿懷危機意識，於是制定各種遊戲規則（如單身條款、禁孕條款、薪資結構不同），透過次級文化來主導勞動生態（如應酬文化、性騷擾），期使女性回到私領域或成為男性向上攀升的助力。這不全然是來自男性缺乏自信的告白，因為造成勞動參與生產力模式差異的情況非常多，性別刻板印象的影響是相當重要的，也使得兩性關係的發展在勞動市場中顯得緊

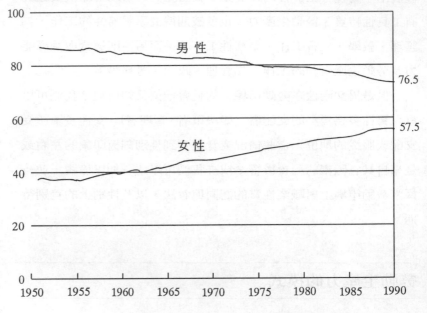

勞動力的人口百分比

男 性

76.5

女 性

57.5

圖 9-1 女性和男性勞動參與的比例

資料來源： Basow , 1992. *Gender Stereotypes and Roles*. p.261.

張，並且對兩性雙方的生涯發展和平等待遇的期待都帶來了衝
擊。

一、勞動參與率

　　雖然目前反對女性就業的想法已漸漸消失，許多女性視工作
與家庭角色可以整合為一，並且角色之間可以彼此增強角色的功
能（如將有效家務管理的技能運用在辦公室的績效上）。在**圖 9-1**
中可以發現兩性參與勞動生產的情況有逐年拉近差距的趨勢。由
於女性參與勞動的比例上升，使得存在於女性角色的兩大問題突
顯出來，一為子女照顧工作，另一為工作角色的薪水，此外，女

性對兼顧兩份工作（家與職業）的態度也是值得我們瞭解的。

在美國，有一半以上的就業婦女是已婚女性，其他未有婚姻的女性則包括了分居、離婚及守寡的女性（National Commission on Working Women,1990，引自Basow,1992）。這些人口數尚不包括兼職或鐘點工作的女性，因此可以發現女性事實上有大部分的人口投入勞動市場，而美國勞工局則表示在一九九一年全國勞動人口中有46％為女性（Basow,1992），並且都預測了未來會有持續增加的趨勢。在臺灣地區，詹火生指出近幾年來的調

表 9-1a 勞動力參與率（按年齡分）

年別	年齡(歲)	15-19	20-24	25-29	30-34	35-39	40-44	45-54	55-64	65以上	總計
全	1988 年 5 月	24.6	66.5	75.4	76.1	76.8	76.2	69.2	50.2	9.3	59.1
	1989 年 5 月	24.0	66.4	77.1	76.7	77.2	77.5	59.8	51.0	10.7	59.9
	1990 年 5 月	22.0	64.7	76.5	75.4	77.0	76.0	58.8	48.9	9.0	58.7
	1991 年 5 月	20.0	64.2	77.6	76.3	77.2	77.7	69.6	50.2	9.9	59.1
部	1992 年 5 月	19.4	63.9	77.7	76.4	78.6	77.5	69.6	49.3	9.1	59.1
	1993 年 5 月	18.2	62.8	77.0	76.6	78.5	78.2	69.8	49.7	9.5	58.6
	1988 年 5 月	23.7	68.6	94.1	97.7	98.5	97.4	93.4	68.7	14.4	73.7
男	1989 年 5 月	23.4	70.5	94.4	97.5	98.5	97.9	95.0	70.7	16.5	74.7
	1990 年 5 月	20.3	67.6	93.8	97.3	98.0	96.6	94.2	68.3	13.8	73.3
	1991 年 5 月	20.0	67.6	93.6	98.0	98.2	97.8	93.6	70.2	14.9	73.6
性	1992 年 5 月	19.0	68.0	94.6	97.4	98.4	97.4	93.7	71.1	13.6	73.8
	1993 年 5 月	17.9	65.3	93.5	97.0	97.8	97.3	92.7	70.3	14.0	72.4
	1988 年 5 月	25.5	65.2	56.5	53.9	54.5	54.4	44.4	25.4	3.5	44.5
女	1989 年 5 月	24.7	63.7	59.7	55.2	55.4	56.4	44.0	25.0	4.1	45.0
	1990 年 5 月	23.7	62.8	59.0	52.9	55.5	54.8	43.0	24.6	3.5	44.0
	1991 年 5 月	20.9	62.0	61.4	54.1	55.8	57.1	45.3	26.2	4.1	44.7
性	1992 年 5 月	19.8	60.6	60.6	54.6	58.1	56.9	45.3	24.2	4.0	44.3
	1993 年 5 月	18.6	61.0	60.4	55.8	58.7	58.6	46.4	26.6	4.2	44.7

資料來源：詹火生 ,1995.〈婦女勞動政策篇〉, p.104.

表 9-1b　台灣地區有偶女性勞動率（依子女年齡趨勢分析）

	1981	1985	1990	1991	1992
有 18 歲以上子女	22.15	27.92	29.10	32.00	30.30
有 6-17 歲子女	39.93	49.06	52.10	52.63	54.30
有 6 歲以下子女	28.16	38.99	43.70	44.40	42.30
無 6-17 歲子女	26.55	36.88	43.30	42.80	41.20
無 6 歲以下子女	31.22	42.89	44.30	47.40	44.20
尚無子女	39.30	48.64	55.20	60.50	58.20

資料來源：王麗容 , 1995 .〈家庭結構變遷與兒童照顧政策〉. p.223.

查資料顯示，男性的勞動參與力一向高於女性，且高出將近三十個百分點，換句話說，在臺灣男性比女性擁有更多工作機會且為勞動生產力的主控群體（詹火生，1995）。由**表 9-1 a，表 9-1 b**可以發現在二十五歲之前的兩性勞動參與並無顯著的差別，但在二十五歲之後，差別則隨年齡數上升而擴大，尤其在生育年齡（二十五歲到三十九歲）之間，女性比男性低40%，四十歲之後的女性則差距達45%，及至六十五歲(退休)差異才縮小，但也達9.5%。與美國兩性參與率將近一比一的情況（男性略高）相較，臺灣地區兩性在勞動力的參與情況上相當懸殊。詹火生（1995）指出，女性勞動參與的比率和整體經濟環境有關，並受到經濟復甦程度的影響（正相關）。

　　女性參與勞動市場的因素很多，或許與經濟需求、教育提高或者獨立需求、生涯發展有關，雇用的需求變化也具有影響力，我們將在以下章節討論女性勞動參與率提高的原因。

㈠經濟需求

　　對核心家庭來說，擁有兩份薪水的確使生活較舒適，尤其在台灣地區房價、物價都呈現逐年攀升的情況，如果能多一份妻子外出就業的所得，是頗有利於家庭收入及生活品質的，然而王麗

容（1995）研究指出，台灣地區女性仍然保有相當程度的「男主外、女主內」觀念，也持有典型的男尊女卑、男主女從的信念。由其文獻中可以發現無論女性目前（1994）是否就業，對女性參與勞動市場的看法，只有二成到二成半的女性認為是基於經濟環境不好，妻子才會外出就業，投入勞動市場，而有六成到六成半的女性不認為是基於如此的經濟需求，而有六成以上的受試者表示「在一個正常家庭中，丈夫外出賺錢養家，妻子在家料理家務是較好的安排」，再參考**表 9-2**，更可以清楚發現女性對於傳統性別角色是相當奉行的，而且不論受訪女性有沒有工作，約有六成以上的女性認為女性投入發展自己的事業會影響家務及子女照顧，在研究結果中，我們發現女性認為「正常家庭」（註：該研究之界定）應為男性掌經濟來源，女性料理家務，使丈夫無後顧之憂而能專心在職場工作，因此當女性投入就業市場時，較抱持著「添點收入」、「有自己的錢」、「隨時回家」的工作態度，較少視為生涯規劃的一部分。這是否顯示台灣地區女性如果投入勞動市場並不是基於家庭經濟需求？其實不然，因為若由職業婦女的年齡、工作性質及婚姻、育兒狀況來分析（參考王麗容，1995；馮燕，1996；彭懷真，1996等相關資料），基於改善家庭經濟，仍是相當明顯的，只是職業婦女仍保有傳統性別刻板印象。此外單親家庭（張英陣，1995）之女單親就業就是以滿足經濟需求為主，家有幼兒婦女是否就業則視就業所得效益是否大於付出保母費而定，多半仍是以經濟因素為考慮重點。

㈡**教育程度**

女性教育程度提升，有更多女性獲得大專以上的學歷及學位。而目前教育部又努力開放更多學習的機會，如隔空教育（例如國立空中大學、國立臺灣師範大學家政學系的空中家專）、遠距教學（如國立臺灣大學等）、技職教育、成人進修推廣教育（授予學士、碩士、博士學位）等，都使得民眾有更多機會提升教育程

表 9-2 台灣地區有工作能力之非勞動力未參與經濟活動之原因

		想工作而未工作		求學或準備升學		料理家務		其他		總計	
		人數(千人)	%	人數(千人)	%	人數(千人)	%	人數(千人)	%	人數(千人)	%
全部	1988年5月	74	1.6	1690	37.1	2467	54.2	325	7.1	4556	100.00
	1989年5月	74	1.6	1688	37.3	2452	54.2	310	6.9	4524	100.00
	1990年5月	80	1.7	1739	36.9	2566	54.3	339	7.2	4724	100.00
	1991年5月	85	1.8	1777	37.5	2555	53.9	322	6.8	4739	100.00
	1992年5月	68	1.4	1809	37.6	2621	54.5	315	6.5	4813	100.00
	1993年5月	76		1926		2566		334		4903	100.00
男性	1988年5月	44	3.6	888	72.3	11	0.9	286	23.2	1229	100.00
	1989年5月	45	3.8	859	72.5	10	0.8	271	22.9	1185	100.00
	1990年5月	51	4.0	896	71.0	20	1.6	296	23.4	1263	100.00
	1991年5月	52	4.1	911	72.3	14	1.1	283	22.5	1260	100.00
	1992年5月	45	3.6	911	73.2	7	0.6	280	22.5	1244	100.00
	1993年5月	53		979		9		291		1332	100.00
女性	1988年5月	30	0.9	802	24.1	2456	73.8	39	1.2	3327	100.00
	1989年5月	29	0.9	829	24.8	2443	73.2	38	1.1	3339	100.00
	1990年5月	29	0.8	843	24.4	2546	73.6	43	1.2	3461	100.00
	1991年5月	34	1.0	866	24.9	2541	73.0	40	1.1	3480	100.00
	1992年5月	22	0.6	898	25.2	2614	73.2	35	1.0	3570	100.00
	1993年5月	23		947		2557		43		3570	100.00

資料來源：詹火生，1995.〈婦女勞動政策篇〉，p.106.

表 9-3　　初婚年齡統計表

年別	男（歲）	女（歲）
1971	28.8	22.8
1975	27.1	22.7
1980	27.9	24.3
1985	29.0	25.5
1990	29.8	26.5
1991	29.9	26.7
1992	29.9	26.7
1993	30.6	27.8
1995	31.2	28.8
1996	31.6	29.5

資料來源：1. 歷年＜台閩地區人口統計＞，引自簡春
安，p. 73.
2. 內政部＜臺閩地區重要人口指標＞, 1996.

度。女性在此情況下，更容易取得教育資源，使自己更具參與勞動市場的能力。此外，當教育程度提升，擁有第二、第三專長使得女性在勞動市場上較能爭取公平待遇，也較有積極的工作態度並作生涯規劃。同時在婚姻與育兒經驗之前，如果女性具有較好的教育，也較容易在畢業後投入工作，並且習慣經濟獨立的生活，因而具有婚後工作的動力（Basow,1992）。此外，由於生育子女數降低，女性晚婚（請參閱**表 9-3**）、女性擔任母職的年齡也較晚，投入勞動生產的比例也就向上提升。

㈢受雇需求

　　企業界在考慮人力資源、競爭力與成本等因素下，提供以女性為主的工作機會增加，例如服務業及教育事業等。此外，由於女性教育程度提升，專業性高的工作也讓女性有發揮專業能力及理想的空間，例如餐旅管理的管理人才不再只是男性天下，而業務性推展工作也以工時彈性、薪資結構良好或獎金高、福利佳吸

表 9-4　台灣地區歷年受雇男女的行業比較

行　業　別	男(千人) A	女(千人) B	(%) A／B	男(薪資) C	女(薪資) D	(%) C／D
全體						
1975	1022	755	13.9	22745	12545	55.2
1980	1733	1395	80.5	62792	39806	63.4
1985	2078	1744	83.9	110292	71920	65.2
1990	2082	1725	82.9	185438	125377	67.6
1991	2045	1697	83.0	204160	139395	68.3
1993	358	2400	67.5	31366	20698	66.0
農、林、漁、牧業						
1975						
1980						
1985			(原始資料欠缺)			
1990						
1991						
1993	73	32	43.800	23554	11771	50.0
礦業、土石採取業						
1975	56	8	14.3	5582	2174	38.9
1980	41	8	19.5	12699	5835	46.0
1985	28	5	17.9	17524	9022	51.5
1990	16	3	12.8	28094	15020	53.5
1991	15	3	20.0	30523	16932	55.5
1993	14	3	21.4	34996	21833	62.4
製造業						
1975	730	671	91.9	-	-	-
1980	1003	993	99.0	-	-	-
1985	1283	1176	91.7	15402	9726	63.4
1990	1239	1021	82.4	26941	16395	60.9
1991	1204	982	81.6	29904	18119	60.6
1993	1223	937	76.6	28971	16906	58.4
商業						
1975	-	-	-	-	-	-
1980	303	201	66.3	11203	5760	51.4
1985	336	296	88.1	16595	10242	61.7
1990	374	356	95.2	27459	19078	69.5
1991	369	361	97.8	29535	20947	70.9
1993	433	394	90.9	38678	20203	70.4

（續）表 9-4　　台灣地區歷年受雇男女的行業比較

行　業　別	男(千人)	女(千人)	(%)	男(薪資)	女(薪資)	(%)
	A	B	A／B	C	D	C／D
運輸倉儲及通信業						
1975	163	38	23.3	5815	4589	78.9
1980	199	54	27.1	11579	8610	74.4
1985	207	58	27.8	18532	14058	75.9
1990	205	61	27.8	30531	24336	79.7
1991	205	60	29.3	35099	28497	81.0
1993	268	73	27.2	35553	27668	77.8
金融保險、不動產及 工商服務業						
1975	73	38	52.1	11348	5982	51.0
1980	96	52	54.2	16559	10492	63.4
1985	112	85	75.9	26353	17628	74.5
1990	134	140	104.5	43884	30855	70.3
1991	138	145	105.1	47496	33096	69.7
1993	129	129	100.0	38135	26796	70.3
公共行政、社會服務 及個人服務業						
1975	-	-	-	-	-	-
1980	91	87	95.6	10752	9109	84.7
1985	110	124	112.7	13886	11208	70.6
1990	114	144	126.3	28527	19693	69.0
1991	114	146	128.1	31603	21847	69.2
1993	436	535	122.7	33325	24294	72.9

資料來源：詹火生，1995.＜婦女勞動政策篇＞，pp.108-109.

引了不少女性的投入。美國勞工局即預測在邁入二十一世紀之後，將有九成的就業機會屬於服務性質（1990，引自 Basow, 1992），並且是以雇用女性為主的工作。而男性的就業人口將會大量減少或提早退休。

二、職業的分隔

　　兩性參與勞動生產的比例已漸趨近，然而在就業市場中却可

表 9-5　台灣地區兩性職業之比較分析（1992）

	男（千人）	女（千人）	男／女 (%)
專門技術人員	398	288	72.4
行政及主管人員	75	9	12.0
監督及佐理人員	648	769	118.7
買賣工作人員	807	503	62.3
服務工作人員	417	426	102.2
農林漁牧工作人員	741	300	40.5
生產人員	2281	919	40.3

資料來源：行政院主計處，1993，〈人力運用調查報告〉，引自詹火生 (1995). p.109.

以很明顯地以性別職業區隔特性（occupational segregation），例如托兒所或幼稚園的保育人員、教師等服務業多為女性，通信等技術人員幾乎以男性為主。這些性別所致的職業分隔情況，在**表 9-4、表 9-5、圖 9-2** 中更加明顯。在這些數字與圖表中呈現了一個相當有趣的現象，然而是性別導致了男女兩性不同的職業偏好，或者是基於職業分類所致的結果，是值得深思的。

　　由**圖 9-2、表 9-1 a、表 9-1 b、表 9-5** 中，我們可以發現女性就業人口比男性略少，但是女性却被排除在部分職業之外（如科技工業），且明顯地以服務性工作為主或高等教育體系之外的教職。這種「科技男性、人文女性」的性別刻板印象在就業市場中相當鮮明。我國國家科學委員會（NSC）在一九九七年三月一日舉辦了「科技與人文對話——性別與科技」論壇，主要議題是延申自中研院院士、有「中國居禮夫人」之稱的吳健雄院士病逝後，對女性科學家在科學地位上的討論。研討會中學者李美枝指出，由幾位獲得諾貝爾獎或幫助他人得到諾貝爾獎的女性科學家的生涯歷程中，可以發現除天賦外，這些女性科學家都有些共同特徵：

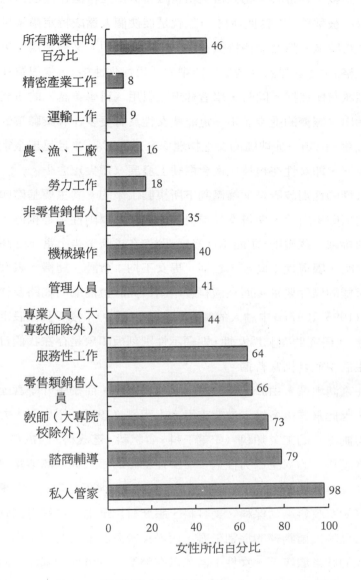

圖 9-2　職業婦女的職業分配（1991 年 2 月）

資料來源：Basow , 1992. *Gender Stereotypes and Roles*. p.263.

野心、堅毅、好奇心、獨立自主和膽識。但這些特徵在性別角色心理學中被稱為「工具性性格」，也就是促使個人達成特定事業目標的性格特徵。然而這些特徵在性別刻板印象中，又被稱為「男性化性格」，也就是女性若缺乏所謂的「男性化性格」，就很難在科技領域有所發揮。同時，學者林忠正引用《科學雜誌》的研究調查指出，經濟的進步並不一定能使女性具有更多在專業職業的工作機會，例如美加地區的女性物理學家只占5%，並且呈現金字塔的情況，即女性在科技比例會愈往上發展（頂尖）愈少。

這樣的性別歧視是父權體制下所複製出來的。其主要基礎即性別刻板印象所致，使得女性或男性即使想要以兩性平等相待，仍必須挑戰一些規則，才能適性發展。例如在求職廣告上常見「高級工程師，限男性；助理工程師，男女不拘；會計、總機，限女性」這樣的條件要求，而在國科會申請研究計畫補助的網路及軟體上（1995-1997），申請人的基本資料性別欄中，「教授」被設定為男性，「研究助理」為女性，則顯示性別刻板印象是存在我們日常的生活中並且相當普遍。

在臺灣地區，由於技職教育尚未受到重視，而學生升學管道有限，因此畢業後多投入就業市場，古明君（1996）指出屬人力資源規劃重心的工業類科（如電子科、資訊科、電機科、機械科、汽車修護科）的學生以男性為多、女性就讀的科系則以商業類科（如商業經學科、國際貿易科，會計事務科）、醫事護理科、家事類科（如家政科、幼保科、美容科、服裝科）為主，在報考及就讀即已反映技術訓練的性別影響，而畢業後只能依此選擇工作。在如此的就業環境下，女性不僅難以在職業上突破性別限制，同時也必須面對這類已被性別歸類之工作的不平等的待遇，例如較低的社會地位、權力與薪水（Basow, 1992），更比男性缺乏未來的工作遠景。

表 9-6 台灣地區兩性職業之比較分析(1993)

	男(千人) A	女(千人) B	B／A (%)	男(月薪) C	女(月薪) D	D／C (%)
民意代表、企業主管及經理人員	381	47	12.3%	52075	38739	74.4%
專業人員	260	218	83.8%	44437	32538	73.2%
技術員及助理專業人員	718	458	63.8%	35441	25057	70.7%
事務工作人員	211	593	281%	29783	21402	71.9%
服務工作人員及售貨員	677	720	106%	27565	17430	63.2%
農林漁牧工作人員	693	302	43.6%	22570	11097	49.2%
生產有關工人、機械設備操作工及體力工	2453	971	39.6%	27822	15992	57.5%

資料來源:行政院主計處 , 1994) .〈人力運用調查報告〉.,引自詹火生(1995).
　　　　p. 110.

三、薪水

在**表 9-5** 可以發現性別在職業中的差異,但在**表 9-6** 更可以發現女性即使投入就業市場,取得工作機會,在薪水上仍然出現兩性差異,這種性別所導致的差別待遇 (differential treatment)。那麼,女性的價值是什麼?由工作報酬—薪水來衡量的話,女性的價值只占男性的二分之一到三分之二。同工不同酬的原因很多,Basow (1992) 指出,最主要的原因即性別上的刻板印象,例如認為女性較缺乏企圖心、敬業態度、工作表現較不穩定、賺錢只為求經濟獨立而非負擔家計等。然而實證研究也指出,薪水的不平等,並不能只用特別來作解釋,因為差別待遇並不只

表 9-7　台灣地區未適當運用勞動力比率（按性別與原因分）

項目　　年別	就業人數（千人）	未適當運用人數（千人）	未適當運用佔勞動力之比率(%)				
			小計	工時不足	所得偏低	教育與職業不相稱	失業
全 1988 年 5 月	8072	1743	21.6	1.7	8.8	9.3	1.7
1989 年 5 月	8343	1897	22.7	1.6	10.5	9.0	1.5
1990 年 5 月	8318	1734	20.9	1.6	9.1	8.7	1.5
1991 年 5 月	8554	1754	20.5	1.4	8.6	9.1	1.4
部 1992 年 5 月	8703	1863	21.4	1.8	9.0	9.2	1.4
1993 年 5 月	8702	1427	16.4	1.6	9.2	5.6	-
男 1988 年 5 月	5036	1017	20.2	1.7	8.0	8.7	1.8
1989 年 5 月	5212	1036	19.9	1.8	8.0	8.5	1.6
1990 年 5 月	5200	1009	19.4	1.8	8.0	8.1	1.5
1991 年 5 月	5327	994	18.7	1.4	7.8	7.9	1.6
性 1992 年 5 月	5446	1056	19.6	1.9	8.0	8.3	1.4
1993 年 5 月	5393	801	14.9	1.6	7.6	5.7	-
女 1988 年 5 月	3056	726	23.9	1.7	10.2	10.4	1.7
1989 年 5 月	3130	861	27.5	1.3	14.8	10.0	1.4.
1990 年 5 月	3118	725	23.2	1.3	10.8	9.8	1.4
1991 年 5 月	3227	760	23.5	1.3	10.0	11.0	1.2
性 1992 年 5 月	2257	796	24.5	1.7	10.6	10.7	1.4
1993 年 5 月	3309	625	18.9	1.6	11.9	5.4	-

資料來源：詹火生 , 1995 , ＜婦女勞動政策＞ p. 106.
註：1994 年資料與 1993 年資料不相同，後者並沒有「失業」分析。

包括性別，還包括種族（Corcoran, Duncan & Hill, 1984，引自Basow,1992），例如在美國，白人的薪水就比黑人高了四分之一，而男人女性則爲最弱勢的族群。

　　整體來說，兩性在勞動力參與上的差別待遇和不平等情況，並不是以性別或種族可以單獨解釋的，當然也反映了國家整體發展及經濟需求的情況，但是由**表 9-7** 亦可發現女性在就業市場上

表 9-8　台灣地區 15 至 64 歲已婚女性曾因結婚離職而離職前為受雇者之離職原因(1990)

職 前 行 業	合計 (%)	自願離職 (%)	場所規定離職 (%)
農林漁牧業	100.00	97.63	2.37
礦業及土石採取業	100.00	100.00	0.00
製造業	100.00	98.15	1.49
水電燃氣業	100.00	100.00	0.00
製造商	100.00	97.01	2.29
商業	100.00	97.23	2.77
運輸倉儲及通信業	100.00	84.61	15.39
金融保險不動產及工商服務業	100.00	60.17	39.83
公共行政、社會服務及個人服務業	100.00	98.68	1.32
總　計	100.00	96.66	3.34

資料來源：行政院主計處，1992，〈人力資源調查報告〉，引且詹火生 (1995) . p. 117.

的弱勢，在工時、所得及教育程度的符合度上均遠低於男性，失業率（民國八十一年除外）也高於男性。此外，再由**表 9-8、表 9-9** 中更可以發現女性在受雇單位的離職條款下被迫離職退出就業市場或另謀工作的情況也相當多，特別在金融保險及工商服務業等女性人口多、地位低、薪水低（**表 9-4**）的職業中更是顯著，勞動市場所呈現之不公平的機會結構是需要反省的。

權力的結構與濫用

　　性別角色及刻板印象並不只是提醒我們性別特質，也暗示著差別待遇的普遍，這差別待遇的情況更反映了權力的結構與分配

表 9-9　台灣地區 15 至 64 歲已婚女性曾因生育離職而離職前為受雇者之離職原因(1990)

職　前　行　業	合計 (%)	自願離職 (%)	場所規定離職 (%)
農林漁牧業	100.00	93.14	6.68
礦業及土石採取業	100.00	100.00	0.00
製造業	100.00	98.50	1.50
水電燃氣業	100.00	100.00	0.00
製造商	100.00	98.22	1.78
商業	100.00	98.13	1.87
運輸倉儲及通信業	100.00	97.77	12.33
金融保險不動產及工商服務業	100.00	82.69	17.31
公共行政、社會服務及個人服務業	100.00	97.64	2.36
總　　計	100.00	97.83	2.17

資料來源：行政院主計處 , 1992 . ＜人力資源調查報告＞. ,引且詹火生
(1995) . p. 118.

情形。社會的權力是主控在男性手中（Basow,1992），尤其是有種族因素影響的（如在美國的白人男性握有社會權力，在臺灣地區也呈現了本省人和外省人或其它省籍之權力角力現象）。在這一段落，我們將試圖由社會權力的四個主要領域來探討權力結構，並試圖分析權力濫用的情況，以對社會權力運作有更深的理解。

一、權力結構

　　社會權力結構，包括了經濟、政治、法律及國防等部分，亦即這些領域的權力運作情形都直接會反映在勞動市場上，對兩性關係及平等對待而言也產生了影響，例如擬定「兩性工作平等法」或者制定「性侵害犯罪防治法」、托育服務政策、育嬰親職假等。

㈠經濟權力

表 9-10a　　各國婦女勞動力參與率(1994)

國別	美國	法國	德國	英國	日本	新加坡	韓國	中華民國
勞動率	58.2	47.6	57.4	65.4	50.7	50.9	47.9	45.3

資料來源：引自薛琦，1997．＜貧窮、就業與社會福利＞．p.21.

表 9-10b　　各國部分工時就業者比率

國　別	年	部分工時就業者比率 (%)		
		兩性合計	男	女
中華民國	1995	6.4	5.6	7.6
	1983	8.8	7.0	12.0
美國	1993	17.5	10.9	25.3
	1983	18.4	10.8	28.1
日本	1993	21.1	11.4	35.2
	1983	16.2	7.3	29.8
義大利	1992	5.9	2.9	11.5
德國	1992	14.1	2.2	30.7
法國	1992	12.7	3.6	24.5
澳大利亞	1993	23.9	10.3	42.3
瑞典	1993	24.9	9.1	41.4

資料來源：行政院經濟建設委員會人力規劃處，1996．《推動部分工時
制度擴大勞動供給簡報》．，引自薛琦 (1997)，p. 21.

　　由本章前面段落所討論的內容，我們可以發現女性所擁有的
經濟權力是較少的。由所得薪水來看，女性的經濟權力是遠低於
男性的。在**表 9-10 a**勞動參與率的跨國比較，和**表 9-10 b**部分工
時的比較中，我們可以發現女性在勞動參與並不具優勢，而部分

工時所能得到的經濟效益與權力又不如全時工作，雖然推動部分工時、兼職是因應未來工作型態發展，且有其重要性，但是薛琦（1997）仍指出，在此發展趨勢下社會安全制度必須徹底檢討，並重視社會福利（p.20），因為我們可以明顯發現，女性若無更好的社會安全制度及福利政策來支持，在現有經濟權力的結構下，勢必會淪為更弱勢的一群勞動力提供者。

在一九九六年「國際消除貧窮年」的宣言中（內政部，1996：158），就直接指出女性占貧窮人口的大多數，然而她們透過家庭、社區及勞動市場所做的報酬性和無報酬性工作，對經濟發展和消除貧窮作了最大貢獻，宣言中指出，強化婦女的權力是消除貧窮的重大因素，而強化婦女權利主要的努力必須協助女性取得社會權力的平等對待。

• 影響

男性在經濟上的支配權優於女性不但在社會、勞動市場中明顯可見，在家庭經濟中亦是。一般來說，經濟權力等於家庭支配權力（Basow,1992），而傳統上，特別是中國人的父子軸家庭型態，女性的經濟大部分依賴男性（如丈夫、兒子），所以如果女性能在經濟上具有更多的收入及獨立運用的機會，那麼家庭型態也較有可能轉變為兩性平權的夫妻軸家庭，婚姻中的兩性權力關係則更趨平等。Basow（1992）、王麗容（1995）指出，女性的經濟權最能預測她們平等與獨立自由的程度，也更能掌握自己的命運——婚姻、家庭生活、離婚、性生活、子女、行動自由、教育機會和家庭的決策權。然而在父權社會下，女性經濟權的活躍是帶來兩性關係衝擊的，因為多半父子軸觀念下的核心家庭容易忽略女性有形或無形的需要，而女性經濟力的提升會威脅男性主導經濟的慣有均衡狀態。

(二)政治權力

薪水，只是經濟權力的一小部分，在政治中更屬卑微，因為

政治或政策的小小變動就會影響到薪水的高低。例如全民健保的眷口數限制或是勞工保險自付額等措施在政治角力下的變動,對男女兩性的薪資結構立即產生很大的影響。

法律和政治主要由男性制定及推動,這是既有事實,除非女性能在政治及決策上占有一席之地,才有能力悍衛兩性平等的理想。婦運團體或其他支持兩性平等的民間團體均歷經不少在父權社會下保衛女性權益的悲情。基本上,由目前民法親屬編的修正歷程、性侵害犯罪防治法、兒童及青少年性交易防治條例、臺灣省中小學及幼稚園性騷擾案處理原則等的推動過程來看,並不應視為只為求取女性權力(power)或權利(rights),而應視為為男女兩性平等關係的努力。中國國民黨中央婦工會在民國八十四年九月發表《婦女政策白皮書》,指出臺灣地區女性除教育權之外,依民國八十三年十二月中國人權協會公布的婦女人權指標顯示,沒有任一人權及格(p.2),並指出女性除民法中父權優先條款、受暴(虐)問題、兩性工作不平等之外,也面臨政治參與的不平等待遇,中央婦工會更強調政府應有積極的回應式政策和措施(對兩性不平等現況及民間呼聲),來保障婦女的基本權益。基於如此的兩性平等理念而針對婦女政策研擬提出報告。在中國人的政治領域中,這是相當值得重視的,因為女性參政或社會服務,並不是為挑戰男性而來,而是為了尋求兩性平等的最基礎——保障男性和女性的基本人權。

但是在政治權力中,女性雖在教育程度及能力上有競爭力,也具有高度的政治理念與智慧,卻仍得在父權思考下勉力而為,才有可能為兩性共同福祉而努力。女性的政治人物要獲得選民的支持及認同比男性更辛苦(因為向來這被視為是男性的領域),如果表現一如男性政治人物的傳統男性化特質時,就容易被誇大為具侵略性(Calson,1990,引自Basow,1992),或遭到男性、女性選民的排擠,換句話說,女性政治人物比男性政治人物面對更多

表 9-11　　各級民選公職人員女性人數與百分比

年別	類別		總數	女性	百分比	保障名額
1991	第二屆國大代表	(區)	225	31	13.8	19
		(總)	325	42	12.9	
1992	第二屆立法委員	(區)	125	12	9.6	10
		(總)	161	17	10.6	
1994	台灣省省長		1	0	0	0
1994	台灣省議長		79	16	20.3	9
1994	台北市市長		1	0	0	0
1994	台北市議員		52	12	23.1	5
1994	高雄市長		1	0	0	0
1994	高雄市議員		44	6	13.6	5
1994	各縣市長		21	1	4.7	0
1994	各縣市議員		842	128	15.2	94
1994	各鄉鎮市長		309	6	1.9	0
1994	各鄉鎮市民代表		6317	937	14.8	

資料來源：中央選舉委員會，1995．引自梁雙蓮（1995）．p.406.

性別刻板印象之挑戰。這情況在一九九六到一九九七年之間的臺灣政治事件中更加鮮明（例如宋七力事件的璩美鳳，新竹少年監獄事件的謝啓大，性侵害犯罪防治法的彭婉如、潘維剛，及桃園縣長呂秀蓮等）。

• 影響

在政治體制中，男性主權的影響是行之已久，如同Basow（1988）所指的，在西方政治中，政治思想幾乎完全是以男性的生活及價值觀爲主（Basow,1992），例如雷根（Reagan）在美國總統任內的形象即以「堅強、強硬但眞誠的牛仔」形象成爲強烈男性政治人物的表徵。在父權思想更明顯的東方政治中，女性政

專欄9-1　　中國女性參政的歷史

　　中國歷史上雖有婦女參政的例子，像漢初呂后、唐代武則天、清末慈禧太后，但均係以母后的特殊身分掌握政權，並非女子可以參政。太平天國存續期間（1851至1864年），爲中國歷來女權最高之時，太平天國准許女子參加科舉，可以做官、從軍，設有女宰相、女軍師、女將軍、女兵等（李又寧、張玉法，1975：722-724）。

　　辛亥革命民國建立之後，婦女團體曾持續爭取男女平等權及女子參政，但至北洋政府覆亡，婦女沒有參政權（趙鳳喈，1977：120-126）。民國十七年北伐成功後，國民政府頒行新法令，不論男女，在法律上一律平等。婦女參政權雖未受限制，但是由於實力不足，在國民會議代表的選舉之中，並無婦女的代表。但仍有優秀女性經由法律平等的保障獲得從政機會，如第一位女法官鄭毓秀，第一位經過高考的女縣長郭鳳鳴等（郭立誠，1983：196-208）。

　　一九四七年中華民國憲法頒行，依據憲法規定，男女在法律上一律平等，且依照憲法第十七條及十八條的規定，同樣享有選舉、罷免、創制、複決的參政權，及應考試服公職之權。另外依據憲法第一百三十四條規定，婦女在各種選舉中並享有保障名額的特別優待。

資料來源：梁雙蓮，1995．〈婦女參政政策篇〉．p.403。

專欄9-2　　由婦女保障名額看女性政治權力

「婦女保障名額」來自憲法第一百三十四條規定，在我國早期選舉中確有激勵和提攜婦女參政的貢獻，不過也被外界視爲女性弱勢的依賴特權。隨著社會環境的變遷，女性當選比例早已超過十分之一的保障數額，此項原來希望保障婦女當選最低比例的良法美意，反倒成爲政黨提名女性參選人的最高門檻。

民進黨國大黨團（1997）主張立委及國大選舉的政黨比例部分，看似已可落實了婦女發展委員會推動「四分之一條款」，亦即每四名即有一名婦女當選名額。但如對照民進黨對立法委員選舉的兩個方案，一則主張維持現制，增加立委席次，政黨比例的部分只占總額的五分之二，另則主張單一選區兩票制，政黨比例的部分佔總額的一半，因此，婦女保障名額最多只能達總額的八分之一，與現行保障相去不遠。

國民黨國大黨團並未提出任何提高婦女保障名額及對單一選區兩票制對婦女保障名額的因應方案，而國民黨修憲小組諮詢顧問小組等，幾乎清一色是男性名額。

新黨參加國發會的成員在憲改會議中，主張將中央民意代表選舉的婦女保障名額提高至當選名額的百分之三十，不過，此項主張未能成爲國、民兩黨在國發會的「共同意見」，新黨國大黨團索性在新黨「黨版」的各項選舉制度方案中，明定婦女名額應占當選總額（分區與不分區）的四分之一。

各個政黨對婦女保障名額的黨版仍未正式出爐，但是婦女參政席次是否會因憲法的增修而產生「質」與「量」的變化。由多項女性選民的投票行爲實證研究發現，女性選民較男性選民民主

價值取向低、女性較不關心選舉結果、女性在投票上傾向和配偶及家人商量，婦女極容易讓人貼上「政治潔癖」標籤，不願涉足政治也成爲多數女性的認知。

　　翻開國內婦女參政史，擁有強烈參政意願的婦女，早期多半是政治家族、政治受難者家屬，例如民進黨「余家班」的娘子軍便是箇中典型。直到近年學運、農運盛行，運動中的「女將」如民進黨國代鄭麗文、雲林縣議員林慧如等人才開始嶄露頭角，形成「另類」的婦女參政風氣。一九八七年政治解嚴前後，政治禁忌逐漸消除，社會運動的活力大增，原來在父系社會處於邊陲地位的婦運隨之水漲船高，婦女新知基金會倡議的彩虹專案聯合三十一個婦女、原住民、人權、教會團體至華西街遊行「抗議販賣人口——關懷雛妓」，背後的支柱即是一批女律師和田野工作者。多位女律師目前仍獻身於婦運，推動「民法親屬編」、「男女工作平等法」，在與立委打交道、遊說的過程中，婦女團體的工作者無不感到心力交瘁。有了這些沙場征戰的經驗，強烈感受到政治生態的惡質化，婦運領袖投身選舉的意願更是大打折扣，因此，截至目前爲止，國內始終未見揭櫫婦運大旗的女性參政者誕生。

　　一九九三年一批大專女教授籌組的女性學會成立，她們善用個人的專長，爲婦運開闢多元化的戰場，拓展婦女議題的深度和廣度。不過，這批「菁英分子」對投身選舉也是興趣缺缺，她們寧可爲個別支持的政黨站台論戰，硬是不肯蹚政治渾水。

　　在現今國內婦女參政意願不高，躋身政治殿堂席次不多的前提下，婦運人士認爲或可仿照美國於一九六四年施予「強制配額」，藉以矯正少數民族、弱勢婦女在參政上面臨「人爲不平等」的現況，這也是全國婦女連線對婦女保障名額的全新註解。
資料來源：修改自楊秋蘋，1997．〈中國時報〉。

治人物所占比例極低，尤其是在公職人員中，如**表 9-11**，女性政治人物即使獲得參政權，其所處的地位和所能發揮的功能也較缺乏主體性及獨立性。此外，媒體對女性政治人物的報導也容易以其感情、家庭、子女等為關切焦點，這對兩性教育的推動實有其負面影響，因為針對政治人物角色的報導應不論其性別角色，而應以其政治作為或理念為主，以性別刻板化來形成差別待遇，將難以提供全民兩性教育的典範。

在探索了有關經濟權力與政治權力結構之後，我們不難發現其中傳統性別刻板印象非但限制女性角色及功能，更漠視了兩性平等的必要性，強調性別差異不如正視個體的個別差異，尤其在本書第一、二篇中，我們瞭解男性和女性只是來自社會化的塑化，其本身具有的特質也絕非以二分法可以區分歸類並強制奉行的。在社會權力結構中，權力的不平等是舉目可見，另外在法律及國防部分尤值得我們努力。國防部與教育部一九九七年一月舉辦大專女生上成功嶺的寒訓，然而整件以兩性平等為出發的活動，却流於男性父權思考下的代表作：「兩性平等是否在於形式上的平等？」這是值得反省的，落實在基礎教育的性別平等觀念，似乎比「男生行，女性也行」的證明方式來得更具實質意義，否則如同整個活動歷程所反映出來的作為，將更突顯男性建構社會權力的意圖，反而失去教育的價值。

第四篇

兩性關係與
教育的省思

第十章
兩性關係與教育的挑戰

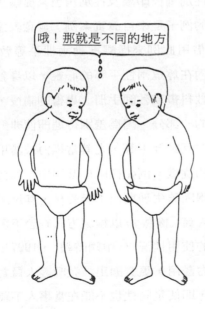

哦！那就是<u>不同的</u>地方

法官：你爲什麼長期毆打妻子？

夫：我哪有?!我只有拉扯！

法官：「拉扯」？怎麼會有這麼多驗傷單和目擊者？

夫：⋯⋯她是我老婆，我管教她不行嗎？

法官：她需要管教？在什麼情況下？

夫：⋯⋯在我覺得需要的時候。

法官：你有這方面的專業能力來作判斷？

夫：我是老師，管教是本行！

——改編自眞實案例（劉秀娟，台北，1994）

兩性關係的平等教育，在討論了許多值得深思的現象及迷思之後，儘管有其推動之必要與迫切性，却也面臨極大的挑戰與限制。解讀兩性之間不平等的現象，有許多不同的途徑與觀點，本書僅是嘗試透過性別刻板印象及性別角色來提醒我們對此議題的關注。本章引言的例子是來自眞實案例，無意表達對教師角色的不敬，只是企圖借用此例來提醒推動兩性平等教育的重要示範者，能眞正開啓內在尊重兩性平等的心靈，以身教來協助學生社會化，非僅限於教科書或教師手册、專書的講授，或視教育工作爲彰顯社會權力的一部分，因爲差別待遇即使非針對性別而來，却仍會影響兩性的互動及平等，尤其當權力被濫用之後，兩性關係必然面臨重大的挑戰。例如桃園市某國中在進行學生尿液篩檢時，有七位女同學因值生理期而不願受檢，其班級男性導師指示校方衛生組女性人員「檢驗」，以檢視方式查證不願受檢女學生之衛生褲及衛生棉的使用情況（〈中國時報〉，1997年3月29日）。此事件非但突顯權力濫用，更突顯出該教師等人員對兩性教育和性教育知能的不足，即使是同性也不能在當事人不願意的情況下要求「檢視」身體及隱私，不宜以確認衛生棉的乾淨程度的方法來侵犯學生隱私權或判斷誠實度。兩性尊重教育並不是讓教育工作

者或個人縛手縛腳無法發揮角色功能，而是提醒我們反省角色功能之適切性以及功能受挫時的問題解決方式與能力，更重要的是眞切地尊重個體（男性與女性）的基本人權。

在本章，我們將由兩性互動關係中的現象如性騷擾、強暴及暴力等犯罪行爲來檢視性別刻板印象和權力濫用，並從中反省這些現象對推動兩性關係平等教育的挑戰。

性騷擾

個體（特別是女性）在校園、工作場所、社群，甚至在自己的原生家庭中，並不希望他人因爲對「性」或「性別」的關注而忽視了他或她的能力或發展，或者處於備受威脅、敵對或是羞辱的環境中；然而Basow（1992）指出，在美國，有三分之一的大學女生、二分之一的就業婦女和三分之二的女性軍人受到了性的騷擾與性的侵害。

性騷擾（sexual harassment）是一種權力濫用（abuse of power）。這是權力高的人對權力低者的傷害行爲，也是一種犯罪（參考附錄「性侵害犯罪防治法」第二條），這種犯罪行爲暗示了社會控制的力量，也反映了社會中以權力爲結構的尊重架構之不平等的事實。

一、家庭中的性騷擾

家庭中會有性騷擾？多半的時候我們都把家庭視爲最穩定安全的親密場所，在我們論及家庭定義與功能時，幾乎可以發現使用的都是正向意涵的形容詞，例如家庭是溫暖的，家庭是庇護所……的確，對大部分的人來說，家庭是如此令人珍惜，但是事實也提醒我們，家庭既爲社群的最小組織，並且在生態環境中與其

它社群相依互動，必然也會歷經社會變遷的影響，更何況家庭亦有其生命周期的發展歷程，隨著家庭成員的成長與變動，家庭本身即是一充滿變數的生命體，因此家庭也自然地反映了社會組織中的兩性關係，並且反映了權力結構下的互動關係。

　　一般來說，家庭是幼兒學習親密關係與兩性互動模式的理想場所，幼兒在社會化過程中以父母親的互動爲未來親密互動的模式，然而性騷擾是一種基於權力差別待遇下的犯罪行爲，因此幼兒或家中弱勢族群將是受到家庭性騷擾或虐待的主要對象。Fain和Anderton（1987）曾指出由社會控制的角度來看家庭性騷擾事件，主要的受害者爲非白人女性、年幼女性、單身女性和非領導地位的女性（引自Basow, 1992）。的確，在我們的社會中，女性在家遭受暴力或非暴力的性騷擾是相當普遍的，在臺灣地區亂倫（incest，即近親相姦）的案例中，不乏受害者長期暴露在性騷擾的環境下成長的（劉秀娟，1996）。例如父母親在家中觀看A片、成人影片，並令子女在旁一同觀看，或是父母性交時讓子女在旁觀看等。此外，父母應酬攜幼年子女到酒廊等地，這類的性騷擾行爲皆有具體作爲可受舉報，但是口語上的性騷擾或不當要求（如要求共浴），則難以界定騷擾者的犯意。就好像家中訪客、親朋好友或長輩的不當接觸或碰觸，都有可能讓幼年子女或女性深感不受尊重或備受威脅，此外，例如眼神或視線曖昧、強迫聽黃色笑話、故意肢體撫摸或碰觸等也都屬於性騷擾的犯罪行爲。男性也有可能是家庭性騷擾的受害者，例如，有一國中二年級的男生投書指出，自幼其生父即利用各種機會，如當其睡覺、沐浴、如廁或獨處時，予以猥褻或口語性騷擾，並時常把玩其（子）之陰莖（〈自由時報〉，1997年3月27日），這也顯見性騷擾存在家庭中並不一定是女性爲受害者。而女性受害者之比例更無年齡區別（黃富源，1995）。由這些情況來看，家庭性騷擾是充分反映權力差別待遇的觀點。而家庭性騷擾事件，更容易因受害者不敢張揚或受

到威脅而形成長期性且程度嚴重的性侵犯，甚至造成受害者性格扭曲或偏差。

在家庭性騷擾的形式上約可分為下列幾種：

• **報復性的性騷擾**

家庭中長者如父、母、手足因情感受挫或遭受性侵害而報復在家庭中的其他成員上。這類型的性騷擾反映了家人關係及家庭中積壓的不滿，當然也反映騷擾者的性格偏差或異常。例如當夫妻分居或一方離家出走時，則對子女施以性騷擾來作為報復或要脅對方回家履行同居義務或處理事情的手段；或手足中有人遭受性侵犯，則以侵犯騷擾者之手足為報復，如臺灣地區 （1996）曾發生堂兄弟分別性騷擾及強暴對方姊妹之事，以報復對方的傷害行為。

• **威脅和交換式的性騷擾**

家庭中的成員在得知他人有隱私或不可告人之秘密時，以交換及脅迫方式進行性騷擾。騷擾者抓住當事者不願張揚的心態而脅迫，例如大伯發現弟妹有外遇而要求弟妹同樣提供性服務或不時騷擾威嚇等。

• **情境式的家庭性騷擾**

家庭中成員以休閒娛樂同樂為藉口，提供全家觀賞的A片或色情影片而無視其他家人的抗議。此外，例如在臺灣地區的喜慶、喪葬習俗中，雇請花車女郎大跳脫衣舞或如某些企業在尾牙家庭聚會時以脫衣舞孃躺在桌上任男性猥褻及模擬性交等，都嚴重對未成年、已成年的家人造成性騷擾及性侵害。

家庭中的性騷擾反映了家庭中親密關係的分際必須以尊重為出發點，不應以權力為主要的架構，否則由性騷擾而至強暴、忙虐待等暴力行為，將使家庭中的兩性互動關係更趨艱難。

二、學校性騷擾

由臺北市某國中男生集體性騷擾女同學(1995)（例如在教室掀女生裙子、摸女生內衣褲、強迫至廁所猥褻等），到臺北市某國中男女學生集體蹺家洗溫泉所爆發的性騷擾（1996），至某國立藝校學長棒打、雞姦學弟的事件（1996），以及臺灣地區中部及北部大學校園所爆發的教師性騷擾傳聞等事件，這些校園性騷擾事件除了學生對學生之間的騷擾，也包括了教師對學生的騷擾。由這類事件中我們的確發現性別及權力的影響，例如男性對女性、學長對學弟、教師對學生。陳皎眉（1997）指出，即使只是造成一個有敵意的學習環境，也都是屬於性騷擾的範圍（p.113）。

在臺灣地區，教師自古以來即深受社會尊崇，即使師生關係因社會文化變遷而呈現較多元活潑的關係本質，但是在一般人的觀念中，仍扮演著「傳道、授業、解惑」的經師和人師兼具的角色，因此教師在校園中的社會地位也向來高於學生。目前校園中視學習為師生互動而來，而不是僅在講授，大部分的教師也多能體察教育改革及教學上的變革而努力調整自己的視野，以尊重學生的能力來發揮專業角色。然而，學校本為一教育社群，自有其推動教育必要之行政與制度，也因而有權力差別的事實，這在任一社群中都是必然存在的現象，所以學生雖非校園中的弱勢族群，卻是校園內權力資源較少的一群。這樣的情況並不會有礙教育的推動及教育價值，因為校園是在制度下進行學習的機構，師生之間的關係也不是建立在敵對關係上，而應視為協同合作者，彼此教學相長。但是整體來說，在現實環境中不可否認的，教師的權力仍大於學生。

此外，學校中有學生年級之分、有學長制或有班級排名等事實，這些情況都暗示著校園中如同其它社會組織一樣具有錯綜複雜的權力結構，在權力的相互抗衡與牽制下，就會發生權力濫用

的情況，所以才會發生類似本節所論及的各項校園性騷擾事件。
陳皎眉 (1997) 引用Fitzgerald (1990) 的定義說明校園性騷擾是
「一種在性別認同上的權力濫用，而導致妨礙或傷害學生完整的
教育福祉、氣氛或機會的行為」 (p.113)，其並可分為下列幾種形
式 (陳皎眉，1997；黃富源，1995)：

● 威脅和交換式的性騷擾

　　這是指學校的上級人員，包括教師、校長及其他行政人員，
以留級、退學、重修、不及格等威脅、要求學生滿足其性需求的
性騷擾。這類型的性騷擾具有明顯的威脅性與交換性，例如學生
基於對教師的尊重與信賴，告知其過去的性歷史或目前戀愛之困
境，期待得到輔導與協助，而教師利用其不願張揚的心態加以威
脅，或提出交換式的性需求滿足，都屬此種形式的性騷擾。

● 製造一個令學生感到敵對、受恐嚇或被侵犯的學習環境

　　這是指學校的上級人員，包括教師、校長及其他行政人員，
蓄意營造一個令當事人感到敵對、受恐嚇或被侵犯的環境。例如
老師在上課的時候講黃色笑話，或者故意展示令學生難堪的色情
刊物或書籍。這類型的性騷擾明顯呈現漠視學生在學習時的權
力，以及教師的權力濫用，如某國中教師在講義、測驗卷上附上
黃色笑話或性語錄，認為可以提高學生的學習效果及上課注意
力，即已造成學習情況上的性騷擾。

● 對提供性服務者給與特殊待遇之間接性騷擾

　　這是指學校的上級人員，包括教師、校長及其他行政人員，
對提供性服務的學生給與特殊的優惠，如獎學金、加分、考前洩
題、不必寫作業等，使其他同學權益受損。例如在大學的碩士班
口試時，以給與高分為交換，影響其他考生的權益或允諾聘為專
任講師、助理教授，而影響其他畢業學生的公平競爭機會等。

● 濫用學生信賴所造成的性騷擾

　　這是指學校的上級人員，包括教師、校長及其他行政人員，

在學生因受情感挫折或性傷害而尋求校方協助時，利用輔導或協談之便予以性騷擾或二度性侵害。例如要求檢視學生被強暴或騷擾之身體部位，或要求前往現場表演，甚至將案例當成性笑話於校園間流傳，造成當事人的二度傷害。例如某國小教師因職務關係獲悉學生情感受挫並遭性侵犯，不時予以安慰，而在帶隊出賽之後，表示可提供更好的輔導情境，但需瞭解學生受侵犯的情況，而要求學生在汽車旅館作現場表演等。這類型的性騷擾是相當明顯的權力濫用，騷擾者漠視當事人的受尊重權力，而將對其之信賴轉為傷害手段。

陳皎眉（1997）指出，國、高中生由於對性騷擾不夠瞭解，因此在遇到這些情況時，多半忍氣吞聲不敢聲張，害怕他人知道後會讓自己更難堪，或認為遭到性騷擾是自己所致。這是一種性騷擾的迷思，大部分的人會認為個體會遭到性騷擾乃因其穿著、打扮、舉止或言談不當所致，這與強暴迷思一樣是錯誤的，因為騷擾者多為慣犯或累犯，會性騷擾的人並不會因個體穿著不暴露或行為舉止中規中矩就沒有犯意，中止的方法應是出面指控，使其接受制裁。

三、社會性騷擾

不是每個男性都會從事性騷擾，但是有對他人性騷擾經驗的人會不斷重複行為。例如臺灣地區北部大學女生宿舍就發生電話騷擾，騷擾者直到受害人搬離宿舍之後仍持續電話騷擾其他住宿學生（〈聯合報〉，1997年3月30日），此外學者（現代婦女基金會，1992；陳皎眉，1997；黃富源，1995）也指出性騷擾是累犯行為。而性騷擾與性別角色態度及權力有關。研究發現男性較會從事性剝削的行為（Basow，1992；天主教善牧基金會，1996），而這些男性相信女性對於男性的性支配和性強迫是喜歡的並且深感愉悅的，如此的信念，正反映出騷擾者將騷擾行為視為對女性的關愛

與解放,不幸的是,這現象在社會中頗爲尋常,Malovich和Stake (1990) 在研究中發現,對男女兩性抱持傳統性別角色的人,愈容易有這些性騷擾的行爲,而對女性愈不抱持傳統性別刻板印象的人,則愈不能容忍性騷擾的行爲。

在前面段落討論家庭性騷擾及學校性騷擾類型時,不難發現意圖騷擾者皆爲有犯意的,因此性騷擾並不能歸因爲「情境」引起的 (如指受害者舉止不當,或者指她是從事特種行業的),且多具有權力濫用傾向。台北市在某大學附近的房東聲稱爲監控女房客用水情形,而在浴室抽風機裝上監視器及架設閉路電視 (〈大學報〉,1997),此事件則充分顯示權力濫用 (房東與房客關係) 及不尊重人權 (侵犯隱私權)。在社會中,性騷擾不僅出現在日常生活中,也透過媒體的力量成爲一種對道德及兩性尊重價值觀的衝擊,因而形成一種負向的教育。當電視文化委員會公布有關綜藝節目性騷擾的分析報告時,部分人士竟認爲「性騷擾不是一件壞事」、「性騷擾是一種榮耀」(電視文化委員會,1997),頗有「我騷擾你是看得起你」的姿態與思維,媒體的力量是一股潛在的社會教育力量,因此更應愼重發揮教育功能。基於人權的尊重及對兩性平等關係的維護,拒絕性騷擾並勇於表達是必要的教育。

無論是發生在家庭、學校或社會中,性騷擾皆是一種性侵害的犯罪行爲,其必須受到相當法規的約束與制裁。然而由電視文化研究委員會透過焦點團體 (focus group) 方式所進行的「拒絕電視性騷擾」(1997年3月4日) 結果中可以發現,觀眾所扮演的是冷漠的「閱聽人」角色,其呈現兩點值得深思的態度:(1)媒體或電視是娛樂性的,因此節目中的性騷擾是具娛樂效果。(2)性騷擾的標準是相對性的,例如男性閱聽人認爲部分女性 (如性感型藝人) 較不在乎他人對她進行性騷擾 (p.6)。在第一點中,我們可以發現如此的態度至少導致兩個嚴重影響,一爲性騷擾娛樂化,另一爲雙重標準。當性騷擾被視爲娛樂取向時,完全漠視了人權及

專欄10-1 性騷擾的分類

性騷擾的分類有二：一為依騷擾程度來分；二為依騷擾者之性質來分。因「性侵害犯罪防治法」施行細則尚未公布（應於1997年7月21日前公布），因此僅以各學者之定義提供性騷擾之判定規準）。

一、依性騷擾之程度來分

(一)陳若璋（1994）

性騷擾包含於性侵害之中，但兩者有程度差異。

(1)性騷擾

- 輕微的口語猥褻
- 騷擾者暴露隱私或生殖器，或者要求受害者暴露隱私或生殖器。
- 碰觸或撫摸身體。
- 強迫親吻。
- 被拍裸照。
- 現場色情表演。
- 和騷擾者表演猥褻行為。

(2)性侵害：

兩性平等，而視為與道德無關的行為（如**圖 10-1** 所示），而當人們表示娛樂和現實不同時，正意謂著社會價值允許這涉及侵害人權的行為被默許因場合情境之別而有雙重（或雙重以上）的標準，這態度反映出當公娼或妓女、牛郎指控受到性騷擾時，人們慣有

- 強姦（強暴）。

- 性虐待等。

(二)呂寶靜（1994）

認為下列行為皆應列入「兩性工作平等法」中之法定性騷擾行為：

- 企圖強暴。

- 威脅順從其性要求，並恐嚇不從之不好後果。

- 威脅順從其性要求，並迫誘順從之好處。

- 暴露性器官、生殖器。

- 違反當事人之意願之撫摸。

- 提出性要求。

- 有性意味的身體碰觸。

- 性誘惑行為。

二、依騷擾者之性質分（黃富源，1995）

(1)非陌生人：如家人、上級人員、同事、親友等。

(2)陌生人：如公車上的性騷擾等。

此外在兒童福利法及其施行細則、少年福利法及其施行細則、兒童及少年性交易防制條例及其施行細則均概括指出性騷擾、猥褻的範圍（請參考附錄），可作為兩性關係互動時之參考與提醒。

的反應即為「怎麼可能」或「為什麼不行」的迷思，而忽視其也有不受任何形式侵害的基本人權。在第二點則顯示明確的性別刻板印象。事實上，性騷擾的標準是絕對性的，亦即對任何女性（或男性）都不應有騷擾行為，如此相對的標準觀也容易導致錯誤的

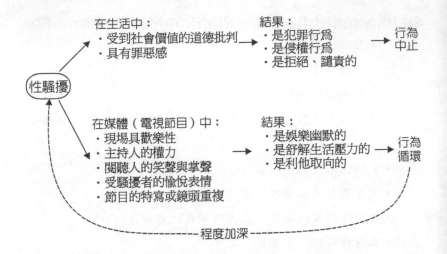

圖 10-1　電視中性騷擾行為的娛樂化歷程

觀念，例如「騷擾你是看得起你」、「我受到騷擾，因為我性感迷人」等缺乏意義與邏輯的偽因果論，因而加深性騷擾的程度（如圖 10-1）。這些情況提醒我們，幼兒在社會化的歷程中學習性別角色以及兩性關係的互動模式，電視節目及閱聽人的反應亦是幼兒及青少年模仿的重要典範與途徑，當幼兒在生活中學到負向且不尊重兩性的互動模式，其行為所反映出的兩性不尊重或不平等則難以在教育中加以改善，例如，臺灣地區中部、南部的PUB以獎品引誘未成年少女脫衣競舞（〈中國時報〉，1997年2月27日）以招攬生意，少年（女）則模仿成人影片性交姿勢及脫衣裸露以競高下，這已相當明顯反映色情透過媒體之影響已十分嚴重。換句話說，如果我們期待個體不再呈現集體性騷擾或漠視性騷擾的行為，則必須以預防觀點來取代殘補式的處遇模式，由生活教育的社會化做起是必要的。

專欄10-2 性騷擾症候群

性騷擾影響受騷擾者之情緒、生活適應與工作成績,也會影響工作場所的整體工作績效、員工相處的氣氛、兩性的互動關係等,被騷擾的個體,無論在心理與生理上都會出現不適應的症狀;學者們稱之為「性騷擾症候群」(sexual harassment syndrome)。

西元一九八四年唐格 (Tong,1984) 首先提出被騷擾者的一般生理與情緒痛楚,其後多位學者 (Dzoech & Weiner, 1984; Jenson & Gutek, 1982) 亦均陸續提出「性騷擾症候群」的相關研究報告。黃富源 (1995) 歸納學者的研究,「性騷擾症候群」至少有以下症狀 (p.259):

1. 憂鬱、沮喪,睡眠與飲食行為改變,抱怨不明的頭痛或其他病痛而不願工作。
2. 喪失自信心,工作表現一落千丈。
3. 無力感、無助感和脆弱感。
4. 對工作、職務,產生莫名的不滿或疏離感。
5. 與其他同事有隔離感。
6. 對兩性關係的態度與行為有所改變。
7. 無法集中注意力。
8. 害怕與焦慮。
9. 易與家人或朋友齟齬。
10. 可能導致酗酒與藥物之成癮依賴。

四、性騷擾行為的解釋

　　黃富源（1995：259-260）曾歸納學者Friedman, Boumil和Tayl or（1992）的看法，提出性騷擾的原因分析：

　　第一種有關性騷擾的解釋，是源於性格心理學的立論，這一派的心理學家認為，性騷擾者之所以會有強烈的需求去使用「權力」以操控女性，乃是因為其成長發展過程是完全在女性——其母親「權力」下成長的，如果其父親缺位，或無法示範如何處理其對待異性的情感。這些男性即無法習得正確而合理對待女性的行為模式，其中的部分男性會將母親的管教視為隱痛，而於對待其他異性時發洩出來，在這些發洩行為其中之一即為性騷擾。

　　第二種有關性騷擾的解釋，是源於社會心理學的立論，這一派的學者認為，人類的文化常會強化男性對自己敏感、脆弱感情的壓抑，以期望男性表現出一個真正「男子漢」（real men）的樣子，當這種文化要求達到極致時，一位男性便根本無法感受到自己的脆弱，如此則易導致這類男性，對待女性宛如對待物品一樣，無法體會當女性為人所凌虐或騷擾時的真正感受，也不會停止自己對女性的騷擾行為（1992）。

　　第三種有關性騷擾的解釋，是源於組織心理學的立論，而有所謂「儀式創傷」（ritual wounding）的說法，這一派的學者認為，「儀式創傷」為男性進入社會生活的必經儀式，這是一彼此競爭的階級觀。此理論相信男性在爭取權位時，被擊敗、羞辱和騷擾是在組織中競爭必經之體驗，一旦得勢，則會對其下屬或競爭者施予同樣侵害，並且不分性別。

　　透過這三個理論的解釋，或者我們可以更清楚發現性別認同、性別角色刻板印象以及權力差別待遇對兩性關係之負向關係的影響有多深遠。

強　暴

　　《強暴》（*Rape*）一書（1991）指出，自一九七七年以來女性遭到強暴的比率直線上升，Basow（1992）認爲造成此一現象的主要原因是傳統性別角色刻板印象和權力差別待遇所致。黃富源（1995）則指出近十多年來在臺灣地區，女性受到強暴的情形亦呈現間歇性的增長趨勢（如**圖10-2**），而黃軍義（1995）則指出臺灣地區強暴犯的發生率約爲0.6％到4.17％之間（引自黃富源，1995：261），事實上如此的數據應是相當保守，因爲女性在接受調查或舉報時皆因耽心曝光而致的二度傷害，也較可能隱諱不報，因此上述的數據應存在極高的犯罪黑數。

　　因此在本節中，我們將探究強暴犯罪行爲的相關因素，如強暴迷思、文化因素等，並針對犯罪趨勢提出預防性的建議。

一、強暴迷思

　　強暴迷思流傳已久，其反映出傳統男性刻板印象與性的信念，多半認爲透過人際互動之間暴力的介入，可以正當地得到他人的順從。

　　迷思一：女性因爲她們的外表或動作而引發強暴。

　　事實：是男性強暴女性，因此男性要對強暴行爲負責。有九成的強暴事件是有預謀的，也就是有企圖的——例如，決定在單身女性進入電梯時強暴她，因此受害者做什麼或穿什麼並沒有影響（Lester, 1976; Scully, 1990）。唯一的分別是不管有沒有受到強暴都是女性，所以並沒有什麼因素可以預測（例如女性是否喝酒或

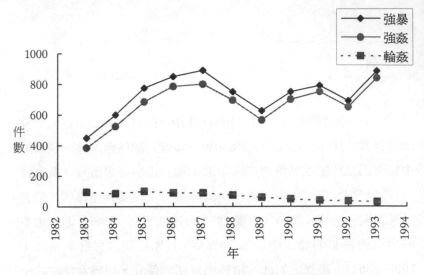

圖 10-2 台灣地區近十年來之強姦、輪姦犯罪圖
資料來源：黃富源，1995. ＜婦女人身安全政策篇＞. P.249.

在深夜時單獨一人）（Koss & Dinero, 1989）。例如彭婉如事件（1997）的發生是施暴者的性侵害犯罪，而非受害者的因素所致的命案。

迷思二：強暴是性格異常男性的性犯罪行為或暴力性行為（violent expression of sex）。

事實：研究顯示有十二分之一的大學生承認強暴或企圖強暴女性（Koss, Gidycz, & Wisniewski, 1987）。有三分之一的大學男生承認在沒有人的時候，也就是不擔心被發現的情況之下，他們會強暴女性（Allgeier, 1987）。如果所有強暴者都是性變態，那就表示有很多的人是性變態。事實上，多數的研究顯示男性犯強暴罪是心理的問題，這些人有良好的社交能力，而且他們的性生活是滿足的（Muehlenhard & Falcon,

1990; Scully, 1990)。強暴是一種暴力犯罪，一個暴力的形式（黃富源，1995），不是只因為激情所致的犯罪，所以不能只視為一種性犯罪，而應認為是性的暴力行為（sexnal expression of violence）。

迷思三：大部分的強暴者是躲在暗巷中的陌生人。

事實：絕大部分的強暴（八成到九成）是熟識的人所犯下的，而且有一半的強暴案件是發生在受害者的住處（All-geier, 1987; D. E. H. Russell, 1984）。不過，熟人強暴很少報案舉發（只有5%的大學女性已經報過案）（Koss et al., 1987）。因此，會報案的都是嚴重的強暴，女性不報案的原因有：不能確認是否真被「強暴」，因為和對方是熟識的人。以為是自己的錯（迷思一），她們害怕其他人會發現或責備她們（這可能是事實），而且她們認為自己能夠「忘了它」，也就是說相信如果她們不說，她們就可以很快忘了這件事（這不是真的，被強暴和侵犯其實是難以忘記的傷害）。在真實的案例中，不乏熟識者性強暴，如女童或女性被住家附近老年人、叔叔、伯伯、房客、鄰居或男朋友強暴的案例是隨處可見的。

迷思四：大部分的女性對於被強暴存有幻想。

事實：幾乎沒有女性表示希望被強暴（Malamuth, Haber, & Feshbach, 1980）。強暴是一種暴力的行為，幾乎所有的受害者遭受嚴重後果的痛苦，對情感和與其他人的關係都影響長遠，研究發現即使在一年之後，受害者還是處於焦慮、害怕、懷疑，而且迷惘的狀態（Kilpatrick, Resick, & Veronen, 1981; Sche-ppele & Bart, 1983）。有三分之一的強暴受害者在事後企圖自殺，有八成的受害者變得不再信任男性

(Koss, Dinero, Seibel, & Cox, 1988)。換句話說，不論是被熟識者或是被陌生人強暴的受害人，所受到的影響是一樣嚴重的。

迷思五：許多已報案的強暴案件都難以破案。

事實：約有10%以下的強暴罪行沒有破案。這情形和其他犯罪一樣，大多數的強暴並沒有報案。如此的迷思將增加強暴犯的動機與行為，而使更多人受害。

在這些迷思的暗示與反省中，可以發現一項令人深省的思維，都是以男性為主體的思考模式，進而形成一循環論證的迷思循環，使得女性在遭受強暴等侵犯之後，仍必須面對這些迷思的傷害，誠如Basow（1992）和黃富源（1995）所言，我們應視強暴為一暴力行為，並且是透過性方式來表達，不論其為一般性暴力或虐待性暴力手段，本質即為暴力犯罪。

二、文化因素

強暴並不是暴力的性行為，而是以性方式呈現的暴力行為，因此它和其它的暴力行為具有相似的特徵，即權力與支配性，相對地就是順從與服從的行為。Basow（1992）指出當暴力與性結合時，我們常以「征服」、「打擊」等字彙來形容，這結合使得男子氣概更加鮮明地呈現於眼前、彷彿強暴展現了男性對女性侵略、性的及支配性的傳統男性化特質。在跨文化的比較中顯示了文化與強暴的關係（Sanday, 1981），文化中持有傳統性別刻板印象的社會，如強調男性的剛強、攻擊與支配性，其人際之間暴力事件益多，且視強暴為支配的表徵。

在實際生活中，強暴案件是不勝枚舉的，其中對兒童與少年的性暴力數更令人驚心，根據台北市政府的資料顯示，一九九六年的受虐舉報案件為五百九十一件(比一九九五年成長了六成)，

其中性虐待爲五十一件，占10%，一九九七年初臺灣地區發生一中年男性強暴六歲女童，並以竹棍戳其下體至完全破裂，小腸只餘九公分之殘暴事件，更可發現強暴應視爲暴力行爲之必要性。由**表 10-1**可發現女性遭受強暴並無年齡之分，換句話說，女性不論年齡，隨時都處於人身不安全、易遭強暴的恐懼中，而這情形與文化因素是息息相關的。參考黃富源引用Baron和Strans（1989）有關犯罪社會學的資料分析強暴行爲的原因（1995：250-251）及周月淸（1995）、劉秀娟（1996）等資料時，可以發現文化因素的對強暴行爲的影響：

一、性別歧視論（gender inequality theory）

贊同此一論點的學者認爲現存的父權制社會有利於強暴事件的產生，因爲在此社會結構下所塑化的是性別（尤其是男女兩性）不平等的環境，形成女性附屬之地位，而男性爲支配者，此時「強暴」爲社會控制的手段，而女性對強暴的恐懼和強暴行爲則使男性得以維持支配性地位，並在權力上超越女性，使社會維持一性別不平等的均衡狀態。例如在鄧如雯案件中（〈中國時報〉，1994年2月2日）可以發現，鄧女遭受強暴之後則成爲林阿棋手中無法移動的卒子而任憑宰制（社會控制），其在遭受強暴事件之前後情況即爲此論點之鮮明代表案例（詳細鄧案可參考周月淸，1995，pp.240-276）。

二、暴力容許論（legitimate violence）

此一論點認爲，一個社會或其文化如果愈贊成使用暴力來追求社會所需的目標（如秩序和控制），那麼也愈容易將暴力轉化或投射到生活中，而形成「合法暴力」的社會結構。黃富源（1995）指出一個容許「合法暴力」的社會，將會有較多的「非法暴力」（p.250）。的確，當我們愈贊成以體罰及毆打來「管敎」子女的敎養態度時，受虐兒的比率將提升（余漢儀，1995）。事實上，暴力的本質不會因爲合不合法而有所改變。在本章引言的案例中，更

表 10-1 台灣地區近十年來強姦被害人年齡（歲）分布

	12以下	12至18	18至20	20至29	30至39	40至49	50至59	60至69	70以上	不詳
1983	58	145	43	98	33	9	2	1	5	0
1984	137	229	46	75	42	7	1	1	4	1
1985	138	275	68	151	75	11	6	0	10	1
1986	160	293	69	188	77	18	4	5	7	0
1987	174	342	66	185	67	19	6	6	0	3
1988	121	279	57	147	75	15	7	2	1	3
1989	102	271	49	96	65	14	5	2	1	6
1990	158	331	39	169	71	15	5	2	0	7
1991	127	330	52	151	96	32	5	1	0	7
1992	126	40	136	65	21	4	1	0	0	1
累計人數	1301	2535	625	1325	622	144	42	20	28	23
百分比	19.52%	38.03%	9.38%	19.88%	9.33%	2.16%	0.63%	0.30%	0.42%	0.35%

總人數：6665 平均年齡：18.63

資料來源：黃富源，1995.〈婦女人身安全政策篇〉, p.262.

可以發現合法暴力下的使用者，將暴力轉向日常生活層面，同時將施暴行為合理化，以掩飾其既得利益（權力）在面對挑戰時的焦慮。

三、色情刊物污染論（pornorgaphy）

主張這一論點的學者認為色情的傳播與媒體的無遠弗屆有關，並且因而助長了強暴事件的發生率。在色情刊物中提升男性主宰情欲及女性附屬的觀念，並且提供攻擊女性的示範，使強暴女性的暴力行為合理化及正當化。此外，也為強暴行為尋找藉口。例如台北市（1997年3月）某國中女生參加男友慶生會時，與初認識之另一男性在眾目睽睽下發生性行為模仿A片，在男友及其他慶生友人的「指導」下由「示範教學轉變為強暴事件」，涉案人雖因觸犯姦淫幼女罪仍在審理中，但明顯可見色情刊物（如A片、成人雜誌、色情寫真集等）對這群少年少女的影響。

在這些論點的分析下，呈現了相當清楚的負向兩性關係：兩性關係是建立在生理上的性需求與滿足，兩性關係的親近性與依附性是建立在權力差別下的支配與附屬關係，兩性關係的平等是建立在拳頭大小之上，我們深切地瞭解，如果由這些結果（強暴迷思和文化因素）來看待兩性關係，的確令人深覺悲哀，因為它完全與我們在第八章中所討論的愛與親密、平等的兩性關係本質相背。所幸，這些矛盾與衝突將會帶給我們來自挑戰的反省，也促使我們為平等尊重的兩性關係更加努力。

暴　力

在先前段落中有關性騷擾及強暴部分我們提到了暴力（violence）。暴力是相當嚴重的性侵害犯罪手段，其施行對象亦不分年齡，在親密關係的暴力類型中就可涵括婚姻暴力、老人虐待、

專欄10-3　什麼是暴力？

　　什麼是暴力？暴力的定義可以分爲狹義與廣義兩層面來界定。所謂狹義的定義，是指受虐者遭受刻意的身體性攻擊所造成的傷害，同時具有明顯可見的醫學上、身體上作爲臨床診斷的症狀而言，換句話說，是指依據暴力施予他人身體的傷害程度而言。廣義的暴力，則指故意或刻意造成他人身體上的痛苦或是傷害的行爲，包括了「一般性的暴力」（normal violence）與「虐待性的暴力」（abusive violence）（Gelles & Cornell, 1990: 22-23）。

　　一般性的暴力，包括了尋常可見的掌摑（打耳光）、推、擠與拍打。虐待性的暴力，是指危險程度較高的暴力行動，包括了用拳頭攻擊、踢、毆打、使人窒息、開槍射擊、刺殺或者是意圖開槍，使用刀械殺害等具高度傷害性的行動。廣義的暴力定義，比狹義的定義在舉報與處遇（treatment）受虐案件時更具積極性與預防性，因爲根據狹義的定義，受虐兒童或妻子、家人，都是必須具有明顯的傷害結果才能作爲判斷標準，然而，根據實務工作以及研究發現，如果只根據暴力的行爲後果（明顯可見的身體傷害）來診斷暴力，很可能忽略了某些有暴力行爲，但卻沒有造成身體傷害的受虐案件。

資料來源：劉秀娟，1996．《家庭暴力》．pp.17-19.

　　兒童虐待、手足虐待、約會暴力等，暴力在兩性親密關係中之普遍程度與發生頻率已與親密關係中的「愛」不相上下。

　　一般來說，我們並不會認爲家庭是社會中最暴力的場所。典

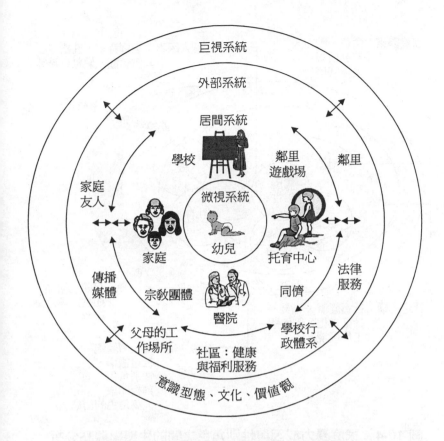

圖 10-3 Bronfenbrenner(1979)的生態模式

資料來源：D. R. Shaffer, 1996. *Developmental Psychoiogy*, p.59.

型的看法認為家是溫暖的、親密的、能夠抒解個人壓力並且是人們尋求安全的庇護所，我們之所以會如此將家庭（family）理想化的原因，主要是因為我們對家庭暴力的漠視與危機意識不足，或者是因為我們將家庭視為私領域，是一個生養子女、維繫伴侶關係與處理家務的場所。

事實上，在我們的社會中，個體遭到家人殺害、身體毆打、凌虐及掌摑的暴力虐待程度與頻率，往往甚於家庭以外的地方或

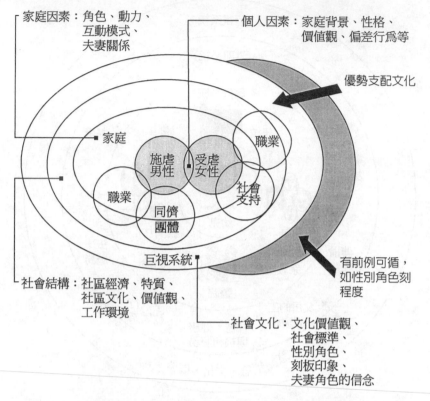

圖 10-4　家庭暴力成因與性別角色之間的生態學觀點分析
資料來源：修改自周月清,1995.《婚姻暴力》. p.47.

他人所作的傷害。如同Straus, Gelles和Steinmetz等人 (1976)
所說的，在家庭中，暴力比愛來得尋常可見。

　　由幼兒社會化的歷程來看，家庭是其最早接觸的社會單位，
由生態學觀點來看（**圖 10-3**），家庭、社區及社會之間是會產生雙
向互動 (bi-interaction) 影響的，嚴格來說，暴力對個體的最早
影響可說是來自家庭，甚至可視爲家庭文化及權力的反映作爲。
暴力行爲的成因極多，看似與兩性平等無關，但由周月清 (1975)
的資料中 (p.47)，不難發現優勢支配文化（差別待遇的本質）的

介入情況是值得重視的(圖 10-4),在家庭中的權力結構的不平等是相當清楚的(特別在中國社會中),因此暴力與兩性在家庭中的不平等地位實有相當程度的關聯。

　　大部分的家庭暴力事件中,反映了差別待遇的情況,其中婚姻暴力更明顯地展現出性別、權力的差別待遇及刻板印象的影響。例如周月清(1995)在討論有關施虐者的特質中指出,「施虐者」(尤其是婚姻中的男性)有些共同特質,例如:

(1)是一個控制者(controller):控制、支配伴侶。

(2)是一個防衛者(defender):壯大自己。

(3)是一個尋求贊同者:缺乏自尊心,要伴侶認同他。

(4)缺乏安全感,要伴侶依附他。

(5)占有慾、嫉妒極強。過度依賴並要求過度的關注。

(6)強烈侵略性格。

(7)易激怒。

(8)毆打與性行為(拳頭與男性性徵)可以維持控制及使伴侶屈服。

　　在這些施虐者的共同特質中,相當明顯可以發現傳統性別刻板印象的影響,如男性要強大、具支配性、受依附、攻擊性及男性陽具情結等,當男性的這些傳統男性化特質受到質疑及挑戰或忽視時,暴力行為就容易發生,至少在施虐者的文獻與研究中可以發現。例如在臺灣地區發生的一件毆妻事件中,施虐者為高收入、高地位的知識分子與專業醫師,其在毆妻事件曝光之後(〈中時晚報〉,1997年4月8日)表示,「不否認他打過妻子,但打她是有理由的」、「他氣得找她理論,一吵,他才動手打她」,這些話語充分反映「我是對的」、「我是有理由動手的」、「她無法溝通我才打」這類前述的男性情結,事實上沒有任何一個人有權力毆打(或拉扯碰撞)另一個人,也沒有以暴力來終結或取代溝通的「理由」,

暴力本身沒有理由可言，只有施虐者的「藉口」以及為自己施虐行為脫罪和合理化的「藉口」。那麼我們或許應該從中去探討這些暴力家庭（婚姻）的兩性角色與地位，瞭解男女兩性在此種負向親密關係（Straus和Gelles提醒我們，愛和暴力是可以並存在家中的）中的互動模式。

基於文獻及實務經驗討論，我國目前並沒有家庭暴力的專門立法，現行法令也未提供被害人特別之保護，即使在司法實務上以訴請離婚及提出傷害罪之告訴為法律救濟途徑，仍無法扭轉父權思想對受害者的多重傷害，一九九七年七月現代婦女教育基金會首度召開記者會，推動「家庭暴力防治法」的研擬，幾經修正、公開討論之草案，終於在一九九七年十月送交立法院（參考附錄），並於十月二十日一讀通過。

在此草案中，明定家庭暴力是指家庭成員間施以身體上或精神上的不法侵害行為。暴力的範圍除了侵害身體者之外，侵害精神者也包括在內。

而家庭成員的定義，在草案中也有較大的範圍，除參考民法家的概念所定的以永久共同生活為目的而同居的親屬團體，雖未同居但曾為或現為直系血親、姻親、四親等內的旁系血親或旁系姻親，前配偶或現配偶外，還包括曾有或現有同居共同生活的男女。

如此的定義，已將所有可能是家庭暴力加害人的關係人，全部包括在內，特別是在家庭暴力實例中常見的前夫、前同居人、現同居人。

草案中對於家庭暴力被害人，有著周詳的保護。首先，被害人可以向法院申請保護令。被害人為未成年人、身心障礙者、因故難以委任代理人者，其法定代理人、三親等以內血親或姻親、檢察官、警察機關、社會行政主管機構得為其向法院申請保護令。

由於許多家庭暴力的發生，都是突發的，或是發生在三更半

夜，所以草案中特別規定了暫時保護令，也就是法院依警察人員到庭或電話陳述，有正當理由足以認為被害人有受家庭暴力的急迫危險者，除有正當事由外，應於四小時內以書面核發暫時保護令，並得以電信傳真或其他科技設備傳送保護令予警察機關。

而法院在受理被害人保護令的聲請後，應立即通知兩造進行審理，審理終結後，得核發下列一款或數款命令：

- 禁止加害人對於被害人或其特定家庭成員實施家庭暴力行為。
- 禁止加害人直接或間接對於被害人行騷擾、通話、通信或其他連絡行為。
- 命加害人遷出被害人的住居所。
- 命加害人遠離下列場所特定距離：被害人的住居所、學校、工作場所或任何被害人或其特定家庭成員經常出入的特定場所。
- 定汽機車及其他個人生活上、職業上或教育上必需品的使用權。
- 暫時停止加害人對未成年子女權利的行使。
- 定加害人對未成年子女會面交往的方式，必要時得禁止會面交往。
- 命加害人給付被害人住居所租金或被害人及未成年子女的扶養費。
- 命加害人接受戒除酒癮治療、精神治療或心理輔導。

草案中並特別將騷擾做出定義，也就是指任何意圖打擾、警告、嘲弄或辱罵他人的言語、動作或製造使人心生畏怖的情境。

而加害人如果違反保護令，草案中規定可處三年以下有期徒刑、拘役或科或併科新台幣十萬元以下罰金。

家庭中發生了家庭暴力，子女往往是最大的受害者，內政部

擬定的家庭暴力防治法草案中，特別規定了對發生暴力事件家庭中未成年子女的保護措施。草案中規定，法院在為未成年子女改定親權行使人或扶養義務人時，推定發生家庭暴力的加害人，是不利於該子女的。換言之，家庭暴力的加害人，將喪失對未成年子女的親權。

這一法案的推動，並非針對特定性別而為，基本上的一個主要精神是在於維繫家庭中最基本的尊重與平等，但是由法的急切性與個案中的受害者多為女性來看，此法在現今社會中，無異可視為推動兩性平等的精神指標，當然，兩性之間仍必須藉由教育系統（學校、家庭、社會）來推動兩性平等教育或性別教育，才有可能共同生活。

結語與省思

在這一章所討論的議題中，可以明顯發現親密或平等的兩性關係，存在著許多難以立即消除的刻板印象與意識型態。暴力是最基本的男性化表徵和性別刻板印象的結合，這是具有壓倒性證據可以佐證的事實。對女性的暴力，特別是與來自家庭中權力差別待遇和文化因素支持有關的，同時，男人在權力的地位上過分地被誇耀，使男人濫用權力並且以「宣示」主權為樂。男性化、攻擊和性是相互關聯的，並且和暴力犯罪相關，特別是對女性的暴力行為更是如此。暴力的犯罪可能是一種取得權力的方式，擁有權力的男性可以「證明」他們的男性化特徵，性騷擾、強暴和毆打妻子是和性別角色規範、男性支配、性腳本和一般社會所支持的暴力等彼此互相糾結在一起的。除非社會力量變得兩性平等，男性性別角色變得和支配女性無關，否則難以改變這些情況。此外，採取更多方式幫助男性暴力下的受害者和處罰施虐者是刻

不容緩的。協助男性和女性自覺，體察兩性平等是建立在相互尊重的信念與具體行為上，是未來努力的目標，儘管這理想的路途似乎頗為遙遠，但是我們堅信，努力的路上並不寂寞。

第十一章
兩性關係與教育的展望

迷路:性別差異 VS. 個別差異?

妻：老公，垃圾車來了……

夫：哦，妳要我「幫妳」倒垃圾嗎？

妻：……是呀，可是我的垃圾和你的垃圾已經混在一起了，你是不是要將你的垃圾先從「我們的」垃圾中拿出來，然後再「幫我」倒垃圾呢？或者你先「幫我們」把垃圾倒掉，然後再來討論如何作你的和我的垃圾的分類?!

——劉秀娟，1996，台北

　　如果一個社會，每個人都能以自我獨特的方式發揮所長，而不局限於女性只能有女性化特質（養育性、表達性），或男性只能有男性化特質（攻擊性、工具性的），同時不必擔心「男人婆」或「娘娘腔」的稱呼，也不必有同性戀恐懼來阻礙兩性之間的親密關係發展，那麼在這個社會中，兩性平等將能充分實現，同時男女兩性的利益權力和經驗，都將是（也必然是）公共政策的重心。

　　在這一章，將試圖由個人、社會及制度層面來討論如何超越性別刻板印象的束縛，並且探究透過家庭、學校及社會推動兩性教育之必要性與迫切性，最後我們將針對兩性平等政策作一初探。

超越性別刻板印象

　　超越性別刻板印象並不容易，首先遇到的困難便是——性別早已深植我們所處的社會文化中，而我們竟然試圖改變或正在改變這刻板印象。在**圖 10-3** 我們引用 Bronfenbrenner (1979) 的生態模式來說明社會化歷程中行為（如暴力行為）產生時各環境因素的相互影響情形，在此我們也將藉由這一生態觀來說明超越性別刻板印象可努力的目標。

一、個人目標

　　這是由微視系統（microsystem）的角度出發，個人層次的改變，必須包括對強烈性別刻板印象的反省與去除。在本書前四章的內容中，我們已發現兩個取向是受到重視的，一為兩性化特質，另一為超越性別角色或是性別限制，目前學術界則著重於後者（Basow, 1992），換句話說是兩性平等關係努力的重點。

　　如在先前所討論的，「兩性化」特質結合男性（男性化特質）和女性（女性化特質）的特質，當然也就突顯這類性別特質在某些方面的彈性和整合性（Kaplan, 1979; Kaplan & Bean, 1976）。不過，一個在工作上總是好強且積極，但在家卻被動依賴的女性（反之亦然），和一個不能視情況需要而調整自主行為的女性，是既不具完整性也不富彈性的，是不能以兼具兩性特質聲稱的。引用上述的事實是因為兼具兩性特質的個體，其行為是不可能預測的，亦即不局限於老套、刻板的行為。舉例來說，一個人可能在某種情況下具養育性，但在其它情況下又可能果斷、敏銳或理性。因此，只有任何兼具兩性特質的個體才有機會將自己的潛能發揮到極致，而不受制於某些所謂被允許的行為。

　　雖然，上述概念已廣受重視，但是仍有難題待解。如同先前所討論的，重點在方法上的困境與定義的界定不易。舉例來說，不同的事件應以不同的尺度標準衡量，而不僅採用單一標準（如是否具兩性化特質）。在此觀念上，兩性化的概念其實已經建立（Bem, 1979）。假若人們不再固守性別特質，並修正及減少彼此的限制，那麼，現今兩性化的定義就沒有意義了。

　　另一個問題則在利用兩性化作為心理健康的標準上。因為要求每個人發揮更廣泛的特性其實可能讓個人像傳統角色一樣受到限制。比方說女性角色的「女強人」典範力促女性在扮演所有傳統女性行為時，必須扮演某些傳統男性角色。這樣兩性化，僅加

深了對個體期望的規範，而沒有改變任何事，而且我們尚無足夠證據可以完全證明兩性化真的較僅有單一性別的特性優越。我們需要去做的其實是依照個體的獨立特性為健全人類之功能下定義，也就是說，我們要建立一套理想成人行為而不涉及男性的傳統觀念。另外，我們也必須關心情境因素，因為不同的情形適用不同的特性，必須要確認在哪些情形下，兼具兩性化特質較單一性別特質更好，或在哪些情形下，單一性別特性是不適合的 (Locksley & Colten, 1979)。

　　Alexandra Kaplan (1979) 指出兼具兩性化特質是必須經歷兩個階段的，首先是雙重階段，指男女特性並存但是並沒有整合。第二階段乃高層次的混合階級，特性彼此調和並整合。更確切的說，也就是超越標準本身並避免突顯性別角色。

　　有的學者指出，在沒有嚴格的性別類型與性別角色下的社會，將發展成一個性別中立的社會，男女兩性將在行為與外觀上無法辨識（例如，Winick, 1968；引自Basow，1992）。依此見解，此一社會發展的後果可能所形成的兩性，彼此缺乏吸引力，終至人類滅絕。上述想法其實是不切實際的，因為性吸引力並非產生於髮型或行為，而是由學習而得的。中性社會的存在並非去除性別而成立，對於多數適切的行為與屬性來說，個別差異將更甚於性別差異，此種差異將持續存在並消除不符合現今性別常模者所經歷的負面影響

　　由於性別的認知結構很早就已經發展，而整個社會造成兩性間強大的差異，因此，養育一個沒有性別認知結構的兒童，其實有著很大的困難，或許有很多的考慮正試著去超越性別認知，有的方案甚至要持續到青春期才能奏效。要達成超越性別角色似乎包含了五個階段，這是超越性別的一部分過程 (Eccles, 1978; Rebecca, Hefner, & Olenshansky, 1976，引自Basow, 1992)。參考第一章有關性別發展及認同部分，我們可以瞭解：

- 第一階段：首先是開始的階段，在這一階段的性別角色發展爲性別是沒有差別的，也就是說，對尙未學習性別二分法的幼兒來說，人與人之間並沒有性別的不同（參考**表1-1**、**圖 1-1**）。

- 第二階段：乃極端的性別角色階段，也就是幾乎所有的男女行爲均視爲相對的並且是截然不同的，對一個三歲到七歲的幼童來說，此一階段的幼兒以認知來組織自己的世界，將事物分類爲黑白、好壞或男女等。

- 第三階段：在七至十一歲的第三階段，表現在前半階段的極端對立漸漸轉化，因爲性別已成爲自身的一環，然而性別差異與刻板性別形象仍然存在。

- 第四階段：乃青少年的性別觀念過渡期。在十二至十四歲的青年前期，青少年仍急切的想符合典型的性別刻板形象，所以極可能呈現明顯的性別特質。然而對十五至十八歲的青少年來說，如果能兼具兩性化特質，並且在社會環境中能人人平等，則男女兩性才能超越性別角色的限制。

- 第五階段：到第五階段，性別角色的超越是由強烈的個人認知而不是由性別差異中獲得。此階段結合並綜合了先前的性別相對特性，而成爲一個更不衡的性別角色的發展，在此環境的運作下，個人無疑地能夠更自由更適宜的表現與行爲。比方說個人可能對孩童親切，對下屬權威，對朋友富有同情心，然而這些行爲與個人的性別無關。

只有很少人的性別角色發展能達到階段五。它發展了一段很長的時間，並受社會的支持（如教育、制度、文化、價值觀等）而達成，不過它是個動態過程而非終點。如我們先前所討論的，對撫養兒女的任務與期待，又加上投入勞動市場的各種因素，很多人會趨向超越性別。因此，中年人也許是超越性別角色最顯著

的時期。

　　兩性化爲沒有性別認知基模以及超越性別角色提供了較傳統性別的另一種選擇。事實上兼具兩性化特質也許是超越性別角色過程中的一步驟，但對個體的改變來說，這當然並非唯一也未必一定是最好的選擇。然而如果可以嘗試著由這五個階段的變化中瞭解並配合教育的協助，仍是值得我們努力的目標。

社會目標

　　這是由居間系統（mesosystem）和外部系統（exosystem）的角度出發，以期待協助個體及所屬社會能超越性別刻板印象而達到兩性平等。如同在性格特質上的個體微視層次的改變一樣，任何變遷中的社會角色的改變過程都是改變的重要目標。如同第一章及後續章節連續討論的，Eagly（1987）指出社會角色理論是基於男、女性必須被迫扮演不同的角色，並因而發展出不同的特性與行爲而提出的。假如要改變刻板性別觀念，就必須改變性別角色。男性、女性將不只是與工作、權利、照顧小孩、服從等變項聯想在一起。的確，就我們所見，就業市場已不再是男性的天下，大部分的女性，尤其是大部分年輕女性，都投入了勞動力，因此，我們應該開始改變對兩性的性別角色期待。

　　雖然以性別區分勞動參與率幾乎是存在於所有的人類社會中（見第十章），但這仍是有辦法解決的，男、女性不見得必須做相同的工作，但都應致力於產出的工作（Gailey, 1987）。而且女性在薪水、教育的地位及家務分擔上，都應與男性受到相同的待遇，如果改變只是針對某一部分，將會局限了其他方面的改變。假如說女性提高了勞動參與，而家庭責任卻沒有相對地縮減或沒有提高社會福利制度與服務來支持此一改變，那麼這樣就難以達成性

別平等的待遇與理想。

如上面所提的，女性角色的改變比男性的大。現代女性不僅被期望成如傳統社會的養育子女角色，也被期待成要負擔部分或全部的家庭經濟。如此一來，加在女性的期望就變成不減反增了。雖然第六章中指出個體扮演了多重角色，但那些角色是基於自由選擇而形成的，並有恰如其分的個人、社會及制度支持，然而，事實上這些支持往往是最缺乏的。做丈夫的可能會因妻子有收入而感到受到威脅，老一輩的祖父母可能會批評自己的兒女為了工作而讓孫子全天待在托育中心。女性的工作場所沒有提供彈性工時，社會也僅能提供少數的資源（育嬰假，適當的托育中心）來協助此一負擔的情形下，往往造成一個壓力沈重、精疲力竭且因無法以足夠的時間陪伴子女而充滿罪惡感的女性。

至於男性角色的改變才剛開始（Allis, 1990; Clatterbaugh, 1990; Kimbrell, 1991）。男性仍被期望成為養家活口、維持生計，並在工作及社會地位上表現突出的人。但是他們身為職業婦女的妻子，也愈來愈期待他們能在照顧孩子負擔上多付出一些，雖然願意如此的男性增加的比率不多，然而人數仍在增加中。很多男性也因而具有多重角色而感受到和女性相同的壓力。然而工作的期望並未降低，「家庭主夫」的形象也不見得受到尊重與肯定，況且對於參與非傳統的性別角色，本身受到的支持較女性少。傳統的父母與朋友也可能認為會參與家務、做妻子該做的事的父親不算是一個男人，這些都是男性超越性別角色所會面臨的挑戰。

現今對兩性來說，角色是困難的，因為性別角色的期待仍不明確。在以傳統角色期待為主的情況下，新的角色期待又加了進來了。在一個以傳統角色為主的社會裡，許多改變是很困難的，在倍感壓力與充滿迷惑下，一九九〇年代的人們以回歸傳統角色來適應這壓力，似乎也是解決的方法之一，這也似乎是個趨勢。另一個解決方法，就是設法讓社會更支持非傳統角色，這意味著

改變社會對性別的期望外，社會制度運作方式也要同時改變。的確，要達到性別角色的確實改變，就是要轉變整個社會的態度。

一、制度目標

由制度面來反省整個性別角色意識型態及價值觀，其實是以生態模式的巨視系統（macrosystem）來進行的。在不同的性格特性與社會角色下，性別也與權力差別待遇有關。如同我們在第十、十一章所提到的，男性（及所有有關男性的事）總讓人聯想到權力及高身分地位，而女性（及所有有關女性的事）卻讓人聯想到缺乏能力及低身分地位。而社會制度更造成了這種區隔。我們活在男性制定規則的父權社會中，幾乎所有的社會體制都反應了這種性別生態。因此，不僅由男性主導而且也由男性的觀點採用一套與男性角色（操控、競爭、侵略、低敏感性的）相容的價值系統。為了真正改變刻板性別與角色，我們必須改變所處的父權社會系統及意識型態，讓社會體制帶給所有大家更多的反省與共鳴。

女性主義的信念，就是促使男女平等，兩性擁有相同價值與權力，並不是塑造另一個女男不平等的社會。因此，所有女性主義者試圖終止女性的從屬地位（對既有的父權社會的確帶來挑戰，因為意識型態作了改變與調整），通常多數人相信平等與解放以及重新建構是必須的，平等意味著不應該因為性別差異而有不同價值。在後現代社會中解放意味著現存的性別角色必須改變，因為它們本來是受到限制的。

在生態模式中我們看見個體在社會化歷程中由環境因素的雙向互動（bi-internaction）中學習，例如學習性別角色及認同，而我們也期待透過這樣的社會化歷程，協助個體重新發展超越傳統刻板印象的性別與角色，使兩性關係的平等教育（或生活態度）能重新建構一個優質的循環系統。

兩性教育

兩性教育並不等同於性教育，兩者的目標不盡相同、教育內容亦各有所側重。由性及性別的發展歷程及兩性之間互動而涉及各種與性別有關的親密關係，並且反映環境因素及社會文化價值觀等這類問題是兩性教育所關切的。事實上兩性教育關切的非僅全人發展（life-span），更在乎如何在生活態度、價值觀中教化懂得尊重他人性別、角色與選擇的個體培育愛己與愛人的能力，因此兩性教育是終生教育，也是生活教育之一環。

一、教育改變的方式

在前面段落中，我們以生態模式討論超越性別刻板印象的努力方向，而我們在推動兩性關係之平等教育時，亦可就此作為調整改變的依據。

㈠個體的改變

個體的改變是兩性平等教育最重要的部分，透過下面的方式或許可以協助我們重新建構平等的兩性關係。

• 意識自覺

自我覺察可以來自社會運動或觀察社群，亦可以透過自我反省、挑戰與接納的歷程而來。意識自覺本身也是一社會行動，個體在其中對自身及生涯發展有更明確的認識，獲得更高的自我接納與自信。例如許多女性在養育子女的歷程中，投入子女學校的志願服務工作，在其中察覺自己的真正能力與限制，並且思考社群對自己及家人共同成長的影響，這歷程在社區媽媽讀書會討論的歷程中是相當明顯的。

• 教育

接受教育是協助個體改變的理想方式，有關女性研究、男性研究及兩性議題在大專院系正呈現蓬勃發展之前的暖身狀態，當然也出現了部分引起爭議的努力（例如南部某大學開設的「婚姻與家庭」課程以實習夫妻的配對方式上課），對男女兩性相關議題的研討與分析是尋求兩性平等的必要方法，若能兼顧課程的其他教育意義與價值將更臻完善，然而，這些爭議正反映了個體及社會在自我覺察之後都急切地希望有更適切的學習方式和反省機會，而教育是協助這股改變力量並整合的最好角色。

● 訓練與改變

　　在教育的洗禮及影響下，個體對兩性關係可以有更平等的看法，也較能理解傳統刻板印象所帶來的箝制與影響，然而教化的歷程也必須能在生活中實踐，例如果斷的能力、表達情緒的能力，都必須在日常生活中加以訓練、發展實用的能力，並且在嘗試中訓練個體落實兩性平等關係。透過訓練，男女兩性可以在角色及角色功能與行為上有所改變，例如男性可以分擔更多的家務工作或表達積壓已久的情緒，女性可以與男性平等討論及工作等。

㈡社會的改變

　　為了使改變更有效率，社會和制度的改革是必要的，由於性別是在社會中構成的，因此要排除性別刻板印象的限制必須由社會層次來加以改變，並且再以兩性平等的模式重新建構兩性之間的互動關係，這些變化，則必須由社會中的基本意識型態、社會化結構和各種關係開始。

● 意識型態

　　解放運動事實上已經影響我們文化的意識型態有很長的一段時間了（Basow, 1992），儘管平等和尊重他人的選擇已為多數人所接受，但並未完全在生活中實踐（參考第十章引言文字），然而似乎也變成人與人之間互動一種規範（個體瞭解它的存在，但是否奉行是另一個問題），換句話說，有關「性別觀念」已變得較以

前平等的情況仍在持續中，雖然有關於角色期待的標準改變相當緩慢，也未必能持久，但是努力是有回饋的。

然而，值得我們注意的是，我們不只尋求兩性平等信念而已，如果強烈的個人主義仍然存在，那麼平等將有可能對社會改變形成阻礙。我們所期待的兩性平等是必須能尊重社群中的其他人（而不論其性別），因此兩性平等教育的意識型態必須建立在尊重社群中其他人角色與行為的整體概念下才有其意義。例如「自願未婚生子」，其的確有追求兩性平等的意味，但是如果對社群組織或制度帶來負向影響（如血緣不清可能導致的問題或對子女的影響等）則應慎重思考。此外如AIDS（參考**彩圖一**）的氾濫與發展趨勢，事實上不僅反映了性教育的不足，也反映了對兩性互動關係平等的誤解，尊重應是對等互惠而不是只重視個人主義的，終究人是在社群、生態中發展與生活的。

● 社會化

由於我們是透過社會化的歷程學習性別角色，因此在這方面的改革是相當重要的，幼兒父母及重要他人都必須瞭解僵化無彈性的性別期待是具有負面影響的。所以在生活中，特別在親子互動、手足互動中，鼓勵子女超越性別刻板表現的作為是迫切的，例如給與女孩獨立機會，鼓勵她們和男孩一樣發表自己的思考與想法、嘗試錯誤，或鼓勵男孩表達情感、發展溫暖敏感的特質，培養對親密關係的觀察與討論等。此外，減少人際之間語言互動上的性別歧視，例如使用「你們」取代「男生」和「女生」，使用「大家」取代「先生」或「女士」，避免「某太太」之類的性別稱謂。目前在臺灣地區教科書已試圖改變書本中性別刻板印象（如母親煮飯、父親看報）（林美和，1995），這些都是藉助社會化改變性別刻板印象的努力途徑。此外，教師是父母之外最重要的社會化角色，教師如果能察覺性別差別待遇對幼兒、學生性別認同的影響，並且願意協助兩性平等的教育推動，將是相當重要的推

專欄11-1　刑法妨害性自由及風化罪章的修正

　　法務部在1997年3月19日完成了刑法妨害風化罪的修正草案（＜聯合報＞，1997），將刑法「妨害風化罪」修正爲「妨害性自由及風化罪」，以彰顯個體性的決定自主權,同時爲因應兩性之間性犯罪的多樣性,增訂加重強姦罪、藉醫療手段強姦、播送色情聲音、影像等犯罪態樣。其修正主要重點如下：

- 對婦女的強姦罪,增訂肛交或以異物插入生殖器或肛門的犯罪態樣；其受強暴、脅迫程度,也由原定的「致使不能抗拒」,改爲「致使難以抗拒」。
- 將趁機姦淫猥褻罪的範圍,從趁被害人「心神喪失」,擴大至利用被害人精神耗弱、智能障礙、身體疾病或其他相類似之情形,不能或不知抗拒而姦淫猥褻者（包括肛交、口交或以異物插入肛門、生殖器）。如此,對智能障礙者施姦淫猥褻,或醫師利用病人不知情,假藉醫療手段姦淫或猥褻,亦可處罰。

動者。

- 關係

　　改變關係是社會改變的關鍵點,也是難以著力的部分（Basow, 1992）,特別是家庭中的兩性關係。

　　男女兩性在勞力分配上的協調是必要且有助個體及家庭發展的,較平等的勞力分配使女性能夠擺脫次級勞工的卑微及附屬地位,這也是我們在第三篇所論及兩性關係衝突的重點之一。女性必須實行新的,並且是兩性平等的模式來分擔家務與工作,促使

- 增訂加重猥褻罪的犯罪類型，規定二人以上共犯、利用駕駛公衆運輸工具機會犯案、侵入民宅隱匿，或猥褻未滿十六歲男女者，處三年以上十年以下徒刑，加重處罰惡性重大的強制猥褻行爲。另增訂強制猥褻而故意殺害被害人，可處死刑或無期徒刑；使被害人受重傷者，處無期徒刑或十年以上有期徒刑。

- 增列「聲音」、「影像」爲犯罪客體，規定散布、播送或販賣猥褻文字、圖畫、聲音、影像或其他物品，或公然陳列，或以他法供人視聽者，處二年以下徒刑、拘役或罰金，以適當規範目前氾濫的色情電話、電腦網路色情等。

- 將意圖營利，引誘、容留或媒介「良家婦女」與人姦淫罪，改爲引誘、容留或媒介「男女」，與他人姦淫、肛交、口交或以異物挿入生殖器或肛門罪，以規範賣身的「牛郎」及媒介性交易的「皮條客」，並使該罪的對象不限於「良家婦女」，以期周延保護女性。
（有關原「刑法」防害風化罪的法條，請參考附錄）

男性瞭解投入家務並非「職責之外的特別服務」(Lerner, 1989)。此外，女性也必須對所有（兩性的）職責學習說「不」，拒絕超過能力負擔及不適合個體的角色功能並不代表不盡責，善用資源(如男性可做的) 將更有效率。

㈢制度的改變

雖然制度的改變相當緩慢，但是我們深信這是必要的努力方向，由附錄資料與兩性平等相關法規中，我們瞭解雖然離兩性平等的目標仍然遙遠（特別法並不能解決根本的兩性問題），但至少

臺灣地區的努力是值得肯定與持續的。

● **法律**

在兩性關係的重新建構中，法律制定及解釋的出發點是十分重要的，法律應能由兩性「差異」的觀點轉換爲兩性「不平等」，再由「不平等」的思維探討「平等」之可能性。例如刑法妨害風化罪章的修正（**專欄11-1**）或民法親屬編的修正部分。這樣的改變對於兩性關係有導正作用，雖不及教育的預防性功能，但是將法律觀念落實於教育中，相信對兩性之間的平等有更明確的助益。

女性除了身體自主權的自主之外，也應在養育子女及照顧家庭的工作上獲得男性分工，因此針對兩性而設的福利制度（如親職假、托育服務及在職進修制度）等皆需重新出發，以尋求在法律保障下的兩性平等關係。

● **工作與家庭的重新定位**

相對於前述改變法律或選出認同男女兩性平等的民意代表的作爲，另一項必須改變的是工作與家庭的劃分和功能界定。由第十章的勞動參與力討論中，我們瞭解女性參與勞動市場的情況愈來愈多，但是家務的處理仍是其主要工作，尤其是在下班之後。所以在工業化的國家中，女性至少必須背負兩個工作的負擔——工作和家庭，這些對女性來說是相當嚴重的壓力與負荷，在這些社會制度所呈現的兩性平等，似乎就是女性必須承擔雙重工作，如此是很難使兩性平等的。當男女性共同參與家務或家庭決策、家庭經濟的維繫，那麼合作與相互扶持的角色功能以及超越傳統性別角色的作爲將會實際地促使兩性達到平等的理想。當良好的社會福利服務介入家庭，並不代表會替代家庭功能或取代任何家庭中的角色，然而這些支持性或補充性的服務（如托育服務），的確有助男性和女性共同參與家務，因爲兩性都可以透過支持系統取得福利資源。

在這一節中，我們企圖藉由個體、社會、制度等層面來提供改善兩性關係不平等現況的方向，但是這樣的角度或許因爲來自現況及歷史的觀察和分析，因此有了這以生態觀點爲基礎的嘗試，對於社會結構變遷快速的未來社會不知其合適性如何。例如在討論兩性關係與兩性不平等、兩性教育時，似乎都涉及了婚姻與家庭的概念，似乎兩性之間的關係是難以跳離這個範圍，我們瞭解這只是分析兩性關係的一個向度或是改善兩性平等教育的一個架構依據，但是當這個向度存在並且重要時，我們可能也必須擴大視野，去思考當婚姻與家庭在實質上產生變化後，對兩性關係之間互動的影響爲何，對關係本質的改變又具有什麼深刻的意義，也許當兩性都超越了性別刻板印象或角色限制、差別待遇之後，平等關係並未達到理想，那麼所反映出來的可能就是未來必須更努力的方向吧。

兩性教育的推動

在前面的段落中，筆者提出一個想法，性教育和兩性教育並不能視爲完全相等，但是彼此却應視爲以側重層面不同而相輔相成的教育。林燕卿（1995）指出性教育包括了探討男女在社會裡分別扮演的角色、彼此的關係、如何相互調適，以及各自承擔責任，因此是超越人類生理知識之外，包含所有與性和性別有關的特質，對身爲男女的感受、信任和關愛他人的胸懷等（p.442）。兩性教育，對目前即將邁入二十一世紀的社會亦是充滿挑戰性的「教育」，似乎也難以發現具體的教育內容、概念與教案設計，這或許與社會結構變化快速有關，如先前所提的，婚姻與家庭的質變，導致生活教育、家庭教育功能必須重新檢視及定位，因此兩性教育所受到的挑戰已經不是一套理念或多元教學法可以因應的，然

而社會需求及現況的挑戰，是否也正提醒我們必須重新界定兩性關係和教育，相信這是必要且有意義的議題。

什麼是兩性教育？兩性教育並不是整合性教育（sex education）和性別教育（gender education）所形成的特定教育本質或內涵，其教育價值與教育目標應是協助個體在生命成長的歷程中，探索、覺察、瞭解自己生理、心理發展及文化脈絡，並發展自己的社會角色，而且能尊重其他個體（不論是同性或異性）的發展、角色和選擇的一種愛己與愛人的能力；基本上這是一個來自全人教育觀點的終生教育和生活教育。

在第一章到第十一章，我們由性和性別的區分探索兩者之各項發展差異，接著由歷史脈絡中反省性別刻板印象對人際關係（包括各種親密關係）的影響和提醒，再觀察實際現實社會中的各種關係（正向或負向的親密關係），「性別」協助我們瞭解及詮釋這些關係，也真切地反映其中的不平等及缺乏尊重。離開「性別」這個分析向度或角色，兩性教育其實要求的是個體與個體、社群與社群之間的平等及尊重教育。由這個角度出發，或許兩性教育這樣的名詞會更具意義與彈性，畢竟在定義的多元化下，生活中豈會只有兩性（男性、女性？），因為文獻（參考Bem, 1976; Basow, 1992等）告訴我們，性別角色僅以兩性化（如剛柔並濟）來回應生活挑戰是不足的，我們必須超越性別（不是混淆性別或放棄性別）角色，發展出具有因應、解決生活問題，提升生活自理能力與品質的能力。

一、兩性教育的概念

基於前述兩性教育的本質，以及參考性教育的課程（林燕卿，1995）等資料，兩性教育應具有如下之基本概念：

概念一：人類發展（human development）

兩性教育除了兼顧性教育及性別教育之外，還必須包括對反映性別及角色的社會、文化歷史發展的瞭解。因此在人類發展的概念上，應包括生理、心理及文化發展，例如生理學、生殖、性行為、發展階段、性別認同、社會心理和心理社會等發展的瞭解。

概念二：關係 (relationships)

　　透過兩性教育應協助個體對關係本質，以及對親密關係、依附關係發展歷程的瞭解。此外對家庭內外、同儕、朋友各項關係如親子關係、夫妻關係、手足關係、友誼、愛等皆應探究。

概念三：溝通 (communication)

　　兩性教育也是一種互動歷程。溝通會反映個體的信念、態度和價值觀，也會反映個體作決策及協商的能力，同時也能協助個體在溝通歷程中發現及使用社會資源網絡。

概念四：健康 (health)

　　健康包括了生理及心理的，在兩性教育中應協助個體瞭解生理健康之必要，特別在性健康部分，因為其與優良的未來人力資源有關；此外，心理健康教育則反映個體在人際互動或兩性關係中挫敗或自傷之可能性與可防範性功能。

概念五：文化 (culture)

　　文化這一概念可由社會學為基礎，由生態觀點切入此一統整性的構念架構，其包括了個體生理和心理的社會、角色、法律、宗教、意識型態及美學等，協助個體瞭解每一性別在發展過程中的歷史及脈絡的獨特性。

　　在這五項基本概念下，兩性教育的課程則宜配合情境與學習者的發展情況來設計，形成一統整性的構念。

　　晏涵文（1992：446-447）曾針對幼稚園到高三學生為對象，設計一性教育概念架構，由其主要的內容可以發現透過對生理生殖及生長的理解，進而探討社會及情緒發展層面，最後進入婚姻

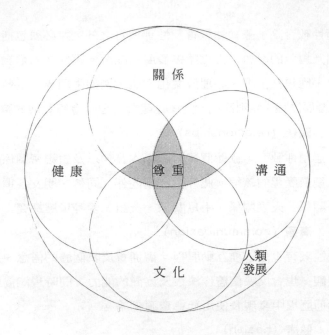

圖11-1 兩性關係教育概念架構圖

與家庭的概念。在此架構下,性教育是一長期性及階段性教育,也能充分配合學習者的能力與情況。兩性教育所反映出來的發展觀念和關係特質則更加明顯,因此上述五項基本概念或可形成圖11-1的架構。

同時在此五項基本概念的整合中,個體應能在發展中培養出對其他個體(性別)的平等互動與尊重能力。因此兩性教育相當明顯地是由個體出生之後即展開,並且是由其重要他人來予以教育,因此由家庭、學校、社區和社會的共同互動下才有可能提供一個良善的學習情境與環境。

尊重是後天學習來的行為,如果要讓行為內化,必須先協助個體瞭解其他性別的特殊性及獨立性,因此文化歷史的訓練是不可缺的,個體可在其中瞭解他人特殊性格及風格的部分原因是有

歷史脈絡性的，同時也可以發現平等之重要，例如在法律及宗教的部分。而透過關係的瞭解，個體可以察覺關係本質對每一類型關係的影響，也反映了其在異性關係中互動的模式，如果不學習修正也只是一種反射行為。在溝通的訓練中，個體可以察覺自己的溝通模式及解釋、詮釋能力的限制，並發展和其他性別的彈性互動模式，以符合不同互動個體的特質。在健康方面，協助個體在基於前述的幾個概念所發展的能力中，瞭解自己及他人生理、心理狀態，同時發展自助能力。而這些能力其實都建立在個體人生發展歷程中，每一概念都有其受發展因素限制與影響的可能，但是應可以在出生後同時給與，在後續發展中再來調整比例。例如幼兒發展性別認同時，可以協助其瞭解性別標籤（如衣著、行為）中所蘊含的文化意義，也可以協助其發展平等互動的溝通技能。在這樣的理念下，兩性教育應是能反映社會的文化，因此它也應為生活教育的一部分。

迎向未來

　　Basow（1992）曾指出現今政治上的保守勢力及對女性主義的反彈，很可能造成兩性平等運動的停擺，因為兩性平等的觀念，並未徹底地植入我們的文化意識，因此很容易遭到排除。的確，我們在初步探究兩性關係教育時，發現平等與尊重必須始自生活中的文化意識，而在社會化歷程中塑化成為自發性的能力。其中蘊含了相當明確的自我反省與批判思考的能力，這能力是目前我們推動生活教育或基礎教育的必要特質，在大環境的帶動下，這股更新的平等及尊重個體（性別）的力量應是有為的。

　　在**專欄 11-2**中我們對女性主義有些初步的瞭解，其實整體而言女性主義追求的仍是兩性平等的社會，並不是提升女性壓抑男

專欄11-2　女性主義簡介

(一)自由主義的女性主義

　　此派觀點主要強調機會的平等，因此有時被稱爲主張平等機會的女性主義。在社會階級或種族上，力求改變社會不平等。此目標是要爲女人在現存的體制中，在政經和社會權力上，取得和男人平等的地位。雖然兩性間的確有先天差異可能，但在性別角色也不應有所差別對待，尤其因爲女性壓抑的根源是來自性別歧視。由此而產生的具體行爲目標是改變在不平等社會中存有的體制及組織上的標準。

(二)社會主義的女性主義

　　社會主義的女性主義是以傳統馬克斯社會主義的觀點爲依據並且加以革新，亦即女性主義並不滿意傳統馬克斯主義對女性及

性的極端思維，然而我們也清楚，在既有社會制度中，爲兩性或每個人尋求平等並不是一件容易的事。

　　我們每個人都是社會的產物，想像這個世界成爲一個眞正兩性平等並相互尊重的社會，起點是有些困難的，因爲目前的不平等很容易使我們陷入對未來相對、極端的理想與害怕，也許我們都由此被曲解的性別刻板印象與潛力中出發，所以對未來兩性關係也充滿了困惑與不安定感。如果我們在實踐平等兩性關係及教育時，不時反省思考自己的觀點限制，那麼相信所有的改變目標都可達成，而我們也可以試著描繪未來的藍圖。

家庭的觀點而有所修正。相對於自由主義的女性主義，社會主義的女性主義更致力在改變經濟體制，以便建立兩性的平等。經濟壓迫與性壓迫不但明確而且彼此強化，並且造成更大的負向影響。僅有少數男性是在利用勞動階級的男性與女性，但是所有的男人都在剝削女人。因為，在就業市場上女性工作的所得較男性少，甚至家庭主婦根本連薪水都沒有。

(三)激進的女性主義

有鑑於社會女性主義者強調經濟及性剝削的嚴重性，激進的女性主義者所提出的論點主要是男性對女性的壓迫，並且是在所有議題上的性別壓迫（例如經濟和種族壓迫）。激進女性主義間也有不同的主張，包括了女同性戀的女性主義和文化的女性主義。然而，很多人都同意依據歷史來看，女性受到壓迫是最早的，並且實際存在於所有的社會中，而且不會僅因社會的改變而被消除，例如社會階級的廢除之後，女性仍然是受到壓迫的群體。

一、個人和社會的可能性

雖然非傳統性別形成的男性和女性，可能不會因活動、興趣或性格模式而有所不同，但是他們仍會保留他們獨立的性別認同。性別認同基本上是一個人的男性觀念和女性觀念（參考第一章）。這包含了瞭解並重視自己的生殖器、第二性徵和它們的發展，也包含了接納自己對性別的認同，以及對性別角色的信念與態度，在關係的建構上男女之間的性吸引還是會發生，並且讓個體更清楚自己與對方的需求及期待。由於異性戀已不再是強制性的唯一模式，因此同性戀恐懼也可能被排除，我們可預見同性戀

經驗和關係的增加，並且受到接納與尊重及平等的對待。而由於同性與異性戀模式間強迫性的選擇不是必須的，很可能雙性戀會增加，雖然這些趨勢挑戰了現有的親密關係模式，却也提醒我們兩性關係的教育必須跳脫旣有模式，而由超越性別角色的架構來推展。同時因爲性要求開放、信任，因此個體很可能在性經驗中會比現在更感到滿足，性的雙重標準應是不再存在。

由於男性、女性會發展出富於表達性─養育性的特質，所有的關係會變得更豐富。男性同性間的友誼會變得更親近，而女性同性間的關係也可提供兩性間的情感支持。女性不再需要在配偶關係中尋找經濟的保證，因此男性和女性可以根據友好、瞭解、親切、身體的吸引力或性能力來選擇配偶，女性不再以婚姻爲個體發展的必要目標，因而婚姻也變少了，事實上，根據內政部（1997）的統計，臺灣地區的結婚數已明顯下降，而離婚率却持續上揚，當然，年齡稍長再結婚也是可能的(女性初婚年齡提高)，這些現象提醒我們，婚姻及其結果將是根據個體自由意志下的抉擇，而非只是社會期待與經濟保障下的實踐行爲，所以，選擇婚姻形式的個體，較有可能察覺平等之可貴及必要，因而較能擺脫兩性關係中權力及性別角色刻板印象的限制。

由於晚婚的可能性增加，而離婚也不再被認爲是一種人生的失敗，因此未來會有更多的單身人口。所以，單人家庭會有所增加（這是已經開始的一個趨勢）（彭懷眞，1996），而生活型態的選擇也會增加(像單親和社區機構的集體生活)。同性間的關係將會被廣泛地接受，換句話說，這些選擇可能也不會再被認爲是離經叛道與旣有互動形式不合的。

在平等的社會中，父母會以非傳統性別形成的模式去對待他們的小孩，分擔家庭和工作的責任。透過他們的行爲和他們自己的身教，塑造出相信兩性平等的非性別刻板印象的子女。在平等的觀念下，附加在男女身上的壓力會大大地降低。結果是女性有

了更好的精神和健康——少一點憂慮和沮喪以及多一點自尊。在社會對角色的期許轉變時，當男性放棄了自我傷害的行為（如使用毒品、暴力），他們也會有更多的健康，而且與同性、異性和孩子之間的親密關係也會好轉。

工作和家庭間角色的分工也會瓦解而重新定位。男性、女性皆會參與勞動力和家事的工作，勞動市場會反映出這些改變。相對地，勞動力市場中男性、女性的人數相同，而且角色區隔的形勢也會大大地降低。因此，大部分的職業會顯示出兩性的混合，而且由於薪資是以相稱的價值為基礎，所以女性的薪資也會跟男性一樣。工作競爭意味著只要是最優秀的人（男性和女性）就可以在任何特殊的職位，更大的工作彈性意味著男性、女性可以更自由地辭職、請假、兼職工作和換工作。將會有更多彈性工時和兼職的工作機會，而兩性也會更有利於他們自己的發展。

由於女性仍然需要生育子女，因此她們可能有比男性更多的假期，但她們的工作必須獲得保障，而請假的時間也應獲得補償（父母之一有權為照顧孩子的活動請親職假）。假如父親或母親決定停留比假期更長的時間在家（約一年），就可得到另一配偶某比例的付費，如同家務有給受到肯定。假若離婚，則有權被給付養老基金、社會保險津貼和工作訓練津貼，即當政府推動國民年金或社會保險時應考慮這些族群，因為這些人不是因為必須照顧孩子，就是因為找不到工作而無法進入就業市場。照顧孩子的方法措施改變了，更多由政府、企業或社區提供的白天和放學後的托育服務已開始更理想，例如臺灣地區兒童福利專業人員的認證及相關罰責，都將使福利社區化推動更具優質的服務協助家庭。

人們可經營的生命中的時段增加了，假如愈來愈多人進入就業市場，他們或許不會到了七十歲還在從事一星期四十小時的工作。這表示會有更多休閒的時間，男、女兩性會追求更多的活動和嗜好。而有更多休閒時間的男女，能填滿那些習慣於傳統社區

志願活動的女性所留下的空白。男性認同不再只是以他工作者和謀生者的角色爲基準，那些退休或停止工作的人，現在所經歷的許多情感上和身體上的壓力會降低或是被排除。

這證明了許多可能的改變，要靠社會是否富裕而定。雖在經濟蕭條的時代，非性別類型的運行仍招致了改變。孩子的照顧可由父母分擔並受到制度支持的協助。由於女性、男性未必比另一方更可能在外找到工作，因此家務工作也是可以分擔。

二、制度的可能性

在平等的社會中，政治和工業可能變得更有人情味，並以社會爲導向，行動應該要遠離權力、競爭和統治，而偏向民主和團體決議。愈來愈多的女性會出現在管理和高層職位以及其他權力地位。社會這樣的改變，也會影響國內和國外的政治。舉例來說，我們會降低對貪污賄賂、不尊重人權的外國獨裁政府的經濟制裁。國家發展計畫包含了女性，而且會考慮對人類和自然資源的發展的長期意義 (Shiva, 1988; Tinker, 1990)。健康照顧會改善營養不良現象，尊重生態的措施會更受重視，不尊重人權的工作會減少。因此，情境的虐待應該會減少 (Diamond & Orenstein, 1990)。傳統的科學受到女性主義意識的影響，因此會更尊重人類生活和人類尊嚴而不是成爲相互剝削的研究與實踐。

假如暴力與男性化的性別角色沒有那麼多的連結，男性更清楚自己存在的意義 (meaning)，而女性也同樣地受到尊重，我們就可以期待男性的暴力行爲會減少。女性總是在和平運動的最前線努力不懈，而融合了平等、尊重等價值觀的社會將更傾向於非暴力且能和平地解決衝突的型態 (Gordon, 1990)。以平等主義的價值觀所建立起來的社會，對女性的侵犯罪行，特別是性虐待之影響會大大地降低。事實上，所有的犯罪行爲都是因爲支配和權力的欲望所致，而這些犯罪行爲（像是性騷擾、強暴、近親相姦

和虐待）都應受到教訓。暴力的色情書刊，若沒有銷售的市場或
受到兩性平等意識的排擠，自然就會消失了。性別歧視的廣告和
媒上性別歧視的形式都不應該被容許。

在平等主義的社會，種族上的差異應該被承認，也應該被接
受，而不是被責難和排擠，這並非多元文化的口號而已，事實上
我們必須瞭解個別差異及刻板印象存在的真實性。然而，我們要
努力的是不受刻板印象所左右，影響對每個人生存的偏差。沒有
父權社會的典範存在，那麼某團體去操縱另一團體的需求就會減
少。超越權力就是超越「一人失就有一人得」的階級制度（French,
1985），因此，尊重個別差異與致力平等是真正民主的基礎，也是
透過兩性教育在生活中落實的唯一方法。

總括來說，在真正平等的社會中是沒有什麼可以憂慮的，雖
然男性長久以來在生物性上面獲得權力與地位，然而，他們也必
定會在平等精神中獲得良好的性格與人際的成長。同樣的，女性
在這方面也是獲益良多，在平等的兩性關係中，基於我們對他人
或是其他性別的尊重，予以每一個人最適性的發展機會及回饋，
或許我們的世界才能更好、更安全與更祥和。

附　錄

性侵害犯罪防治法
性侵害犯罪防治法施行細則
兒童及少年性交易防制條例
兒童及少年性交易防制條例施行細則
兒童福利法
兒童福利法施行細則
少年福利法
少年福利法施行細則
家庭暴力防治法
家庭暴力防治法施行細則
刑法妨害風化章
台灣地區提供兩性關係服務之實務機構一覽表

性侵害犯罪防治法

中華民國八十五年十二月三十一日立法院制定
中華民國八十六年一月二十二日總統公布

第一條　爲防治性侵害犯罪及保護被害人權益，特制定本法。

第二條　本法所稱性侵害犯罪，係指刑法第二百二十一條至第二百二十九
　　　　條及第二百三十三條之犯罪。

第三條　本法所稱主管機關在中央爲內政部；在省（市）爲省（市）政府；
　　　　在縣（市）爲縣（市）政府。

第四條　內政部應設立法性侵害防治委員會，其職掌如下：

一、協調及監督有關機關性侵害防治事項之執行。

二、研擬性侵害防治政策。

三、監督各級政府建立性侵害處理程序、服務及醫療網絡。

四、督導、推展性侵害防治教育。

五、性侵害有關問題之研議。

六、其他性侵害防治有關事項。

第五條　性侵害防治委員會，以內政部長爲主任委員。

民間團體代表、學者及專家之比例不得少於委員總數二分之一。

性侵害防治委員會應配置專人分組處理有關業務，其組織規程由中央
主管機關定之。

第六條　各直轄市政府及縣（市）政府應各設立性侵害防治中心，辦理下列
　　　　措施，以保護被害人之權益並防止性侵害事件之發生：

一、二十四小時電話專線。

二、被害人之心理治療、輔導、緊急安置與法律扶助。

三、協調教學醫院成立專門處理性侵害之醫療小組。

四、給予被害人二十四小時緊急救援、一般及緊急診療,協助驗傷及取得證據。

五、加害人之追蹤輔導與身心治療。

六、推廣各種教育、訓練與宣傳。

七、其他與性侵害有關之措施。

前項中心應配置社工、警察、醫療及其他相關專業人員,其組織規程由地方主管機關定之。

地方政府應編列預算辦理前二項事宜,不足由中央主管機關編列專款補助。

第七條　中央主管機關應建立全國性侵害加害人之檔案資料。

前項檔案資料之內容應包含指紋、去氧核醣核酸比對,其管理及使用辦法由中央主管機關定之。

第八條　各級中小學每學年應至少有四小時以上之性侵害防治教育課程。

前項所稱性侵害防治教育課程應包括:

一、兩性平等之教育。

二、正確性心理之建立。

三、對他人性自由之尊重。

四、性侵害犯罪之認識。

五、性侵害危機之處理。

六、性侵害防範之技巧。

七、其他與性侵害有關之教育。

第九條　醫院、診所對於性侵害犯罪之被害人,不得無故拒絕診療及開立驗傷診斷書。

前項驗傷診斷書之格式由中央衛生主管機關會同司法院、法務部共同訂定之。

違反第一項規定者,衛生主管機關得處以新台幣六千元以上三萬元以下罰鍰。

第十條　宣傳品、出版品、廣播電視、網際網路或其他媒體不得報導或記載性侵害事件被害人之姓名或其他足以識別被害人身分之資訊。但經被害人同意或因偵查犯罪之必要者，不在此限。

違反前項規定者，新聞主管機關對其負責人及行為人，得各處以新台幣三萬元以上三十萬元以下罰鍰，並得沒入前項物品。

行政機關及司法機關所製作必須公示之文書，不得揭露足以識別被害人身分之資訊。

第十一條　法院、法務部、內政部、警政署、行政院衛生署，應制定性侵害事件之處理準則，以保障被害人之權益。

法院、檢察署、警察機關，應指定專人辦理性侵害犯罪案件。

前項專人應接受專業訓練。專業訓練內容由各機關訂定之。

第十二條　性侵害犯罪之告訴人得委任代理人到場。但檢察官或法院認為必要時，得命本人到場。

律師擔任告訴代理人時，得於審判中檢閱卷宗及證物，並得抄錄或攝影。

法院依刑事訴訟法第二百八十九條行言詞辯論程序前，應予告訴人陳述意見之機會。但告訴人陳明不願到場或經合法傳喚無正當理由而不到場者，不在此限。

第十三條　性侵害犯罪被害人之法定代理人、配偶、直系或三親等內旁系血親、家長、家屬或主管機關指派之社工人員得於偵查或審判中，陪同被害人在場，並得陳述意見。

第十四條　性侵害犯罪中之被告或其辯護人不得詰問或提出有關被害人與被告以外之人之性經驗證據。但法官或檢察官如認有必要者，不在此限。

第十五條　偵查、審判中對智障被害人或十六歲以下性侵害被害人之訊問或詰問，得依聲請或職權在法庭外為之，或採雙向電視系統將被害人與被告、被告律師或法官隔離。

前項被害人之陳訴得為證據。

第十六條 性侵害犯罪之案件，審判不得公開。但經被害人同意，如被害人已死亡者，經其配偶及直系血親全部之同意，不在此限。

第十七條 地方主管機關得依性侵害被害人之聲請核發下列補助：

一、醫療費用。

二、心理復健費用。

三、訴訟費用及律師費用。

四、其他費用。

前項補助辦法，由地方主管機關定之。

第十八條 性侵害犯罪之加害人經判決有罪確定，而有下列情形之一者，主管機關應對其實施身心治療及輔導教育。

一、刑及保安處分之執行完畢。

二、假釋。

三、緩刑。

四、免刑。

五、赦免。

前項身心治療及輔導教育之期間及辦法由中央主管機關會同法務、教育、衛生等機關定之。

不接受第一項身心治療或輔導教育，或接受之時數不足者，處新台幣六千元以上三萬元以下罰鍰，經再通知仍不接受者，得按次連續處罰至接受為止。

第十九條 本法施行細則，由中央主管機關於本法公布後六個月內訂定之。

第二十條 本法自公布日施行。

性侵害犯罪防治法施行細則

內政部八十六年七月二十一日

台內防字第八六二二六〇六號令發布

第一條 本細則依性侵害犯罪防治法（以下簡稱本法）第十九條規定訂定
之。

第二條 性侵害被害人（以下簡稱被害人）之保護措施，除本法之規定外，
並應分別與兒童福利法、少年福利法、兒童及少年性交易防制條例之保
護措施相互配合，予以保護。

第三條 本法第六條第一項第三款所稱醫療小組，應由該教學醫院院長擔
任召集人，其成員至少應包括醫事人員及社會工作人員。

第四條 直轄市及縣（市）政府性侵害防治中心經徵得被害人同意驗傷及取
得證據後，應保全證物於證物袋內，並立即送內政部警政署刑事警察局
鑑驗。（案件經告訴或自訴者，內政部警政署刑事警察局應將前項證物
連同鑑驗結果檢送該管司法警察、檢察機關或法院；案件尚未提起告
訴或自訴者，應將證物移送犯罪發生地之直轄市或縣（市）政府性侵害
防治中心保管，除未能知悉犯人及非告訴乃論之罪者外，證物保管六個
月後得經被害人同意銷毀。）

前二項被害人之同意，應填具同意書；同意書之格式及證物袋之規格，
由中央主管機關會商有關機關定之。

第五條 醫院、診所、司法警察、社政、教育、衛生等單位受理性侵害犯罪
有關事務時，應知會當地性侵害防治中心，並於徵得被害人、法定代理
人或依法負責執行監護事務者同意後為之。其不同意者，知會之內容，
以犯罪事實或加害人資料為限。

前項知會作業，應注意維護被害人之秘密或隱私，不得洩露或公開。

第一項知會程序及知會單格式，由中央主管機關會商有關機關定之。

第六條 中央主管機關為建立本法第七條第一項之檔案資料，應請各相關機關提供性侵害加害人之指紋及去氧核糖核酸樣品。

第七條 本法第十條第二項所稱新聞主管機關，在宣傳品、出版品為直轄市及縣(市)政府；在廣播電視、網際網路為行政院新聞局；在其他媒體，視其性質，屬於中央者，為行政院新聞局，屬於地方者，為直轄市及縣(市)政府。

第八條 本法第十三條所稱主管機關，係指被害人所在地之直轄市及縣(市)政府。但必要時，得視實際情形委託其他直轄市及縣(市)政府。

第九條 本法第十三條所稱主管機關指派之社工人員，係指下列人員：

一、直轄市、縣(市)主管機關編制內或約聘僱之社會工作人員或社會行政人員。

二、受直轄市、縣(市)主管機關委託之社會福利團體、機構之社會工作人員。

三、教學醫院之社會工作人員。

四、執業之社會工作師。

第十條 主管機關依本法第十三條指派社工人員陪同被害人到場，應經被害人之申請。被害人係兒童或少年者，並應依兒童及少年性交易防制條例之規定辦理。

主管機關受理被害人前項之申請，不得拒絕指派社工人員陪同。

第十一條 社工人員依本法第十三條規定陪同被害人到場陳述意見時，應基於專業倫理及保護被害人之權益，就其所蒐集之資料及被害人身心狀況予以陳明。

第十二條 本法第十七條所稱地方主管機關，係指被害人戶籍地之直轄市、縣(市)政府。

第十三條 各直轄市及縣(市)政府性侵害防治中心應每半年邀集當地社政、教育、衛生、警察及新聞等相關單位召開協調會議一次。但必要時

得召開臨時協調會議。

第十四條　本細則自發布日施行。

兒童及少年性交易防制條例

中華民國八十四年八月十一日
華總㈠義字第五九五七號令公布
中華民國八十八年四月二十一日修正
中華民國八十八年六月二日修正

第一章　總則

第一條　為防制、消弭以兒童少年為性交易對象事件，特制定本條例。

第二條　本條例所稱性交易指有對價之性交或猥褻行為。

第三條　本條例所稱主管機關：在中央為內政部；在省（市）為社會處（局）；在縣（市）為縣（市）政府。各該主管機關應獨立編列預算並置專職人員辦理兒童及少年性交易防制業務。

法務、教育、衛生、國防、新聞、經濟、交通等相關單位涉及兒童及少年性交易防制業務時，應全力配合之，各單位應於本條例施行後六個月內訂定教育宣導等防制辦法。

主管機關應於本條例施行後六個月內會同前項相關單位成立兒童及少年性交易防制之督導會報，定期公布並檢討教育宣導、救援、加害者處罰、安置保護之成果。

第四條　本條例所稱身童及少年性交易防制之課程或教育宣導內容如下：

一、正確性心理之建立。

二、對他人性自由之尊重。

三、錯誤性觀念之矯正。

四、性不得作為交易對象之宣導。

五、兒童或少年從事性交易之遭遇。

六、其他有關兒童或少年性交易防制事項。

第五條 本條例為有關兒童及少年性交易防制事項之特別法，優先他法適用。

本條例未規定者，適用其他法律之規定。

第二章　救援

第六條 法務部與內政部應於本條例施行後六個月內，指定所屬機關成立檢察之專責任務編組，負責全國性有關本條例犯罪之偵查工作。

第七條 前條單位成立後，應即設立或委由民間機構設立全國性救援專線。

第八條 法務部與內政部應於本條例施行後六個月內訂定獎懲辦法，以激勵救援及偵辦工作。

第九條 醫師、藥師、護理人員、社會工作人員、臨床心理工作人員、教育人員、保育人員、警察、司法人員、觀光從業人員及其他執行兒童福利或少年福利業務人員，知悉未滿十八歲之人從事性交易或有從事之虞者，或知有本條例第四章之犯罪嫌疑者，應即向當地主管機關或第六條所定之單位報告。

本條例報告人及告發人之身分資料應予保密。

第十條 本條例第四章之案件偵查、審判中，於訊問兒童或少年時，主管機關應指派社工人員陪同在場，並得陳述意見。

兒童或少年於前項案件偵查、審判中，已經合法訊問，其陳述明確別無訊問之必要者，不得再行傳喚。

第三章　安置、保護

第十一條 國民小學及國民中學發現學生有未經請假、不明原因未到校上課達三天以上者，或轉學生未向轉入學校報到者，應立即通知主管機關及教育主管機關。主管機關應立即指派社工人員調查及採取必要措施。

教育部應於本條例施行後六個月內頒布前項中途輟學學生通報辦法。

第十二條 為免脫離家庭之未滿十八歲兒童或少年淪入色情場所，主管機關應於本條例施行後六個月內設立或委託民間機構設立關懷中心，提

供緊急庇護、諮詢、連繫或其他必要措施。

第十三條　市、縣（市）主管機關應於本條例施行後六個月內，設置專門安置從事性交易或有從事之虞之兒童或少年之緊急收容中心及短期收容中心。

市、縣（市）主管機關於緊急收容中心及短期收容中心應聘請專業人員辦理觀察、輔導及醫療等事項。

第十四條　教育部及內政部應於本條例施行後一年內，聯合協調省(市)主管機關共同設置專門安置從事性交易之兒童或少年之中途學校。

中途學校應聘請社工、心理、特殊教育等專業人員提供特殊教育。

中途學校學生之學籍應分散設於普通學校，畢業證書應由該普通學校發給。

第十五條　法官、檢察官、司法警察官、司法警察、聯合稽查小組或本條例第六條之任務編組查獲及救援從事性交易或有從事之虞之兒童或少年時，應立即通知主管機關指派專業人員陪同兒童或少年進行加害者之指認及必要之訊問，並於二十四小時內將該兒童或少年移送市、縣（市）主管機關設置之緊急收容中心。

第九條之人員或他人向主管機關報告或主管機關發現兒童或少年從事性交易或有從事之虞者，主管機關應將該兒童或少年暫時安置於其所設之緊急收容中心。

從事性交易或有從事之虞之兒童或少年自行求助者，主管機關應提供必要之保護、安置或其他協助。

第十六條　市、縣（市）主管機關所設之緊急收容中心應於安置起七十二小時內，提出報告，聲請法院裁定。

法院受理前項報告時，除有下列情形外，應裁定將兒童或少年交付主管機關安置於短期收容中心：

一、該兒童或少年顯無從事性交易或從事之虞者，法院應裁定不予安置並交付該兒童或少年法定代理人、家長、最近親屬或其他適當之人。

二、該兒童或少年有特殊事由致不宜安置於短期收容中心者，法院得裁

定交由主管機關安置於其他適當場所。

第十七條　主管機關依前條安置後，應於二週至一個月內，向法院提出觀察輔導報告及建議處遇方式，並聲請法院裁定。

法院受理前項聲請時，應於二週內爲第十八條之裁定。如前項報告不足，法院得命主管機關於一週內補正，法院應於主管機關補正後二週內裁定。

第十八條　法院依審理之結果，認爲該兒童或少年無從事性交易或從事之虞者，應裁定不予安置並交付該兒童或少年之法定代理人、家長、最近親屬或其他適當之人。

法院依審理之結果，認爲該兒童或少年有從事性交易者，除有下列情形之一者外，法院應裁定將其安置於中途學校，施予二年之特殊教育：

一、罹患愛滋病者。

二、懷孕者。

三、外國籍者。

四、來自大陸地區者。

五、智障者。

六、有事實足證較適宜由父母監護者。

七、其他有事實足證不適合中途學校之特殊教育，且有其他適當之處遇者。

法院就前項所列七款情形，及兒童或少年有從事性交易之虞者，應分別情形裁定將兒童或少年安置於主管機關委託之兒童福利機構、少年福利機構、寄養家庭或其他適當醫療或教育機構，或裁定遣送，或交由父母監護，或爲其他適當處遇，並通知主管機關續予輔導及協助。

安置於中途學校之兒童或少年如於接受特殊教育期間，年滿十八歲者，中途學校得繼續安置至兩年期滿。

特殊教育實施逾一年，主管機關認爲無繼續特殊教育之必要者，或因事實上之原因以不繼續特殊教育爲宜者，得聲請法院裁定，免除特殊教育。

特殊教育實施逾二年，主管機關認爲有繼續特殊教育之必要者，得聲請法院裁定，延長至滿二十歲爲止。

第十九條 未滿十八歲之兒童或少年從事性交易或有從事之虞者，如無另犯其他之罪，不適用少年事件處理法及社會秩序維護法之規定。

未滿十八歲之兒童或少年從事性交易或有從事之虞者，如另犯其他之罪，應依第十六條至第十八條之規定裁定後，再依少年事件處理法移送少年法庭處理。

第二十條 主管機關及教育部依第十六條至第十八條之規定，於安置、輔導、保護收容兒童及少年期間，對該兒童或少年有監護權，代行原親權人或監護人之親權或監護權。

父母、養父母或監護人對未滿十八歲之子女、養子女或被監護人犯第二十三條至第二十八條之罪者，檢察官、兒童或少年最近尊親屬、主管機關、兒童或少年福利機構或其他利害關係人，得向法院聲請宣告停止其親權或監護權，另行選定監護人。對於養父母，並得聲請法院宣告終止其收養關係。

法院依前項規定選定監護人時，不受民法第一千零九十四條之限制，得指定主管機關、兒童或少年福利機構之負責人或其他適當之人爲兒童或少年之監護人。並得指定監護之方法及命其父母或養父母支付選定監護人相當之扶養費用及報酬。

第廿一條 十八歲以上之人，如遭他人以強暴、脅迫、引誘、買賣、或其他違反本人意願之方法而與他人爲性交易者，得請求依本條例安置保護。

第四章　罰則

第廿二條 與未滿十六歲之人爲性交易者，依刑法之規定處罰之。

十八歲以上之人與十六歲以上未滿十八歲之人爲性交易者，處一年以下有期徒刑、拘役或新臺幣十萬元以下罰金。

中華民國人民在中華民國領域外犯前二項之罪者，不問犯罪地之法律有無處罰規定，均依本條例處罰。

第廿三條 引誘、容留、媒介、協助、或以他法，使未滿十八歲之人為性交易者，處一年以上七年以下有期徒刑，得併科新臺幣一百萬元以下罰金。

意圖營利而犯前項之罪者，處二年以上十年以下有期徒刑，應併科新臺幣五百萬元以下罰金。

以犯前項之罪為常業者，處五年以上有期徒刑，應併科新臺幣一千萬元以下罰金。

收受、藏匿前三項被害人或使之隱避者，處一年以上七年以下有期徒刑，得併科新臺幣三十萬元以下罰金。

為前項行為之媒介者，亦同。

第一項、第二項、第四項及第五項之未遂犯罰之。

第廿四條 以強暴、脅迫、藥劑、詐術、催眠術或其他違反本人意願之方法使未滿十八歲之人為性交易者，處五年以上有期徒刑，得併科新臺幣二百萬元以下罰金。

意圖營利而犯前項之罪者，處七年以上有期徒刑，應併科新臺幣七百萬元以下罰金。

以犯前項之罪為常業者，處無期徒刑或十年以上有期徒刑，應併科新臺幣一千萬元以下罰金。

收受、藏匿前三項被害人或使之隱避者，處五年以上有期徒刑，得併科新臺幣五十萬元以下罰金。

為前項行為之媒介者，亦同。

第一項、第二項、第四項及第五項之未遂犯罰之。

第廿五條 意圖使未滿十八歲之人為性交易，而買賣、質押或以他法，為他人人身之交付或收受者，處五年以上有期徒刑，應併科新臺幣七百萬元以下罰金。以強暴、脅迫、藥劑、詐術、催眠術或其他違反本人意願之方法犯前項之罪者，處七年以上有期徒刑，應併科新臺幣一千萬元以下罰金。

為前二項行為之媒介者，處五年以上有期徒刑，應併科新臺幣五百萬元

以下罰金。

以犯前三項之罪爲常業者，處無期徒刑或十年以上有期徒刑，應併科新臺幣二千萬元以下罰金。

收受、藏匿第一項及第二項之被害人或使之隱避者，依各該項規定處罰。爲前項行爲之媒介者，亦同。

第一項、第二項、第三項、第五項及第六項之未遂犯罰之。

預備犯第一項至第三項之罪者，處一年以上七年以下有期徒刑。

第廿六條　犯第二十四條第一項、第二項或第二十五條第二項之罪，而故意殺害被害人，或因而致被害人於死者，處死刑；致重傷者，處無期徒刑。

第廿七條　拍攝、製造未滿十八歲之人爲性交或猥褻行爲之圖畫、錄影帶、影片、光碟、電子訊號或其他物品者，處六個月以上五年以下有期徒刑，得併科新臺幣五十萬元以下罰金。

意圖營利犯前項之罪者，處一年以上七年以下有期徒刑，應併科新臺幣五百萬元以下罰金。

引誘、媒介或以他法，使未滿十八歲之人被拍攝、製造性交或猥褻行爲之圖畫、錄影帶、影片、光碟、電子訊號或其他物品者，處一年以上七年以下有期徒刑，得併科新臺幣一百萬元以下罰金。

以強暴、脅迫、藥劑、詐術、催眠術或其他違反本人意願之方法，使未滿十八歲之人被拍攝、製造性交或猥褻行爲之圖畫、錄影帶、影片、光碟、電子訊號或其他物品者，處五年以上有期徒刑，得併科新臺幣三百萬元以下罰金。

以犯第二項至第四項之罪爲常業者，處七年以上有期徒刑，應併科新臺幣一千萬元以下罰金。

第一項至第四項之未遂犯罰之。

第一項至第四項之物品，不問屬於犯人與否，沒收之。

第廿八條　散布或販賣前條拍攝、製造之圖畫、錄影帶、影片、光碟、電子訊號或其他物品，或公然陳列，或以他法供人觀覽者，處三年以下有期徒刑，得併科新臺幣五百萬元以下罰金。

前項之物品，不問屬於犯人與否，沒收之。

第廿九條　以廣告物、出版品、廣播、電視、電子訊號、電腦網路或其他媒體刊登或播送廣告，引誘、媒介、暗示或以他法使人為性交易者，處一年以上七年以下有期徒刑，得併科新臺幣一百萬元以下罰金。

第三十條　公務員或經選舉產生之公職人員犯本條例之罪，或包庇他人犯本條例之罪者，依各該條項之規定，加重其刑至二分之一。

第卅一條　意圖犯第二十三條至第二十七條之罪，而移送被害人入出台灣地區者，依各該條項之規定，加重其刑至二分之一。

第卅二條　父母對其子女犯本條例之罪因自白、自首或供訴，而查獲第二十三條至（第）二十八條之犯罪者，減輕或免除其刑。

犯第二十二條之罪自白或自首，因而查獲第二十三條至第二十八條之犯罪者，減輕或免除其利。

第卅三條　廣告物、出版品、廣播、電視、電子訊號、電腦網路或其他媒體，散布、播送或刊登足以引誘、媒介、暗示或其他促使人為性交易，新聞主管機關得處以新臺幣五萬元以上六十萬元以下罰鍰。

前述所處罰鍰，經通知逾期不繳納者，得移送法院強制執行之。

新聞主管機關對於違反第一項規定之媒體，應發布新聞並公布之。

第卅四條　犯第二十二條至第二十九條之罪，經判刑確定者，主管機關應公告其姓名、照片及判決要旨。

前項之行為人未滿十八歲者，不適用前項之規定。

第卅五條　犯第二十二條至第二十九條之罪，經判決確定者，主管機關應對其實施輔導教育；其輔導教育辦法，由主管機關定之。

不接受前項輔導教育或接受之時數不足者，處以新臺幣六千元以上三萬元以下罰鍰。經再通知仍不接受者，得按次連續處罰。

第卅六條　違反第九條第一項之規定者，處新臺幣六千元以上三萬元以下罰鍰。但醫護人員為避免兒童、少年生命身體緊急危難而違反者，不罰。

第五章　附則

第卅七條　本條例施行細則，由中央主管機關於本條例公布後六個月內訂
定之。

第卅八條　本條例自公布日施行。

兒童及少年性交易防制條例施行細則

中華民國八十五年二月十日

內政部台內社字第八五七六〇九四號令發布

第一章　總則

第一條　本細則依兒童及少年性交易防制條例 (以下簡稱本條例) 第三十八條規定訂定之。

第二條　本條例第十條第一項所稱主管機關，係指兒童或少年所在地之直轄市、縣 (市) 主管機關。

本條例第十一條第一項、第十八條所稱主管機關，係指兒童或少年住所地之直轄市、縣 (市) 主管機關。但所在地與住所地不同時，係指所在地之直轄市、縣 (市) 主管機關。

本條例第十二條所稱主管機關，係指直轄市、縣 (市) 主管機關。

本條例第十五條至第十七條所稱主管機關，係指行爲地之直轄市、縣 (市) 主管機關。

本條例第二十條第二項、第三項所稱主管機關，係指兒童或少年住所地之直轄市、縣 (市) 主管機關。

本條例第三十三條第一項所稱新聞主管機關，係指省 (市) 政府及縣 (市) 政府。

本條例第三十四條第一項、第三十五條第一項前段所稱主管機關，係指犯罪行爲人住所或居所地之直轄市、縣 (市) 主管機關。但犯罪行爲人無住居所者，係指犯罪地之直轄市、縣 (市) 主管機關。

本條例第三十五條第一項後段所稱輔導教育辦法，由中央主管機關定

之。

第三條 司法機關為本條例第四章之案件偵查、審判中，或法院為第三章之事件審理、裁定中，傳喚安置中兒童或少年時，安置兒童或少年之主管機關應指派社工人員護送兒童或少年到場。

第四條 本條例第十六條第一項、第十七條第一項之聲請，由行為地主管機關為之。

第二章　名詞定義

第五條 本條例第十條第一項、；第十一條第一項所稱社工人員，第十五條第一項所稱專業人員，係指下列人員：

一、主管機關編制內或聘僱之社會工作及社會行政人員。

二、受主管機關委託之兒童福利機構、少年福利機構之社會工作人員。

三、其他受主管機關委託之適當人員。

第六條 本條例第十三條第二項所稱專業人員，包括下列人員：

一、社會工作人員。

二、心理輔導人員。

三、醫師

四、護理人員。

五、其他有關專業人員。

前項人員，得以特約方式設置。

第七條 本條例第十六條第二項第二款所稱其他適當場所，係指行為地主管機關委託之兒童福利機構、少年福利機構或寄養家庭。

第八條 本條例第三十一條所稱臺灣地區，係指臺灣、澎湖、金門、馬祖及政府統治權所及之其他地區。

第三章　文書

第九條 主管機關或本條例第六條所定之單位依本條例第九條受理報告，應填具三聯單。第一聯送當地檢察機關，第二聯照會其他得受理報告之

單位，第三聯由受理報告單位自存。

前項三聯單之格式，由中央主管機關會同法務部定之。

第十條 法官、檢察官、司法警察官、司法警察、聯合稽查小組或本條例第六條之任務編組為本條例第十五條第一項之移送時，應檢具現存之證據或其他可供參考之資料，並以移送書載明下列事項：

一、被移送人之姓名、性別、出生年月日、國民身分證統一編號、職業、住所或居所及其他足資辨別之特徵。

二、具體事實。

第十一條 依本條例第十六條第一項、第十七條第一項規定報告時，應以書面為之。前項報告書之格式，由中央主管機關協商司法院定之。

第十二條 受理本條例第九條第一項報告之機關或單位，對報告人及告發人之身分資料應另行封存，不得附入移送法院審理之文書內。

第四章　期日及期間

第十三條 本條例第十五條第一項所稱二十四小時，自依同條項規定通知主管機關時起算。

本條例第十六條第一項所稱七十二小時期間之終止，逾法定上班時間者，以次日上午代之。其次日為休息日時，以其休息日之次日上午代之。

第十四條 下列時間不計入本條例第十五條第一項、第十六條第一項所定期間之計算：

一、在途護送時間。

二、交通障礙時間。

三、其他不可抗力之事由所生不得已之遲滯時間。

第十五條 主管機關於接獲法院依本條例第十六條第二項、第十七條第二項規定之裁定前，應繼續安置兒童或少年。

前項繼續安置期間，應分別併計入短期收容中心之觀察輔導期間、中途學校之特殊教育期間。

第十六條 本條例第十八條第六項之延長特殊教育期間之裁定，不以一次

為限，其每次延長之期間不得逾二年。但以延長至滿二十歲為止。

第五章　機構

第十七條　本條例第十三條第一項規定市、縣（市）主管機關應置之緊急收容中心及短期收容中心，得視實際情形合併設置，並得採行公設民營或委託民間之方式辦理。

省政府辦理兒童及少年性交易防制事項，得準用前項規定，設置緊急收容中心及短期收容中心。

第十八條　兒童或少年被安置後，短期收容中心應行健康及性病檢查，有下列情形之一者，主管機關應於聲請裁定時，建議法院為適當之處遇：

一、罹患愛滋病或性病者。

二、罹患精神疾病之嚴重病人。

三、懷孕者。

四、罹患法定傳染病者。

五、智障者。

前項檢查報告，短期收容中心應依法院裁定，通知各該主管機關。

第六章　保護程序

第十九條　兒童或少年有下列行為之一，而有從事性交易之虞者，應依本條例第十五條至第十八條規定處理；

一、坐檯陪酒。

二、伴遊、伴唱或伴舞。

三、其他涉及色情之侍應工作。

第二十條　本條例第十五條第一項規定之指認及訊問前，主管機關指派之專業人員得要求與兒童或少年單獨晤談。

兒童或少年進行指認加害者時，警察機關應使之隔離或採間接方式。

第二十一條　法官、檢察官、司法警察官、司法警察、聯合稽查小組或本條例第六條之任務編組依本條例第十五條第一項通知主管機關指派專業

人員到場，應給予適當之在途時間。

主管機關指派之專業人員逾時未能到場，前項通知單位應記明事實，並得在不妨礙該兒童或少年身心情況下，逕為本條例第十五條第一項之指認及訊問。

第二十二條　主管機關依本條例第十五條第一項安置兒童或少年後應向其法定代理人或最近尊親屬敘明安置之依據，並告知其應配合事項。但其法定代理人或最近尊親屬無法通知者，不在此限。

第二十三條　主管機關依本條例第十五條、第十六條安置兒童或少年期間，發現另有犯本條例第二十二條至第二十九條之罪者，應通知檢察機關或本條例第六條所定之單位。

第二十四條　依本條例第十六條第一項安置兒童或少年時，應建立個案資料；必要時，得請該兒童或少年住所地之直轄市、縣（市）主管機關配合提供資料。

第二十五條　依本條例第十七條第一項安置兒童或少年時，應建立個案資料；並通知該兒童或少年住所地之直轄市、縣（市）主管機關評估其家庭之適任程度。

前項家庭適任評估，應於二週內完成，並以書面送達行為地之直轄市、縣（市）主管機關。

第二十六條　依本條例第十六條第一項、第十七條第一項規定聲請法院裁定，不得隨案移送兒童或少年。但法院請求隨案移送時，不在此限。

第二十七條　主管機關依本條例第十六條第一項、第十七條第一項規定安置少年期間，少年年滿十八歲者，仍應依本條例規定處理。

第二十八條　兒童或少年經法院依本條例第十六條第二項第一款、第十八條第一項裁定不予安置，或依本條例第十八條第三項裁定交由父母監護者，如應受交付之人經催告仍不領回兒童或少年，主管機關應暫予適當之安置。

第二十九條　主管機關對法院依第十六條第二項第一款、第十八條第一項裁定不予安置之兒童或少年，應視法院交付對象，通知其住所或所在地

之兒童福利或少年福利主管機關。

第三十條　主管機關依本條例第十八條第三項對交由父母監護或爲其他適當處遇之兒童或少年續予輔導及協助時，得以書面指定時間、地點，通知其到場。

前項輔導及協助，主管機關應指派專業人員爲之。

第三十一條　主管機關依本條例第十八條第五項、第六項認有或無繼續特殊教育之必要，應於中途學校檢具事證以書面通知後始得爲之。

主管機關接獲前項通知，應邀集專家學者評估，中途學校應予配合，並給予必要協助。

第三十二條　經前條評估確認兒童或少年無繼續特殊教育之必要者，於聲請法院裁定前，或接受特殊教育期滿，認爲無繼續特殊教育之必要者，主管機關應協助該兒童或少年及其家庭預爲必要之返家準備。

兒童或少年返家後，主管機關應續予輔導及協助，其期間至少一年或至其年滿二十歲止。

前項輔導與協助，教育、勞工、衛生、警察等單位，應全力配合。

第三十三條　主管機關依本條例第十五條第三項或第十八條第三項規定，對十五歲以上或國民中學畢業而從事性交易或有從事之虞者，認有提供職業訓練或就業服務必要時，應移請當地公共職業訓練機構或公立就業服務機構依其意願施予職業訓練或推介就業。

主管機關對移由公共職業訓練機構或公立就業服務機構提供協助者，應定期或不定期派社工人員訪視，以協助其適應社會生活。

第三十四條　本條例第十八條第四項規定之特殊教育期滿或法院依本條例第十八條第五項規定裁定免除特殊教育後，兒童或少年之法定代理人經催告仍不領回該兒童或少年，主管機關應委託兒童福利機構、少年福利機構或其他適當場所續予安置。

第三十五條　返家後之兒童或少年，與社會、家庭、學校發生失調情況者，住所地之直轄市、縣（市）主管機關認有保護之必要時，依兒童福利法或少年福利法之規定處理。

第三十六條　主管機關依本條例第十五條第三項或第十八條第三項規定，
　　　　　　對兒童或少年續予輔導及協助期間，兒童或少年因就學、接受職業訓練
　　　　　　或就業等因素，經其法定代理人同意離開家庭居住，主管機關認有續予
　　　　　　輔導及協助之必要者，得移請其所在地之直轄市、縣（市）主管機關處
　　　　　　理。

第三十七條　兒童或少年逃離安置之場所或中途學校，或返家後脫離家庭
　　　　　　者，主管機關應立即以書面通知逃脫當地警察機關協尋。逃離期間不計
　　　　　　入緊急收容、短期收容及特殊教育期間。
　　　　　　協尋於其原因消滅或少年年滿二十歲時，主管機關應即以書面通知前
　　　　　　項警察機關撤銷協尋。

第七章　自行求助者之保護

第三十八條　直轄市、縣（市）政府或本條例第六條所定之單位依本條例第
　　　　　　二十一條受理十八歲以上之人之請求，應通知行為地之直轄市、縣（市）
　　　　　　主管機關。
　　　　　　行為地之直轄市、縣（市）主管機關接獲前項通知後，應迅即處理；處
　　　　　　理遭遇困難時，得請求檢察機關或警察機關予以必要之協助。

第三十九條　對於十八歲以上之人之安置保護，應視其性向及志願，就其生
　　　　　　活、醫療、就學、就業、接受職業訓練或法律訴訟等，給予適當輔導及
　　　　　　協助。

第八章　處分程序

第四十條　犯本條例第二十三條至第二十九條之罪，經判刑確定者，犯罪行
　　　　　為人住所或居所地之直轄市、縣（市）主管機關接獲法院之確定判決後，
　　　　　應公告犯罪行為人之姓名、照片及判決要旨。但犯罪行為人無住居所
　　　　　者，應由犯罪地之直轄市、縣（市）主管機關公告之。

第四十一條　本條例第三十四條之主管機關於取得照片遭遇困難時，得請
　　　　　　求原移送警察機關或執行監所配合提供。

第四十二條　主管機關依本條例第三十五條第二項、第三十六條規定處罰
　　　　　鍰，應填發處分書，受處分者應於收受處分書後三十日內繳納罰鍰。
　　　　　前項處分書格式，由中央主管機關定之。

第九章　附則

第四十三條　行為地之直轄市、縣（市）主管機關接獲警察機關、檢察機關
　　　　　及法院對加害者為移送、不起訴、起訴或判決之書面通知，應納入個案
　　　　　資料檔案，並依個案安置狀況，通知各該主管機關。
第四十四條　本細則自發布日施行。

兒童福利法

中華民國六十二年二月八日總統公布
中華民國八十二年二月五日修正公布
中華民國八十八年四月二十一日修正

第一章　總則

第一條　爲維護兒童身心健康，促進兒童正常發育，保障兒童福利，特制定本法。

第二條　本法所稱兒童，指未滿十二歲之人。

兒童出生後十日內，接生人應將出生之相關資料通報戶政及衛生主管機關備查。

殘障兒童之父母、養父母或監護人得申請警政機關建立殘障兒童之指紋資料。

第三條　父母、養父母及監護人對其兒童應負保育之責任。

各級政府及有關公私立機構、團體應協助兒童之父母、養父母或監護人，維護兒童身心健康與促進正常發展，對於需要指導、管敎、保護、身心矯治與殘障重建之兒童，應提供社會服務與措施。

第四條　各級政府及公私立兒童福利機構處理兒童相關事務時，應以兒童之最佳利益爲優先考慮。有關兒童之保護與救助應優先受理。

第五條　兒童之權益受到不法侵害時，政府應予適當之協助與保護。

第六條　兒童福利之主管機關：在中央爲內政部；在省（市）爲社會處（局）；在縣（市）爲縣（市）政府。

兒童福利主管機關應設置承辦兒童福利業務之專責單位；在中央爲兒童局；在省（市）爲兒童福利科；在縣（市）爲兒童福利課（股）。

司法、教育、衛生等相關單位涉及前項業務時，應全力配合之。

第七條 中央主管機關掌理下列事項：

一、兒童福利法規與政策之研擬事項。

二、地方兒童福利行政之監督與指導事項。

三、兒童福利工作之研究與實驗事項。

四、兒童福利事業之策劃與獎助及評鑑之規劃事項。

五、兒童心理衛生及犯罪預防之計畫事項。

六、特殊兒童輔導及殘障兒童重建之規劃事項。

七、兒童福利專業人員之規劃訓練事項。

八、兒童福利機構設置標準之審核事項。

九、國際兒童福利業務之聯繫與合作事項。

十、有關兒童福利法令之宣導及推廣事項。

十一、兒童之母語及母語文化教育事項。

十二、其他全國性兒童福利之策劃、委辦及督導事項。

第八條 省（市）主管機關掌理下列事項：

一、縣（市）以下兒童福利行政之監督與指導事項。

二、兒童及其父母福利服務之策劃、推行事項。

三、兒童心理衛生之推行事項。

四、特殊兒童輔導及殘障兒童重建之計畫與實施事項。

五、兒童福利專業人員之訓練事項。

六、兒童福利機構設置標準之訂定與機構之檢查、監督事項。

七、兒童保護之規劃事項。

八、有關寄養家庭標準之訂定、審查及其有關之監督、輔導等事項。

九、有關親職教育之規劃及辦理事項。

十、其他全省（市）性之兒童福利事項。

第九條 縣（市）主管機關掌理下列事項：

一、兒童福利機構之籌辦事項。

二、托兒機構保育人員訓練之舉辦事項。

三、兒童社會服務個案集中管理事項。

四、兒童狀況之調查、統計、分析及其指導事項。

五、勸導並協助生父認領非婚生子女事項。

六、兒童福利機構之監督事項。

七、其他全縣（市）性之兒童保護事項。

第十條　各級主管機關為協調、研究、審議、諮詢及推動兒童福利，應設兒
　　　童福利促進委員會；其組織規程由中央主管機關定之。

第十一條　政府應培養兒童福利專業人員，並應定期舉行職前訓練及在職
　　　訓練。

　　　兒童福利專業人員之資格，由中央主管機關定之。

第十二條　兒童福利經費之來源如下：

一、各級政府年度預算及社會福利基金。

二、私人或團體捐贈。

三、兒童福利基金。

第二章　　福利措施

第十三條　縣（市）政府應辦理下列兒童福利措施：

一、婦幼衛生、優生保健及預防注射之推行。

二、對發展遲緩之特殊兒童建立早期通報系統並提供早期療育服務。

三、對兒童與家庭提供諮詢輔導服務。

四、對於無力撫育未滿十二歲之子女者，予以家庭生活扶助或醫療補
　　助。

五、早產兒、重病兒童之扶養義務人無力支付兒童全部或一部醫療費用
　　之醫療補助。

六、對於不適宜在其家庭內教養之兒童，予以適當之安置。

七、對於棄嬰及無依兒童，予以適當之安置。

八、其他兒童及其家庭之福利服務。

第十四條　前條第四款之家庭生活扶助或醫療補助，以具有下列情形之一

者爲限：

一、父母失業、疾病或其他原因，無力維持子女生活者。

二、父母一方死亡，他方無力撫育者。

三、父母雙亡，其親屬願代爲撫養，而無經濟能力者。

四、未經認領之非婚生子女，其生母自行撫育，而無經濟能力者。

第十五條　兒童有下列各款情形之一，非立即給予緊急保護、安置或爲其他處分，其生命、身體或自由有明顯而立即之危險者，應予緊急保護、安置或爲其他必要之處分：

一、兒童未受適當之養育或照顧。

二、兒童有立即接受診治之必要，但未就醫者。

三、兒童遭遺棄、虐待、押賣，被強迫或引誘從事不正當之行爲或工作者。

四、兒童遭受其他迫害，非立即安置難以有效保護者。

主管機關緊急安置兒童遭遇困難時，得請求檢察官或警方協助之。

安置期間，主管機關或受主管機關委任安置之機構在保護安置兒童之範圍內，代行原親權人或監護人之親權或監護權。主管機關或受主管機關委任之安置機構，經法院裁定繼續安置者，應選任其成員一人執行監護事務，並向法院陳報。

前項負責執行監護事務之人，應負與親權人相同之注意義務，並應按個案進展作成報告備查。

安置期間，非爲貫徹保護兒童之目的，不得使兒童接受訪談、偵訊或身體檢查。

安置期間，兒童之原監護人、親友、師長經主管機關許可，得依其指示時間、地點、方式探視兒童。不遵守者，主管機關得撤銷其許可。

安置之原因消滅時，主管機關或原監護人，得向法院聲請裁定停止安置，使兒童返回其家庭。

第十六條　依前條規定保護安置時，應即通知當地方法院。保護安置不得超過七十二小時，非七十二小時以上之安置不足以保護兒童者，得聲請

法院裁定繼續安置。繼續安置以三個月爲限，必要時，法院得裁定延長一次。

對於前項裁定有不服者，得於裁定送達後五日內提起抗告。對於抗告法院之裁定不得再抗告。抗告期間，原安置機關得繼續安置。

第十七條　兒童因家庭發生重大變故，致無法正常生活於其家庭者，其父母、養父母、監護人、利害關係人或兒童福利機構，得申請當地主管機關安置或輔助。

第十五條及前項兒童之安置，當地主管機關得辦理家庭寄養或交付適當之兒童福利機構收容教養之。受寄養之家庭及收容之機構，應提供必要之服務，並得向撫養義務人酌收必要之費用。

第一項之家庭情況改善或主管機關認第十五條第一項各款情事已不存在或法院裁定停止安置者，被安置之兒童仍得返回其家庭。

第十八條　醫師、護士、社會工作員、臨床心理工作者、教育人員、保育人員、警察、司法人員及其他執行兒童福利業務人員，知悉兒童有第十五條第一項及第二十六條各款情形或遭受其他傷害情事者，應於二十四小時內向當地主管機關報告。

前項報告人之身分資料應予保密。

第十九條　依本法保護、安置、訪視、調查、輔導兒童或其家庭，應建立個案資料。

因職務知悉之秘密或隱私及所製作或持有之文書，應予保密，非有正當理由，不得洩漏或公開。

第二十條　中央主管機關應會同目的事業主管機關擬訂辦法獎勵公民營機構設置育嬰室、托兒所等各類兒童福利設施及實施優待兒童、孕婦之措施。

第二十一條　兒童及孕婦應優先獲得照顧。

交通、衛生、醫療等公民營事業應訂定及實施兒童及孕婦優先照顧辦法。

第三章　福利機構

第二十二條　縣（市）政府應自行創辦或獎勵民間辦理下列兒童福利機構：

一、托兒所。

二、兒童樂園。

三、兒童福利服務中心。

四、兒童康樂中心。

五、兒童心理及其家庭諮詢中心。

六、兒童醫院。

七、兒童圖書館。

八、其他兒童福利機構。

第二十三條　省（市）及縣（市）政府為收容不適於家庭養護或寄養之無依兒童，及身心有重大缺陷不適宜於家庭撫養之兒童，應自行創辦或獎勵民間辦理下列兒童福利機構：

一、育幼院。

二、兒童緊急庇護所。

三、智能障礙兒童教養院。

四、傷殘兒童重建院。

五、發展遲緩兒童早期療育中心。

六、兒童心理衛生中心。

七、其他兒童教養處所。

對於未婚懷孕或分娩而遭遇困境之婦、嬰，應專設收容教養機構。

第二十四條　前二條各兒童福利機構之業務，應遴用專業人員辦理，其待遇、福利等另訂定之。

兒童福利機構設置標準與設立辦法，由省（市）政府訂定，報請中央主管機關報備。

第二十五條　私人或團體辦理兒童福利機構，應向主管機關申請立案；並於許可立案之日起六個月內辦理財團法人登記。但私人或團體辦理第

二十二條之兒童福利機構，而不對外接受捐助者，得不辦理財團法人登記。

前項兒童福利機構不得兼營營利行為或利用其事業為任何不當之宣傳。

各級主管機關應輔導、監督、檢查及評鑑第二十二條、第二十三條之兒童福利機構；成績優良者，應予獎助；辦理不善者，令其限期改善。

第四章　保護措施

第二十六條　任何人對於兒童不得有下列行為：

一、遺棄。

二、身心虐待。

三、利用兒童從事危害健康、危險性活動或欺騙之行為。

四、利用殘障或畸形兒童供人參觀。

五、利用兒童行乞。

六、供應兒童觀看、閱讀、聽聞或使用有礙身心之電影片、錄影節目帶、照片、出版品、器物或設施。

七、剝奪或妨礙兒童接受國民教育之機會或非法移送兒童至國外就學。

八、強迫兒童婚嫁。

九、拐騙、綁架、買賣、質押兒童，或以兒童為擔保之行為。

十、強迫、引誘、容留、容認或媒介兒童為猥褻行為或性交。

十一、供應兒童毒藥、毒品、麻醉藥品、刀械、槍砲、彈藥或其他危險物品。

十二、利用兒童攝製猥褻或暴力之影片、圖片。

十三、帶領或誘使兒童進入有礙其身心健康之場所。

十四、其他對兒童或利用兒童犯罪或為不正當之行為。

第二十七條　法院認可兒童收養事件，應考慮兒童之最佳利益。決定兒童之最佳利益時，應斟酌收養人之人格、經濟能力、家庭狀況及以往照顧或監護其他兒童之紀錄。

滿七歲之兒童被收養時，兒童之意願應受尊重。兒童堅決反對時，非確信認可被收養，乃符合兒童最佳利益之唯一選擇外，法院應不予認可。滿七歲之兒童於法院認可前，得准收養人與兒童先行共同生活一段期間，供法院決定認可之參考。

法院為第一、二項認可前，應命主管機關或其他兒童福利機構進行訪視，提出調查報告及建議。收養之利害關係人亦得提出相關資料或證據，供法院斟酌。

法院對被遺棄兒童為前項認可前，應命主管機關調查其身分資料。

父母對於兒童收養之意見不一致，或一方所在不明時，父母之一方仍可向法院聲請認可。經法院調查認為收養乃符合兒童之利益時，應予認可。

法院認可兒童收養者，應通知主管機關定期進行訪視，並作成報告備查。

第二十八條　收養兒童經法院認可者，收養關係溯及於收養書面契約成立時發生效力。無書面契約者，以向法院聲請時為收養關係成立之時。有試行收養之情形者，收養關係溯及於開始共同生活時發生效力。

聲請認可收養後，法院裁定前兒童死亡者，聲請程序終結。收養人死亡者，法院應命主管機關或其委託機構為調查並提出報告及建議，法院認其於兒童有利益時，仍得為認可收養之裁定，其效力依前項之規定。

養父母均不能行使、負擔對於兒童之權利義務或養父母均死亡時，法院得依兒童、檢察官、主管機關或其他利害關係人之聲請選定監護人及指定監護之方法，不受民法第一千零九十四條之限制。

第二十九條　養父母對養子女有第二十六條第一款、第二款、第四款、第五款及第七款至第十四款之行為者，或有第三款及第六款之行為而情節重大者，利害關係人或主管機關得向法院聲請宣告終止其收養關係。

第三十條　父母、養父母、監護人或其他實際照顧兒童之人，應禁止兒童從事不正當或危險之工作。

第三十一條　父母、養父母、監護人或其他實際照顧兒童之人，應禁止兒童

吸煙、飲酒、嚼檳榔、吸食或施打迷幻藥、麻醉藥品或其他有害身心健康之物質。

任何人均不得供應前項之物質予兒童。

第三十二條　婦女懷孕期間應禁止吸煙、酗酒、嚼檳榔、吸食或施打迷幻藥、麻醉藥品或為其他有害胎兒發育之行為。其他人亦不得鼓勵、引誘、強迫或使懷孕婦女為有害胎兒發育之行為。

第三十三條　父母、養父母、監護人或其他實際照顧兒童之人，應禁止兒童出入酒家、酒吧、酒館（店）、舞廳（場）、特種咖啡茶室、賭博性電動遊樂場及其他涉及賭博、色情、暴力等其他足以危害其身心健康之場所。

父母、養父母、監護人或其他實際照顧兒童之人，應禁止兒童充當前項場所之侍應或從事其他足以危害或影響其身心發展之工作。

第一項場所之負責人及從業人員應拒絕兒童進入。

任何人不得利用、僱用或誘迫兒童從事第二項之工作。

第三十四條　父母、養父母、監護人或其他實際照顧兒童之人不得使兒童獨處於易發生危險或傷害之環境，對於六歲以下兒童或需要特別看護之兒童不得使其獨處或由不適當之人代為照顧。

第三十五條　任何人發現有違反第二十六條、第三十條、第三十一條、第三十三條、第三十四條之規定或兒童有第十五條第一項之情事者，得通知當地主管機關、警察機關或兒童福利機構。警察機關或兒童福利機構發現前述情事或接獲通知後，應立即向主管機關報告，至遲不得超過二十四小時。

前項機關或機構發現前項情事或接獲通知後，應迅即處理，不得超過二十四小時，並給予必要之協助。主管機關之承辦人員應於受理案件後四日內向其所屬單位提出調查報告。

前二項處理辦法，由省（市）政府訂定，報中央主管機關備查。

第三十六條　主管機關就本法規定事項，必要時得自行或委託其他機關或兒童福利有關機構進行訪視、調查。

主管機關或受其委託之機關或機構進行訪視、調查時,兒童之家長、家屬、師長、雇主、醫護人員及其他與兒童有關之人應予配合並提供相關資料。必要時,得請求警察、醫療、學校或其他相關機關或機構協助,被請求之機關或機構應予配合。

第三十七條　兒童有賣淫或營業性猥褻行為者,主管機關應將其安置於適當場所,觀察輔導二週至一個月。若有本法保護措施章規定之其他情事時,併依各該規定處理之。

經前項觀察輔導後,主管機關認為必要時,得將兒童安置於專門機構,強制施予六個月之輔導教育,必要時得延長之。但輔導教育期間合計不得超過兩年。

在觀察輔導期間應建立個案資料,予其必要之協助。個案資料應予保密。

第一項兒童患有性病者,應免費強制治療,必要時得請求警察機關協助。

第三十八條　少年法庭處理兒童案件,經調查認其不宜責付於法定代理人者,得命責付於主管機關或兒童福利機構;認責付為不適當而需收容者,得命收容於主管機關或兒童福利機構。主管機關認有必要時,得將兒童安置或收容於寄養家庭、育幼院或其他兒童福利機構。於責付、安置或收容期間,應對兒童施予輔導教育。

少年法庭裁定兒童應交付感化教育者,得將其安置於兒童福利機構或寄養家庭,施予必要之輔導。

第三十九條　前二條安置所需之費用,得責由其扶養義務人負擔。

前項費用扶養義務人不支付者,主管機關得聲請法院裁定強制執行。扶養義務人無支付能力,則自兒童福利經費中支付。

第四十條　父母、養父母或監護人對兒童疏於保護、照顧情節嚴重或有第十五條第一項或第二十六條行為者,兒童最近尊親屬、主管機關、兒童福利機構或其他利害關係人,得向法院聲請宣告停止其親權或監護權,另行選定監護人。對於養父母,並得聲請法院宣告終止其收養關係。

法院依前項規定選定監護人時，不受民法第一千零九十四條之限制，得
指定主管機關、兒童福利機構之負責人或其他適當之人爲兒童之監護
人。並得指定監護之方法及命其父母或養父母支付選定監護人相當之
扶養費用及報酬。

第四十一條　父母離婚者，法院得依職權、兒童之父母、主管機關或其他利
害關係人之聲請，爲兒童之利益，酌定或改定適當之監護人、監護之方
法、負擔扶養費用之人或其方式，不受民法第一千零五十一條、第一千
零五十五條、第一千零九十四條之限制。

法院爲前項酌定或改定前，應爲必要之調查，得命主管機關或兒童福利
有關機構調查，向法院提出報告或到場陳述意見。

法院酌定或改定監護人時，應通知主管機關輔導、觀察其監護，於必要
時應向法院提出觀察報告及建議。

依第十五條第三項所定之代行監護權人、第四十條所定之監護人、生父
認領非婚生子女或父母對監護權行使意見不一致者，準用前三項之規
定。

第四十二條　政府對發展遲緩及身心不健全之特殊兒童，應按其需要，給予
早期療育、醫療、就學方面之特殊照顧。

第五章　罰則

第四十三條　利用或對兒童犯罪者，加重其刑二分之一。但各該罪就被害人
係兒童已設有特別處罰規定者，不在此限。

對於兒童犯告訴乃論之罪者，主管機關得獨立告訴。

第四十四條　違反第二條第二項規定者，處新臺幣一千元以上三萬元以下
罰鍰。

違反第二十六條、第三十條規定者，處新臺幣一萬元以上十二萬元以下
罰鍰，並公告其姓名。

第四十五條　父母、養父母、監護人或其他實際照顧兒童之人，違反第三十
一條第一項情節嚴重，或明知兒童在第三十三條第一項場所工作，不加

制止者，處新臺幣六千元以上三萬元以下罰鍰，並公告其姓名。

父母、養父母、監護人或其他實際照顧兒童之人，違反第三十三條第一項或第二項者，處新臺幣一千二百元以上六千元以下罰鍰，並公告其姓名。

第四十六條　雇用或誘迫兒童在第三十三條第一項場所工作或供應迷幻、麻醉藥品或其他有害其身心健康之物質予兒童者，處新臺幣三萬元以上三十萬元以下罰鍰，並公告其姓名。情節嚴重或經警告仍不改善者，主管機關得勒令其停業、歇業，或移請其事業主管機關吊銷執照。

與從事賣淫或營業性猥褻行為之兒童為性交易者，處新臺幣三萬元以上十萬元以下罰鍰，並公告其姓名。

主管機關應自行或委託其他機構，對前項為性交易者施予輔導教育，其實施及處罰準用第四十八條之規定。

第四十七條　供應菸、酒及檳榔予兒童者，處新臺幣三千元以上一萬五千元以下罰鍰。

違反第三十三條第三項或第四項者，處新臺幣一萬二千元以上六萬元以下罰鍰。情節嚴重或經警告仍不改善者，主管機關得勒令其停業、歇業或移請其事業主管機關吊銷執照。

第四十八條　父母、養父母、監護人或其他實際照顧兒童之人，違反第二十六條、第三十條、第三十一條第一項、第三十三條第一項、第二項或第三十四條，情節嚴重，或有第十五條第一項所列各種情事者，主管機關應令其接受四小時以上之親職教育輔導。

前項親職教育輔導，如有正當理由，得申請原處罰之主管機關核准後延期參加。

不接受第一項親職教育輔導或時數不足者，處新臺幣一千二百元以上六千元以下罰鍰，經再通知仍不接受者，得按次處罰，至其參加為止。

第四十九條　違反第十八條規定者，處新臺幣六千元以上三萬元以下罰鍰。

兒童之家長、家屬、師長、雇主、醫護人員及其他與兒童有關之人違反第三十六條第二項規定而無正當理由者，處新臺幣三千元以上三萬元

以下罰鍰，並得連續處罰，到配合或提供相關資料為止。

第五十條　兒童福利機構違反第二十五條第一項、第二項之規定者，處新臺幣三萬元以上三十萬元以下罰鍰；其經限期辦理立案或財團法人登記、或停止第二項之行為，逾期仍不辦理或停止者，得連續處罰之，並公告其名稱，且得令其停辦。

兒童福利機構辦理不善，經依第二十五條第三項規定限期改善，逾期仍不改善者，得令其停辦。

依前二項規定令其停辦而拒不遵守者，再處新臺幣五萬元以上三十萬元以下罰鍰，經主管機關依前項規定處罰鍰，仍拒不停辦者，處行為人一年以下有期徒刑、拘役或併科新臺幣五十萬元以下罰金。

兒童福利機構停辦、停業、歇業、或決議解散時，主管機關對於該機構收容之兒童應即予以適當之安置。兒童福利機構應予配合；不予配合者，強制實施之，並處以新臺幣三萬元以上三十萬元以下罰鍰。

第五十一條　依本法應受處罰者，除依本法處罰外，其有犯罪嫌疑者，應移送司法機關處理。

第五十二條　依本法所處之罰鍰，逾期不繳納者，移送法院強制執行之。

第六章　附則

第五十三條　本法施行細則，由中央主管機關定之。

第五十四條　本法自公布日施行。

兒童福利法施行細則

中華民國六十二年七月七日內政部台內社字
第 五 四 九 二 四 一 號 令 發 布
中華民國七十一年九月九日內政部台內社字
第 一 ○ 九 ○ 二 三 號 令 修 正 發 布
中華民國八十三年五月十一日內政部台內社字
第 八 三 七 五 一 三 七 號 令 第 二 次 修 正 發 布

第一條　本細則依兒童福利法（以下簡稱本法）第五十三條規定訂定之。

第二條　本法第十七條第一項、第二十七條第四項、第二十八條第三項、第二十九條、第四十條第一項及第四十一條第一項所稱利害關係人，係指與兒童有直接利害關係之人。

本法第十七條第一項之利害關係人，由主管機關認定之；本法第二十七條第四項、第二十八條第三項、第二十九條、第四十條第一項及第四十一條第一項之利害關係人，由法院認定之。

第三條　本法第二條第二項所稱之出生相關資料，在醫院、診所或助產所接生者，係指出生證明書或死產證明書；非在醫院、診所或助產所接生者，係指出生調查證明書。

本法第二條第二項所稱十日內，係以兒童出生之翌日起算，並以發信郵戳日為通報日；非郵寄者以送達日為通報日。

依本法第二條第二項規定接受接生人通報之機關，應將逾期或未通報之接生人資料，移送當地主管機關。

第四條　本法第二條第三項、第七條第六款、第八條第四款及第二十六條第四款所稱殘障兒童，係指依殘障福利法領有殘障手冊之兒童。

依本法第二條第三項建立殘障兒童指紋資料之管理規定，由中央警政主管機關定之。

第五條　本法第七條第六款及第八條第四款所稱特殊兒童，係指資賦優異或身心障礙之兒童。

第六條　本法第十一條第一項所稱政府應培養兒童福利專業人員，得由中央主管機關商請大專院校相關科系培植，並得規劃委託有關機關選訓。本法第十一條第一項所稱定期舉行職前訓練及在職訓練，係指每年至少一次，由省（市）主管機關舉行職前及在職訓練，直轄市、縣（市）主管機關舉辦托兒機構保育人員在職訓練。

第七條　直轄市、縣（市）主管機關應定期對兒童福利需求、兒童福利機構及服務現況調查、統計、分析，以提供上級主管機關作為策劃全國（省）性兒童福利參考依據。

第八條　私人或團體捐贈兒童福利機構之財務、土地，得依法申請減免稅捐。

第九條　本法第十二條第三款所稱兒童福利基金來源如下：

一　政府預算撥充。

二　私人或團體捐贈。

前項兒童福利基金之設立、收支、保管及運用辦法，由各級主管機關定之。

第十條　本法第九條、第十三條、第二十二條所定縣（市）政府掌握之兒童福利事項、辦理之兒童福利措施及應自行創辦或獎勵民間辦理之兒童福利機構，直轄市政府準用之。

第十一條　本法第十三條第二款及第四十二條所稱發展遲緩之特殊兒童，係指認知發展、生理發展、語言及溝通發展、心理社會發展或生活自理技能等方面有異常或可預期會有發展異常之情形，而需要接受早期療育服務之未滿六歲之特殊兒童。

第十二條　本法第十三條第二款及第四十二條所稱早期療育服務，係指由社會福利、衛生、教育等專業人員以團隊合作方式，依發展遲緩之特殊兒童之個別需求，提供必要之服務。

第十三條　從事與兒童業務有關之醫師、護士、社會工作員、臨床心理工作者、教育人員、保育人員、警察、司法人員及其他執行兒童福利業務人員，發現有疑似發展遲緩之特殊兒童，應通報當地直轄市、縣（市）主

管機關。

直轄市、縣（市）政府爲及早發現發展遲緩之特殊兒童，必要時，得移請當地有關機關辦理兒童身心發展檢查。

直轄市、縣（市）政府對於發展遲緩之特殊兒童、其父母、養父母或監護人，應予適當之諮詢及協助。該特殊兒童需要早期療育服務者，福利、衛生、教育機關（單位）應相互配合辦理。經早期療育服務後仍不能改善者，輔導其依殘障福利法相關規定申請殘障鑑定。

第十四條 以詐欺或其他不正當方法領取本法第十三條第四款、第五款核發之家庭生活扶助費或醫療補助費者，主管機關應追回其已發之補助費用；涉及刑事責任者，移送司法機關辦理。

第十五條 本法第十三條第七款所稱無依兒童，係指無法定扶養義務人或遭依法令或契約應扶助、養育或保護之人遺棄，或不爲其生存所必要之扶助、養育或保護之兒童。

本法第十三條第七款所稱棄嬰，係指前項未滿一歲之兒童。

第十六條 主管機關依本法第十三條第六款、第七款或第十五條第一項規定安置兒童，應循下列順序爲之：

一、寄養於合適之親屬家庭。

二、寄養於已登記合格之寄養家庭。

三、收容於經政府核准立案之兒童教養機構。

第十七條 本法第十六條第一項所稱七十二小時，自依本法第十五條規定保護安置兒童之即時起算。

第十八條 本法第十七條第一項所稱家庭發生重大變故，致無法正常生活於其家庭者，係指兒童之家庭發生不可預期之事故，致家庭生活陷於困境，兒童無法獲得妥善照顧者而言。

前項家庭發生重大變故，致無法正常生活於其家庭者，由當地主管機關認定之；必要時得洽商有關機關認定之。

第十九條 直轄市、縣（市）主管機關對依本法安置之兒童及其家庭，應進行個案調查、諮商，並提供家庭服務。

直轄市、縣（市）主管機關依本法處理兒童個案時，兒童戶籍所在地主管機關應提供資料；認爲有續予救助、輔導、保護兒童之必要者，得移送兒童戶籍所在地之主管機關處理。

第二十條　本法第十七條第二項所稱寄養家庭、收容機構得向撫養義務人酌收必要之費用，係指安置兒童所需之生活費、衛生保健費及其他與寄養或收容有關之費用，其費用標準由省（市）主管機關定之。

前項撫養義務人有本法第十四條各款情形而無力負擔費用時，當地主管機關應斟酌實際需要，對該寄養家庭或收容機構酌予補助。

依前項規定給予補助者，其原依本法第十三條第四款發給之家庭生活扶助費，自安置於第一項之寄養家庭或收容機構時起，停止發給。

第二十一條　主管機關發現接受安置之兒童不能適應被安置之親屬家庭、寄養家庭或教養機構之生活時，應予另行安置。

第二十二條　依本法第十八條規定報告時，應以書面爲之。

前項報告書之格式由中央主管機關定之。

第二十三條　依本法第十九條第一項及第三十七條第三項建立之個案資料應記載下列事項：

一、兒童及其家庭概況。

二、個案輔導之目標、策略、步驟與時間表。

三、有關個案觀察、訪視之報告。

第二十四條　公、私立兒童福利機構接受捐助，應公開徵信。

前項機構不得利用捐助爲設立目的以外之行爲。

第二十五條　兒童福利機構之目的事業，應受各該目的事業主管機關之指導、監督。

第二十六條　私人或團體，對兒童福利著有貢獻者，政府應予獎勵。

第二十七條　主管機關依本法第二十五條第三項令兒童福利機構限期改善者，應填發通知單，受處分者接獲通知單後，應提出改善計畫書，並由主管機關會同目的事業主管機關評估。

第二十八條　本法第三十四條所稱需要特別看護之兒童，係指罹患疾病、身

體受傷或身心障礙不能自理生活者。

第二十九條　本法第三十四條所稱不適當之人，係指有下列各款情形之一者：

一、無行為能力人。

二、七歲以上未滿十二歲之兒童。

三、有法定傳染病者。

四、身心有嚴重缺陷者。

五、其他有影響受照顧兒童安全之虞者。

第三十條　本法第三十七條第二項之專門機構對於安置之兒童，於執行強制輔導教育六個月期滿之十五日前，應檢具申請延長或停止執行之理由及事證，報請該管主管機關核定。經核定停止執行者，該主管機關並得視需要對該兒童為適當之安置或輔導。

本法第三十七條第二項規定之輔導教育執行前滿十二歲者，應移送少年福利主管機關繼續辦理；執行中滿十二歲者，由原機構續予執行。

第三十一條　依本法第三十七條第一項、第二項施予觀察輔導或輔導教育之兒童，逃離安置之場所或專門機構時，該場所或機構之負責人應立即通知警察機關協尋，並報告當地主管機關。逃離期間不計入觀察輔導或輔導教育期間。

第三十二條　少年法庭依本法第三十八條第一項規定命責付、收容兒童於主管機關或兒童福利機構，或依本法第三十八條第二項規定安置於兒童福利機構或寄養家庭執行感化教育時，得指定觀護人為適當之輔導。觀護人應將輔導或指導結束，定期向少年法庭提出書面報告，並副知主管機關。

第三十三條　主管機關依本法第三十九條第一項規定責由扶養義務人負擔費用時，應填發繳費通知單通知扶養義務人。扶養義務人接獲通知單後，應於三十日內繳內或提出無支付能力之證明申請免繳，逾期未繳納或未提出證明申請免繳者，主管機關應派員調查，並於提出調查報告後，依本法第三十九條第二項規定辦理。

第三十四條 主管機關依本法第四十四條至第五十條規定處罰鍰，應填發處分書，受處分者應於收受處分書後三十日內繳納罰鍰；逾期未繳納者，移送法院強制執行。

主管機關依本法第四十六條規定處接受輔導教育或依本法第四十八條規定處接受親職教育輔導，應填發處分書，受處分者應於指定日期、時間，到達指定場所接受輔導；未申請核准延期而未到達者，視同不接受輔導教育或親職教育輔導。

第三十五條 本法第三十三條第一項營業場所之負責人應於場所入口明顯處，張貼禁止未滿十二歲兒童進入之標誌。

第三十六條 主管機關依本法第四十四條至第四十六條及第五十條之規定公告姓名或機構名稱時，得發布新聞。

第三十七條 第二十三條、第二十七條、第三十三條及第三十四條規定之書表格式，由省（市）主管機關定之。

第三十八條 本細則自發布日施行。

少年福利法

中華民國七十八年一月二十三日
總　統　公　布

第一章　總則

第一條　為增進少年福利，健全少年身心發展，提高父母及監護人對少年之
　　　　責任感特制定本法。

第二條　本法所稱少年，係指十二歲以上未滿十八歲之人。

第三條　少年福利主管機關；在中央為內政部；在省（市）為社會處（局）；
　　　　在縣（市）為縣（市）政府。

第四條　直轄市及縣（市）政府承辦少年福利業務之人數，應按各該直轄市
　　　　及縣（市）居民人口數比例定之，每五十萬人不得低於三人，未滿五十
　　　　萬人者應配置三人。

第五條　各級主管機關為協調、研究、審議、諮詢及推動少年福利，得設少
　　　　年福利促進委員會；其組織規程由中央主管機關定之。

第六條　少年福利經費之來源如下：

　　一、各級政府年度預算及社會福利基金。

　　二、私人或團體捐贈。

第七條　省（市）、縣（市）政府或人民團體得聯合各界舉行勸募少年福利
　　　　金；其勸募及運用辦法，由各該政府定之。

第二章　福利措施

第八條　少年年滿十五歲有進修或就業意願者，主管機關應視其性向及志

願，輔導其進修、接受職業訓練或就業。

雇主對少年員工應提供教育進修機會。

第九條 少年因家庭發生重大變故，致無法生活於其家庭者，其父母、養父母或監護人得申請當地主管機關安置或輔導。

少年之父母、養父母或監護人有下列情形之一或有事實足認有下列各款情形之虞者，當地主管機關應對少年予以適當之保護與安置：

一、虐待。

二、惡意遺棄。

三、押賣。

四、強迫、引誘從事不正當之職業或行為。

五、其他濫用親權行為。

前二項少年之安置，當地主管機關得辦理家庭寄養或設機構收容教養之，並得酌收必要之費用。

主管機關、機構負責人或個人依前三項之規定，安置、輔導、保護、寄養、收容、教養少年之期間，對少年有監護權。

少年之父母離婚者，法院得依職權、少年本人、其父母、檢察官或主管機關之聲請，為少年之利益，酌定適當之監護人，不受民法第一千零九十四條之限制，並得命其父母支付相當費用。

第十條 無謀生能力或在學之少年，無扶養義務人或扶養義務人無力維持其生活者，主管機關應依社會救助有關法令給予生活扶助或醫療補助。

第十一條 少年之父母、養父母或監護人對於主管機關或少年福利機構依本法所為之各項措施，應配合與協助。

第三章　福利機構

第十二條 各級主管機關為辦理少年福利事業，應設少年教養、輔導、服務、育樂及其他福利機構。

對於遭遇不幸之少年應專設收容教養機構；必要時，得聯合設立之。

第十三條 私人或團體設立少年福利機構，應以申請書載明下列事項，申請

當地主管機關許可：

一、名稱及地址。

二、組織性質及規模。

三、業務計畫。

四、經費來源及預算。

五、創辦人姓名、住址及履歷。

前項申請許可後，應層報中央主管機關備案。

第十四條　私人或團體依前條申請設立少年福利機構者，應於主管機關許可後六個月內，辦理財團法人登記。

前項期間，如有正當事由，得申請延長之，期間不得超過三個月。逾期不辦理者，原許可失效。

第十五條　少年福利機構應將年度預、決算書及業務計畫、業務報告書送請主管機關核備。

主管機關對少年福利機構應予輔導、監督、檢查及評鑑。

第十六條　私立少年福利機構，辦理成績優良者，主管機關應予獎助；辦理不善者，應予糾正並通知限期改善，其未於限期內改善或辦理不善情節重大者，得撤銷其許可。

第十七條　少年福利機構之業務，應遴用專業人員辦理之。

第四章　保護

第十八條　少年不得吸菸、飲酒、嚼檳榔。

少年之父母、養父母或監護人應禁止少年吸菸、飲酒、嚼檳榔。菸、酒、檳榔營業之負責人或從業人員，不得供售菸、酒、檳榔予少年吸食。

第十九條　少年不得出入酒家、酒吧、酒館.(店)、舞廳（場）、特種咖啡茶室及其他足以妨害少年身心健康之場所。

少年之父母、養父母或監護人應禁止少年出入前項場所。

第一項場所之負責人或從業人員應拒絕少年出入。

第二十條　少年之父母、養父母或監護人應禁止少年吸食或施打迷幻、麻醉

物品，並應防止少年觀看或閱覽有關暴力、猥褻之錄影帶或書刊。

第二十一條　少年不得充當第十九條第一項場所之侍應或從事其他足以危害或影響身心發展之行為。

少年之父母、養父母或監護人應禁止少年為前項行為。

任何人不得利用、僱用或誘迫少年為第一項之行為。

第二十二條　發現有第九條、第十條、第十八條至第二十一條足以影響少年身心健康之情事者，應通知當地主管機關、警察機關或少年福利機構。

前項警察機關或少年福利機構接獲通知後，應迅即處理，並通知主管機關；處理遭遇困難時，應即交由主管機關處理，並予必要之協助。

少年從事賣淫或營業性猥褻行為者，主管機關接獲通知後，應將少年安置於適當場所，派員觀察輔導二週至一個月，若發現少年有少年事件處理法第三條之情形時，應即移送地方法院少年法庭辦理。

少年法庭調查後，認前項少年不宜責付其法定代理人者，得命責付主管機關或少年福利機構。主管機關認有必要時，得將少年安置於專門機構，施予六個月以上，兩年以上之輔導教育。

受安置之少年患有性病者，應強制治療，其費用必要時得責付其扶養義務人負擔。

第二十三條　父母、養父母或監護人對少年有第九條第二項或第二十一條第三項之行為者，檢察官、少年最近尊親屬、主管機關或少年福利機構，得向法院聲請宣告停止其父母、養父母或監護人之監護權。對於養父母，亦得向法院聲請宣告終止其收養關係。

法院依前項規定選定監護人時，得不受民法第一千零九十四條之限制，而指定主管機關或少年福利機構之負責人或其他適當之人為少年之監護人。

第二十四條　少年有下列情事之一者，經其父母、養父母或監護人申請或同意，由當地主管機關協調適當之少年福利機構予以輔導或保護：

一、違反第二十一條第一項規定不知悔改者。

二、不服教養管理滋生事端者。

三、品行頑劣、浪蕩成性者。

第五章　罰則

第二十五條　菸、酒及檳榔營業之負責人或從業人員供售菸、酒及檳榔予少
年吸食者，處二百元以上二千元以下罰鍰。

第二十六條　少年之父母、養父母或監護人明知少年出入酒家、酒吧、酒館
（店）、舞廳（場）、特種咖啡茶室及其他足以妨害少年身心健康之場
所，不加制止者，處二百元以上一千元以下罰鍰，並公告其姓名。
前項場所之負責人或從業人員，放任少年出入者，處其負責人二千元以
上一萬元以下罰鍰；必要時得勒令其停業、歇業或吊銷執照。

第二十七條　少年之父母、養父母或監護人明知少年吸食或施打迷幻、麻醉
物品而不加制止者，處一千元以上五千元以下罰鍰，並公告其姓名。

第二十八條　少年之父母、養父母或監護人明知少年有第二十一條第一項
之行為不加制止者，處一千元以上五千元以下罰鍰，並公告其姓名。
違反第二十一條第三項規定者，處三千元以上一萬五千元以下罰鍰，並
公告其姓名；其觸犯刑法者，移送司法機關處理。

第二十九條　違反本法之行為，其他法律有較重處罰之規定者，從其規定。

第三十條　依本法所處之罰鍰，經主管機關催繳，仍不繳納時，移送法院強
制執行。

第六章　附則

第三十一條　本法施行細則，由中央主管機關定之。

第三十二條　本法自公布日施行。

少年福利法施行細則

內 政 部 七 十 九 年 八 月 一 日
台(79)內社字第八一二二〇二號令發布

第一條　本細則依少年福利法（以下簡稱本法）第三十一條規定訂定之。

第二條　省（市）、縣（市）政府或人民團體依本法第七條勸募之少年福利
　　　　金，應設專戶保管。

第三條　本法第九條第一項所稱家庭發生重大變故，係指少年家庭有下列
　　　　情形之一者而言：

一、父母離婚、分居或一方遭他方遺棄。

二、父母一方或雙方死亡。

三、父母一方或雙方患報告傳染病或精神疾病。

四、父母一方或雙方犯罪入獄。

五、家庭經濟崩潰。

六、其他重大變故。

前項所列各款情形，由當地主管機關調查認定之，必要時得洽商有關機
關認定之。

第四條　當地主管機關依本法第九條第三項規定安置少年，得依下列順序
　　　　為之：

一、寄養於親屬家庭。

二、寄養於寄養家庭。

三、收容教養於公私立少年收容教養機構。

第五條　寄養家庭標準及其輔導、收費辦法，由省（市）政府定之。

第六條　依本法第九條第三項安置少年所需之生活費、衛生保健費及其他

寄養或收容教養等費用，由少年之父母、養父母或監護人負擔，必要時，得由當地政府酌予補助。

第七條 接受安置之少年，與寄養家庭或收容教養機構間發生失調情況者，由主管機關協調處理之。

第八條 接受安置之少年，主管機關於適當時機，仍應協助其返回家庭。返家後之少年，主管機關仍應派員繼續追蹤輔導。

第九條 少年福利各項措施，應由主管機關與教育、建設、新聞、衛生、職訓、警政及社會福利等有關單位配合推行。

第十條 本法第十二條所定之少年福利機構，各級主管機關得委託或獎勵私人或團體辦理。

第十一條 本法所規定之少年福利機構，其設置標準，由中央主管機關定之。

第十二條 私人或團體贊助少年福利事業捐贈之土地、財務，得相關稅法規定申請減免稅捐。

依本法規定興辦之少年福利事業，得依相關稅法規定申請減免稅捐。

第十三條 公私立少年福利機關接受之捐贈，應專作增進少年福利之用，並每年公開徵信。

第十四條 少年福利機關不得利用其事業為任何不當之宣傳或兼營營利行為。

第十五條 本法第十七條所稱專業人員，係指下列人員：

一、社會工作人員。

二、心理輔導人員。

三、醫師。

四、護理人員。

五、其他有關專業人員。

第十六條 少年福利專業人員，除由大專院校培植外，各級主管機關得委託有關機關、學校選訓，並得舉辦職前或在職訓練。

第十七條 本法第十八條、第十九條規定之營業、場所負責人或從業人員，

對顧客之年齡、身分有疑者，得請其出示身分證明；無身分證明或不出示證明者，應拒絕供售其菸、酒、檳榔吸食，或拒絕其出入該場所。

第十八條 警察機關查獲少年吸菸、飲酒、嚼檳榔及出入足以妨害少年身心健康之場所，情節輕微者，得予以訓誡，通知少年之父母、養父母或監護人領回管教，並副知主管機關。

第十九條 本法第二十二條第一項所稱當地，係指事實發生地而言。

第二十條 當地主管機關處理少年個案，應建立個案資料，必要時，得請少年原戶籍所在地之直轄市或縣（市）政府配合提供資料。

第二十一條 當地主管機關依法處理少年個案後，認為有續予救助、安置、輔導、保護少年之必要者，得移送少年戶籍所在地之主管機關處理。

第二十二條 少年在本法第二十二條第四項規定之輔導教育執行前或執行中滿十八歲者，至多執行至滿二十歲止。

第二十三條 本法第二十二條第四項之專門機構對於安置之少年執行輔導教育六個月以上，認為無繼續執行之必要者，得檢具事證，報請該管主管機關核准免除或停止其執行。該管主管機關並視需要對該少年為適當之安置或輔導。

第二十四條 主管機關依本法第二十五條至第二十八條規定處罰鍰，應填具處分書，受處分人接獲處分書後，應於三十日內繳納罰鍰，逾期未繳納者，該主管機關得以書面催告受處分人於三十日內繳納，逾期仍不繳納者，應依本法第三十條規定移送法院強制執行。

前項處分書及移送法院強制執行移送書之格式，由中央主管機關定之。

第二十五條 主管機關依本法第二十六條第二項規定為勒令停業、歇業或吊銷執照之處分，應通知各該場所之主管機關或相關機關依法辦理。

第二十六條 本細則自發布日施行。

家庭暴力防治法

中華民國八十七年六月二十四日

總統華總㈠義字第八七○○一二二八二○號令公布

第一章　總則

第一條　爲促進家庭和諧，防治家庭暴力行爲及保護被害人權益，特制定本
法。

第二條　本法所稱家庭暴力者，謂家庭成員實施身體或精神上不法侵害之
行爲。

本法所稱家庭暴力罪者，謂家庭成員間故意實施家庭暴力行爲而成立
其他法律所規定之犯罪。

本法所稱騷擾者，謂任何打擾、警告、嘲弄或辱罵他人之言語、動作或
製造使人心生畏怖情境之行爲。

第三條　本法所稱家庭成員，包括下列各員及其未成年子女：

一、配偶或前配偶。

二、現有或曾有事實上之夫妻關係、家長家屬或家屬間關係者。

三、現爲或曾爲直系血親或直系姻親。

四、現爲或曾爲四親等以內之旁系血親或旁系姻親。

第四條　本法所稱主管機關：在中央爲內政部家庭暴力防治委員會；在省
（市）爲省（市）政府；在縣（市）爲縣（市）政府。

第五條　內政部應設立家庭暴力防治委員會，其職掌如下：

一、研擬家庭暴力防治法規及政策。

二、協調、督導及考核有關機關家庭暴力防治事項之執行。

三、提高家庭暴力防治有關機構之服務效能。

四、提供大衆家庭暴力防治教育。

五、協調被害人保護計畫與加害人處遇計畫。

六、協助公、私立機構建立家庭暴力處理程序及推展家庭暴力防治教
　　育。

七、統籌家庭暴力之整體資料，供法官、檢察官、警察人員、醫護人員
　　及其他政府機關相互參酌並對被害人之身分予以保密。

八、協助地方政府推動家庭暴力防治業務並提供輔導及補助。

第六條　家庭暴力防治委員會，以內政部長為主任委員，民間團體代表、學
者及專家之比例不得少於委員總數二分之一。

家庭暴力防治委員會應配置專人分組處理有關業務；其組織規程由中
央主管機關定之。

第七條　各級地方政府得設立家庭暴力防治委員會，其職掌如下：

一、研擬家庭暴力防治法規及政策。

二、協調、督導及考核有關機關家庭暴力防治事項之執行。

三、提高家庭暴力防治有關機構之服務效能。

四、提供大衆家庭暴力防治教育。

五、協調被害人保護計畫與加害人處遇計畫。

六、協助公、私立機構建立家庭暴力處理程序及推展家庭暴力處理程序
　　及推展家庭暴力防治教育。

七、統籌家庭暴力之整體資料，供法官、檢察官、警察人員、醫護人員
　　及其他政府機關相互參酌並對被害人之身分予以保密。

前項家庭暴力防治委員會之組織規程由地方政府定之。

第八條　各級地方政府應各設立家庭暴力防治中心，並結合警政、教育、衛
生、社政、戶政、司法等相關單位，辦理下列措施，以保護被害人之權
益並防止家庭暴力事件之發生：

一、二十四小時電話專線。

二、被害人之心理輔導、職業輔導、住宅輔導、緊急安置與法律扶助。

三、給予被害人二十四小時緊急救援、協助診療、驗傷及取得證據。

四、加害人之追蹤輔導之轉介。

五、被害人與加害人身心治療之轉介。

六、推廣各種教育、訓練與宣傳。

七、其他與家庭暴力有關之措施。

前項中心得單獨設立或與性侵害防治中心合併設立，並應配置社工、警察、醫療及其他相關專業人員；其組織規程由地方主管機關定之。

第二章　民事保護令

第九條　保護令分爲通常保護令及暫時保護令。

被害人、檢察官、警察機關或直轄市、縣（市）主管機關得向法院聲請保護令。

被害人爲未成年人、身心障礙者或因故難以委任代理人者，其法定代理人、三親等以內之血親或姻親，得爲其向法院聲請保護令。

第十條　保護令之聲請，由被害人之住居所地、相對人之住居所地或家庭暴力發生地之法院管轄。

第十一條　保護令之聲請，應以書面爲之。但被害人有受家庭暴力之急迫危險者，檢察官、警察機關、或直轄市、縣（市）主管機關，得以言詞、電信傳眞或其他科技設備傳送之方式聲請，並得於夜間或休息日爲之。

前項聲請得不記載聲請人或被害人之住居所，僅記載其送達處所。

法院爲定管轄權，得調查被害人之住居所。如聲請人或被害人要求保密被害人之住居所，法院應以秘密方式訊問，將該筆錄及相關資料密封，並禁止閱覽。

第十二條　保護令事件之審理不公開。

法院得依職權調查證據，必要時得隔別訊問。

法院於審理終結前，得聽取直轄市、縣（市）主管機關或社會福利機構之意見。

保護令事件不得進行調解或和解。

法院不得以當事人間有其他案件偵查或訴訟繫屬爲由，延緩核發保護令。

第十三條 法院受理通常保護令之聲請後，除有不合法之情形逕以裁定駁回者外，應即行審理程序。

法院於審理終結後，認有家庭暴力之事實且有必要者，應依聲請或依職權核發包括下列一款或數款之通常保護令：

一、禁止相對人對於被害人或其特定家庭成員實施家庭暴力。

二、禁止相對人直接或間接對於被害人爲騷擾、通話、通信或其他非必要之聯絡行爲。

三、命相對人遷出被害人之住居所，必要時並得禁止相對人就該不動產爲處分行爲或其他假處分。

四、命相對人遠離下列場所特定距離；被害人之住居所、學校、工作場所或其他被害人或其特定家庭成員經常出入之特定場所。

五、定汽、機車及其他個人生活上、職業上或教育上必需品之使用權，必要時並得命交付之。

六、定暫時對未成年子女權利義務之行使或負擔由當事人之一方或雙方共同任之、行使或負擔之內容及方法，必要時並得命交付子女。

七、定相對人對未成年子女會面交往之方式，必要時並得禁止會面交往。

八、命相對人給付被害人住居所之租金或被害人及其未成年子女之扶養費。

九、命相對人交付被害人或特定家庭成員之醫療、輔導、庇護所或財物損害等費用。

十、命相對人完成加害人處遇計畫；戒癮治療、精神治療、心理輔導或其他治療、輔導。

十一、命相對人負擔相當之律師費。

十二、命其他保護被害人及其特定家庭成員之必要命令。

第十四條 通常保護令之有效期間爲一年以下，自核發時起生效。

通常保護令失效前，當事人及被害人得聲請法院撤銷、變更或延長之。延長之期間爲一年以下，並以一次爲限。

通常保護令所定之命令，於期間屆滿前經法院另爲裁判確定者，該命令失其效力。

第十五條　法院爲保護被害人，得不經審理程序或於審理終結前，依聲請核發暫時保護令。

法院核發暫時保護令前，得依聲請或依職權核發第十三條第二項第一款至第六款及第十二款之命令。

法院受理第十一條第一項但書之暫時保護令聲請後，依警察人員到庭或電話陳述家庭暴力之事實，有正當理由足認被害人有受家庭暴力之急迫危險者，除有正當事由外，應於四小時內以書面核發暫時保護令，並得以電信傳眞或其他科技設備傳送暫時保護令予警察機關。

聲請人於聲請通常保護令前聲請暫時保護令，其經法院准許核發者，視爲已有通常保護令之聲請。

聲請保護令自核發時起生效，於法院審理終結核發通常保護令或駁回聲請時失其效力。

暫時保護令失效前，法院得依當事人及被害人之聲請或依職權撤銷或變更之。

第十六條　命相對人遷出被害人住居所或遠離被害人之保護令，不因被害人同意相對人不遷出或不遠離而失其效力。

第十七條　保護令除第十五條第三項情形外，應於核發後二十四小時內發送當事人、被害人、警察機關及直轄市、縣（市）主管機關。

直轄市、縣（市）主管機關應登錄各法院所核發之保護令，並隨時供法院、警察機關及其他政府機關查閱。

第十八條　法院應提供被害人或證人安全出庭之環境與措施。

第十九條　關於保護令之裁定，除有特別規定者外，得爲抗告。

保護令之程序，除本章別有規定外，準用非訟事件法有關規定。非訟事件法未規定者，準用民事訴訟法有關規定。

第二十條　保護令之執行，由警察機關爲之。但關金錢給付之保護令，得爲執行名義，向法院聲請強制執行。

警察機關應依保護令，保護被害人至被害人或相對人之住居所，確保其安全占有住居所、汽、機車或其他個人生活上、職業上或教育上必需品。

當事人或利害關係人對於警察機關執行保護令之內容有異議時，得於保護令失效前，向原核發保護令之法院聲明異議。

關於聲明異議之程序，準用強制執行法之規定。

第二十一條　外國法院關於家庭暴力之保護令，經聲請中華民國法院裁定承認後，得執行之。

當事人聲請法院承認之外國法院關於家庭暴力之保護令，有民事訴訟法第四百零二條第一款至第三款所列情形之一者，法院應駁回其聲請。

外國法院關於家庭暴力之保護令，其核發地國對於中華民國法院之保護令不予承認者，法院得駁回其聲請。

第三章　刑事程序

第二十二條　警察人員發現家庭暴力罪或違反保護令罪之現行犯時，應逕行逮捕之，並依刑事訴訟法第九十二條規定處理。

雖非現行犯，但警察人員認其犯家庭暴力罪嫌疑重大，且有繼續侵害家庭成員生命、身體或自由之危險，而符合刑事訴訟法所定之逕行拘提要件者，應逕行拘提之。並即報請檢察官簽發拘票。如檢察官不簽發拘票時，應即將被拘提人釋放。

第二十三條　家庭暴力罪或違反保護令罪之被告經檢察官或法院訊問後，認無羈押之必要，而逕命具保、責付、限制住居或釋放者，得附下列一款或數款條件命被告遵守：

一、禁止實施家庭暴力行爲。

二、命遷出被害人之住居所。

三、禁止對被害人爲直接或間接之騷擾、接觸、通話或其他聯絡行爲。

四、其他保護被害人安全之事項。

檢察官或法院得依當事人之聲請或依職權撤銷或變更依前項所附之條件。

第二十四條　被告違反檢察官或法院依前條第一項規定所附之條件者，檢察官或法院得命撤銷原處分，另為適當之處分；如有繳納保證金者，並得沒入其保證金。

前項情形，偵查中檢察官得聲請法院羈押之；審判中法院得命羈押之。

第二十五條　第二十三條、第二十四條第一項之規定，於羈押中之被告，經法院裁定停止羈押者，準用之。

停止羈押中之被告違反法院依前項規定所附之釋放條件者，法院於認有羈押必要時，得命再執行羈押。

第二十六條　檢察官或法院為第二十三條第一項及前條第一項之附條件處分或裁定時，應以書面為之，並送達於被告及被害人。

第二十七條　警察人員發現被告違反檢察官或法院依第二十三條第一項、第二十五條第一項規定所附之條件者，應即報告檢察官或法院。第二十二條之規定於本條情形準用之。

第二十八條　家庭暴力罪及違反保護令罪之告訴人得委任代理人到場。但檢察官或法院認為必要時，得命本人到場。

對智障被害人或十六歲以下被害人之訊問或詰問，得依聲請或依職權在法庭外為之，或採取適當隔離措施。被害人於本項情形所為之陳述，得為證據。

第二十九條　對於家庭暴力罪或違反保護令罪案件所為之起訴書、不起訴處分書、裁定書或判決書，應送達於被害人。

第三十條　犯家庭暴力罪或違反保護令罪而受緩刑之宣告者，在緩刑期內應付保護管束。法院為前項緩刑宣告時，得命被告於緩刑付保護管束期間內，遵守下列一款或數款事項：

一、禁止實施家庭暴力行為。

二、命遷出被害人之住居所。

三、禁止對被害人為直接或間接之騷擾、接觸、通話或其他聯絡行為。

四、命接受加害人處遇計畫：戒癮治療、精神治療、心理輔導或其他治療、輔導。

五、其他保護被害人或其特定家庭成員安全或更生保護之事項。

法院為第一項之緩刑宣告時，應即通知被害人及其住居所所在地之警察機關。受保護管束人違反第二項保護管束事項情節重大者，撤銷其緩刑之告。

第三十一條 前條之規定，於受刑人經假釋出獄付保護管束者，準用之。

第三十二條 檢察官或法院依第二十三條第一項、第二十五條第一項、第三十條第二項前條規定所附之條件，得指揮司法警察執行之。

第三十三條 有關政府機關應訂定並執行家庭暴力罪或違反保護令罪受刑人之處遇計畫。前項計畫之訂定及執行之相關人員應接受家庭暴力防治教育及訓練。

第三十四條 監獄長官應將家庭暴力或違反保護令罪受刑人預定出獄之日期或脫逃之事實通知被害人。但被害人之所在不明者，不在此限。

第四章　父母子女與和解調解程序

第三十五條 法院依法為未成年子女酌定或改定權利義務之行使或負擔之人時，對已發生家庭暴力者，推定由加害人行使或負擔權利義務不利於該子女。

第三十六條 法院依法為未成年子女酌定或改定權利義務之行使或負擔之人或會面交往之裁判後，發生家庭暴力者，法院得依被害人、未成年子女、主管機關、社會福利機構或其他利害關係人之請求為子女之最佳利益改定之。

第三十七條 法院依法准許家庭暴力加害人會面交往其未成年子女時，應審酌子女及被害人之安全，並得為下列一款或數款命令：

一、命於特定安全場所交付子女。

二、命由第三人或機關團體監督會面交往，並得定會面交往時應遵守之事項。

三、以加害人完成加害人處遇計畫或其他特定輔導為會面交往條件。

四、命加害人負擔監督會面交往費用。

五、禁止過夜會面交往。

六、命加害人出具準時、安全交還子女之保證金。

七、其他保護子女、被害人或其他家庭成員安全之條件。

法院如認有違背前項命令之情形，或准許會面交往無法確保被害人或其子女之安全者，得依聲請或依職權禁止之。如違背前項第六款命令，並得沒入保證金。

法院於必要時，得命有關機關或有關人員保密被害人或子女住居所。

第三十八條 各直轄市及縣（市）政府應設未成年子女會面交往處所或委託辦理。

前項會面交往處所應有受過家庭暴力安全及防制訓練之人員，其設置辦法及監督會面交往與交付子女之程序由各直轄市及縣（市）主管機關另訂之。

第三十九條 法院於訴訟或調解程序中如認為有家庭暴力之情事時，不得進行和解或調解，但有下列情形之一者，不在此限：

一、行和解或調解之人曾受家庭暴力防治之訓練並以確保被害人安全之方式進行和解或調解。

二、准許被害人選定輔助人參與和解或調解。

三、其他行和解或調解之人認為能使被害人免受加害人脅迫之程序。

第五章　預防與治療

第四十條 警察人員處理家庭暴力案件，必要時應採取下列方法保護被害人及防止家庭暴力之發生：

一、於法院核發第十五條第三項之暫時保護令前，在被害人住居所守護或採取其他保護被害人及安全措施。

二、保護被害人及其子女至庇護所或醫療處所。

三、保護被害人至被害人或相對人之住居所，確保其安全占有保護令所

定個人生活上、職業上或教育上之必需品。

四、告知被害人其得行使之權利、救濟途徑及服務措施。

警察人員處理家庭暴力案件,應製作書面紀錄,其格式由中央警政主管機關訂之。

第四十一條 醫事人員、社工人員、臨床心理人員、教育人員、保育人員、警察人員及其他執行家庭暴力防治人員,在執行職務時知有家庭暴力之犯罪嫌疑者,應通報當地主管機關。

前項通報人之身分資料應予保密。

主管機關接獲通報後,必要時得自行或委託其他機關或防治家庭暴力有關機構、團體進行訪視、調查。

主管機關或受其委託之機關、機構或團體進行訪視、調查時,得請求警察、醫療、學校或其他相關機關或機構協助,被請求之機關或機構應予配合。

第四十二條 醫院、診所對於家庭暴力之被害人不得無故拒絕診療及開立驗傷診斷書。

第四十三條 衛生主管機關應擬訂及推廣有關家庭暴力防治之衛生教育宣導計畫。

第四十四條 直轄市及縣(市)政府應製作家庭暴力被害人權益、救濟及服務之書面資料,以供被害人取閱,並提供執業醫師醫療機構及警察機關使用。

醫師在執行業務時,知悉其病人為家庭暴力被害人時,應將前項資料交付病人。

第一項資料不得記明庇護所之住址。

第四十五條 中央衛生主管機關應訂定家庭暴力加害人處遇計畫規範,其內容包括下列各款:

一、處遇計畫之評估標準。

二、司法機關、家庭暴力被害人保護計畫之執行機關(構)、加害人處遇計畫之執行機關(構)間之連繫及評估制度。

三、執行機關（構）之資格。

第四十六條　加害人處遇計畫之執行機關（構）得為下列事項：

一、將加害人接受處遇情事告知被害人及其辯護人。

二、調查加害人在其他機構之處遇資料。

三、將加害人之資料告知司法機關、監獄監務委員會、家庭暴力防治中
　　心及其他有關機構。

加害人處遇計畫之執行機關（構）應將加害人之恐嚇、施暴、不遵守計
畫等行為告知相關機關。

第四十七條　直轄市、縣（市）政府應提供醫療機構及戶政機關家庭暴力防
治之相關資料，俾醫療機構及戶政機關將該相關資料提供新生兒之父
母、住院未成年人之父母、辦理結婚登記之新婚夫妻及辦理出生登記之
人。

前項資料內容應包括家庭暴力對於子女及家庭之影響及家庭暴力之防
治服務。

第四十八條　社會行政主管機關應辦理社工人員及保育人員防治家庭暴力
之在職教育。

警政主管機關應辦理警察人員防治家庭暴力之在職教育。

司法院及法務部應辦理相關司法人員防治家庭暴力之在職教育。

衛生主管機關應辦理或督促相關醫療團體辦理醫護人員防治家庭暴力
之在職教育。

教育主管機關應辦理學校之輔導人員、行政人員、教師及學生防治家庭
暴力之在職教育及學校教育。

第四十九條　各級中小學每學年應有家庭暴力防治課程。

第六章　罰則

第五十條　違反法院依第十三條、第十五條所為之下列裁定者，為本法所稱
之違反保護令罪，處三年以下有期徒刑、拘役或科或併科新臺幣十萬元
以下罰金：

一、禁止實施家庭暴力行為。

二、禁止直接或間接騷擾、接觸、通話或其他聯絡行為。

三、命遷出住居所。

四、遠離住居所、工作場所、學校或其他特定場所。

五、命完成加害人處遇計畫：戒癮治療、精神治療、心理輔導或其他治療、輔導。

第五十一條 違反第四十一條第一項規定者，處新臺幣六千元以上三萬元以下罰鍰。但醫事人員為避免被害人身體緊急危難而違反者，不罰。

違反第四十二條之規定者，處新臺幣六千元以上三萬元以下之罰鍰。

第七章　附則

第五十二條 警察機關執行保護令及處理家庭暴力案件辦法，由主管機關定之。

第五十三條 本法施行細則，由中央主管機關定之。

第五十四條 本法自公布日施行。

第二章至第四章、第五章第四十條、第四十一條、第六章自公布後一年施行。

家庭暴力防治法施行細則

中華民國八十八年六月二十二日

內政部台（八）內字第八八八一○二四號令發布

第一條 本細則依家庭暴力防治法（以下簡稱本法）第五十三條規定訂定
之。

第二條 本法所稱各級地方政府，指直轄市政府及縣（市）政府。

第三條 各級地方政府依本法處理被害人保護相關事務，應以被害人之最
佳利益為優先考量。

第四條 各級地方政府家庭暴力防治中心對於需要職業輔導之被害人，得
將其轉介至當地公立職業訓練或就業服務機構，參加職業訓練或輔導
就業。

第五條 各級地方政府家庭暴力防治中心每半年應邀集當地警政、教育、衛
生、社政、戶政、司法、勞政等相關單位舉行業務協調會報，研議辦理
本法第八條第一項各款措施相關事宜，必要時得召開臨時會議。

第六條 檢察官、警察機關或直轄市、縣（市）主管機關依本法第十一條第
一項但書規定聲請暫時保護令時，應考量被害人有無遭受相對人虐待、
威嚇、傷害或其他身體上、精神上不法侵害之現時危險，或如不核發暫
時保護令，將導致無法回復之損害等情形。

第七條 本法第九條第一項所稱通常保護令，指由法院以終局裁定所核發
之保護令；所稱暫時保護令，指於通常保護令聲請前或法院審理終結
前，法院依本法第十一條第一項但書或第十五條第一項之聲請而核發
之保護令。

第八條 依本法第十一條第一項前段規定以書面聲請保護令者，應記載下

列事項：

一、聲請人非被害人者，其姓名、住居所、送達處所、公務所或事務所
　　及與被害人之關係。

二、被害人之姓名、性別、出生年月日、住居所或送達處所。

三、相對人之姓名、性別、出生年月日、住居所或送達處所及與被害人
　　之關係。

四、有代理人者，其姓名、性別、職業、住居所或事務所、營業所。

五、聲請之意旨及其原因、事實。

六、供證明之或釋明之證據。

七、附件及其件數。

八、法院。

九、年、月、日。

第九條　檢察官、警察機關或直轄市、縣（市）主管機關依本法第十一條第
　　　　一項但書規定以言詞、電信傳真或其他科技設備傳送之方式聲請暫時
　　　　保護令時，應表明前條各款事項，除有特殊情形外，並應以法院之專線
　　　　為之。

第十條　本法第十一條第一項但書規定所稱夜間，為日出前，日沒後；所稱
　　　　休息日，為星期例假日、應放假之紀念日及其他由中央人事主管機關規
　　　　定應放假之日。

第十一條　法院受理本法第十一條第一項但書規定暫時保護令聲請之事
　　　　件，如認現有資料無法審認被害人有受家庭暴力之急迫危險者，得請警
　　　　察人員協助調查。

第十二條　法院受理本法第十一條第一項但書規定暫時保護令聲請之事
　　　　件，得請警察人員電話或到庭陳述家庭暴力之事實，警察人員不得拒
　　　　絕。

第十三條　警察人員依本法第二十七條規定報告檢察官及法院時，應以書
　　　　面為之，並檢具事證及其他相關資料。但情況急迫者，得以言詞、電信
　　　　傳真或其他科技設備傳送之方式報告。

第十四條　家庭暴力罪及違反保護令罪之告訴人依本法第二十八條第一項規定委任代理人到場時，應提出委任書狀。

第十五條　警察人員發現受保護管束人違反本法第三十條第二項於保護管束期間應遵守之事項時，應檢具事證，報告受保護管束人所在地或其最後住所地之地方法院檢察署檢察官。

第十六條　本法第三十三條第一項家庭暴力罪或違反保護令罪受刑人之處遇計畫，由法務部會商行政院衛生署定之。

第十七條　本法第四十一條第一項規定之通報，其方式及內容，由中央主管機關定之。

第十八條　本法所定之罰鍰，由直轄市、縣（市）主管機關處罰之。

第十九條　本細則自發布日施行。

刑法妨害風化章

中華民國八十八年四月二十六日修正施行

第十六章　妨害風化罪

第二百二十一條　對於婦女以強暴、脅迫、藥劑、催眠術或他法，至使不能抗拒而姦淫之者，為強姦罪，處五年以上有期徒刑。

姦淫未滿十四歲之女子以強姦論。前兩項之未遂犯罰之。

第二百二十二條　二人以上犯前條第一項或第二項之罪，而共同輪姦者，處無期徒刑或七年以上有期徒刑。

第二百二十三條　犯強姦罪而故意殺被害人者，處死刑。

第二百二十四條　對於男女以強暴、脅迫、藥劑、催眠術或他法，至使不能抗拒而為猥褻之行為者，處七年以下有期徒刑。對於未滿十四歲之男女為猥褻之行為者，亦同。

第二百二十五條　對於婦女乘其心神喪失或其他相類之情形，不能抗拒，而姦淫之者，處三年以上十年以下有期徒刑。對於男女乘其心神喪失或其他相類之情形，不能抗拒，而為猥褻之行為者，處五年以下有期徒刑。第一項之未遂犯罰之。

第二百二十六條　犯第二百二十一條、第二百二十四條或第二百二十五條之罪，因而致被害人於死者，處無期徒刑或七年以上有期徒刑，致重傷者，處七年以上有期徒刑。因而致被害人羞忿自殺或意圖自殺而至重傷者，處七年以上有期徒刑。

第二百二十七條　姦淫十四歲以上未滿十六歲之女子者，處一年以上七年

以下有期徒刑。

對於十四歲以上未滿十六歲之男女，爲猥褻之行爲者，處五年以下有期
徒刑。

第二百二十八條 對於因親屬、監護、敎養、救濟、公務或業務關係服從自
己監督之人，利用權勢而姦淫或爲猥褻之行爲者，處五年以下有期徒
刑。

第二百二十九條 以詐術使婦女誤信爲自己配偶，而聽從其姦淫者，處三年
以上十年以下有期徒刑。

前項之未遂犯罰之。

第二百三十條 直系或三親等內旁系血親相和姦者，處五年以下有期徒刑。

第二百三十一條 意圖營利，引誘或容留良家婦女，與他人姦淫者，處三年
以下有期徒刑，得併科五百元以下罰金。

意圖營利，使人爲猥褻之行爲者，亦同。

以犯前二項之罪爲常業者，處五年以下有期徒刑，得併科一千元以下罰
金。公務員包庇他人犯前三項之罪者，依各該項之規定加重其刑至二分
之一。

第二百三十二條 對於第二百二十八條所定服從自己監督之人，或夫對於
妻，犯前條第一項之罪者，處五年以下有期徒刑，得併科一千元以下罰
金。

第二百三十三條 引誘未滿十六歲之男女，與他人爲猥褻之行爲或姦淫者，
處五年以下有期徒刑。

第二百三十四條 公然爲猥褻之行爲者，處拘役或一百元以下罰金。

第二百三十五條 散布或販賣猥褻之文字、圖畫或其他物品，或公然陳列，
或以他法供人觀覽者，處一年以下有期徒刑、拘役或科或併科三千元以
下罰金。

意圖散布、販賣而製造、持有前項之文字、圖畫或其他物品者亦同。

前二項之文字、圖畫及物品，不問屬於犯人與否沒收之。

第二百三十六條 第二百二十一條至第二百三十條之罪，爲非告訴乃論。

臺灣地區提供兩性關係服務
之實務機構一覽表

內政部

內政部社會司福利科(婦女)　　02-23565179　北市徐州路5號7樓

臺灣省

省政府社會處婦女福利科　　　049-332308　　南投縣中興新村光華路3號

臺灣省婦女會　　　　　　　　02-23516084　北市重慶南路二段59號2樓

臺灣省婦女保護專線　　　　　080422110

　　　　　　　　　　　　　　080000600

臺北市

臺北市社會局婦女保護中心　02-27062495　北市市府路1號
　(婉如專線)

華明心理輔導中心　　　　　　02-23821885　北市中山北路一段2號8樓

社教館家庭教育服務中心　　　02-27725959　北市八德路三段25號2樓

觀音專線　　　　　　　　　　02-27739695　北市復興南路62號8樓之2

返璞歸真工作坊　　　　　　　02-23639710　北市泰順街26巷36號4樓

婦女展業中心　　　　　　　　02-25058089　北市長安東路二段70號

婦女新知基金會　　　　　　　02-23637929　北市新生南路三段56巷7號2樓

晚晴協會　　　　　　　　　　02-23819769　北市博愛路一巷1號4樓

基督徒救世會(庇護中心)　　　02-27290265　北市基隆路一段432號7樓之4

北市張老師專線　　　　　　　02-27171010　北市敦化北路131號

天主教善牧修女會（庇護中心）	02-29311654	北市文山區福興路82巷1弄11號3樓
基督教勵馨之家（庇護中心）	02-23888595	北市許昌街2號3樓
基督教芥菜種會（庇護中心）	02-25975028	北市雙城街49巷6-21號3樓
北市政府社會局北區婦女福利服務中心（康乃馨專線）	02-25619595 02-25314246	北市錦州街222號3樓
馬偕協談中心	02-25318595	北市中山北路二段92號9樓
北市生命線	02-25059595	北市建國北路二段92號9樓
現代人力潛能開發中心	02-23932226	北市仁愛路二段99號3樓
天主教福利會（庇護中心）	02-23117642	北市中山北路一段2號907室
基督教婦福基金會生活諮詢中心	02-23916644	
美滿家庭服務中心	02-23149663	北市中山北路一段2號822室
廣慈博愛院婦女職業輔導所	02-27282334 02-27282336	北市信義區福德街200號
天主教未婚母親之家	02-23110223	北市中山北路一段2號907室
彩虹事工中心	02-23120003	北市臨沂街58-1號3樓
婦幼衛生中心	02-27056156 02-27056158	北市復興南路一段285號9樓
天主教德蓮之家	02-29311654	北市中山北路一段2號815室
天主教懷仁全人發展中心	02-23117155	北市中山北路一段2號9樓950室
北市現代婦女基金會	02-25060388	北市松江路75-1號11樓
基督教宇宙光輔導中心	02-23627278	北市和平東路二段24號8樓
呂旭立紀念文教基金會	02-23639425	北市辛亥路一段30號2樓
臺灣薩堤爾人文發展中心	02-23639425	北市辛亥路一段30號2樓
友緣社會福利事業基金會	02-27693319	北市南京東路五段59巷30弄18號1樓
臺北市聯合服務中心	02-25219040	北市長安西路39號
士林地方法院	02-28312325	轉服務處

臺北地方法院家事法庭商談室	02-23146871 轉502	北市重慶南路一段118巷17號5樓
各公、私立醫院(和平、仁愛、忠孝、馬偕、長庚……)	可查104	
士林地方法院檢查署	02-28312320	北市士東路190號
醫療諮詢服務協會	02-25319595	北市長安西路84號8樓
諮詢專線王大夫電話醫療	02-28319494	北市石牌路二段201號

警政機構名稱

女警隊(緊急庇護)	02-23045500 02-23061444	
北市刑大女警組	02-23831730	
各轄區派出所	可查104	
北市國民就業輔導中心	02-25971212	北市承德路1017號
北市職業訓練中心	02-25913439	北市士東路301號

臺北縣

北縣婦幼福利中心	02-29688050	板橋市中正路10號社政活動中心4樓
北縣婦女會	02-29651938	板橋市明德街8號
北縣社會局	02-29605111	板橋市中正路10號社政活動中心4樓
北縣安薇未婚媽媽之家	02-26101643	北縣八里鄉長坑口21號

基隆市

基隆市社會局社福科	02-24270611	基隆市義一路1號
社會福利聯合庇護中心	02-24201122 轉280	洽基隆市政府
基隆市婦女會	02-24229727	基隆市信二路157樓底層
基隆市生命線	02-24659595	基隆市東信路282號
基隆市文化家庭教育服務中心	02-24224170	基隆市信一路181號(基隆市立文化中心)
基隆市家扶中心	02-24292084	基隆市信三路8號2-3樓

宜蘭縣

宜蘭縣生命線	039-329955	宜蘭市西門路7巷22-4號5樓
宜蘭縣社會科婦女組	039-355420 轉256、257	宜蘭市舊城南路23號
宜蘭縣政府婦女中心	039-321515	宜蘭市農權路三段11巷5號
天主教蘭陽青年會	039-511161	宜蘭縣羅東鎮北成街113號
宜蘭縣慈懷園	039-331001 039-331002	宜蘭市國榮路1-1號
宜蘭縣婦女福利中心	039-321515 039-351515	宜蘭市農權路3段11巷1號
宜蘭縣婦女會	039-323831	宜蘭市女中路26之8號
宜蘭縣家扶中心	039-322591	宜蘭市女中路17之3號3F之2

桃園縣

桃園縣婦女會	03-3325693	桃園市中山路425巷3號7樓
桃園縣政府社會科	03-3379585	桃園市縣府路1樓
桃園縣生命線	03-3389595	桃園市育樂街42號地下室1樓
中華婦女反共聯合會桃園分會	03-3316300 轉468	桃園市縣府路1號6樓
桃園縣家庭教育服務中心	03-3334885	桃園市縣府路21號
桃園市婦女慈愛服務隊	03-3322900	

新竹市(縣)

新竹市生命線	035-219595	新竹市集賢街3號
新竹市婦女會	035-216765	新竹市中央路112巷2號1樓
社會科福利股	035-216171	新竹市中正路120號
新竹縣生命線	035-969595	新竹縣竹東鎮東林路72號
新竹縣婦女會	035-513105	新竹縣竹北市縣政二路101號
新竹縣政府社會科	035-518101 轉332、337	竹北市光明六路10號
峨眉鄉婦女會	035-800334	峨眉鄉峨眉村峨眉街8鄰之1號

竹東鎮婦女會	035-962354	竹東鎮杞林路2號
五峯鄉婦女會	035-851003	五峯鄉大隘村6鄰88號
湖口鄉婦女會	035-992125	湖口鄉中勢村中興街157號
北埔鄉婦女會	035-802254	北埔鄉南興村城門街54之1號
芎林鄉婦女會	035-922937	芎林鄉文林村文山街231號
新豐鄉婦女會	035-596097	新豐鄉重興村建興路二段657號
北竹婦女會協談中心	035-552074	竹北市竹義村中華路401之1號

苗栗縣

苗栗鄉婦女會	037-270235	苗栗市維公路456號3樓
苗栗縣政府社會科	037-328842 037-321808	苗栗市縣府路100號
苗栗縣生命線	037-266595	苗栗縣長安街新興1號3樓

臺中市

臺中市婦女會李大姊專線	04-2018690	臺中市美德街245號5樓
臺中市生命線	04-2243323	臺中市雙十街一段10-5號3樓
臺中市晚晴協會	04-2018690	臺中市民權路400號3F
臺中市社會局福利課	04-2289111 轉350 04-2288219	臺中市民權路99號
臺中市婦女會	04-2223832	臺中市三民路一段181號

臺中縣

臺中縣社會科婦女組	04-5265864	臺中縣豐原市中興路136號
臺中縣慈光育幼院(庇護中心)	04-2874890	臺中市南港瑞光街9號
臺中縣青少年之家	04-3230660	臺中市西屯路二段200路2F
臺中縣生命線	04-5269595	臺中縣豐原市圓環北路一段355號
臺中縣婦女會	04-5228351	臺中縣豐原市圓環北路一段355號

彰化縣

彰化縣生命線	04-7249595	彰化市中華路176號4樓
彰化縣社會科婦女中心	04-7240248 轉50	彰化市中山路二段416號
私立聖心園(庇護中心)	04-7252566	彰化市民生路20號
彰化縣婦女會	04-7222752	彰化市卦山路6號

雲林縣

雲林縣生命線	05-5329595	雲林縣斗六市莊敬路347巷30弄137號4樓
雲林縣政府社會科	05-5323395	雲林縣斗六市雲林路二段515路
省立斗南教養院	05-5972449	雲林縣斗南鎮忠孝路157號
雲林縣婦女會	05-5322504	雲林縣斗六市文化路6號

南投縣

南投縣生命線	049-339595	南投市大同南街1號
南投縣婦女會	049-222636	南投市龍泉里大同街178號
南投縣社會科工作組	049-222347	南投市中興路660號
南投縣仁愛之家	049-222151 049-220508	南投市民族路573號
南投市家扶中心	049-222080	南投市中興路412巷14號

嘉義市

嘉義市生命線	05-2309595	嘉義市吳鳳南路621巷130弄24號
嘉義市社會科福利課	05-2288420	嘉義市民生北路1號
嘉義市婦女會	05-2379750	嘉義市八德路160號

嘉義縣

嘉義縣生命線	05-2267995	嘉義縣民雄鄉中莊16之13號
嘉義縣社會科福利課	05-3620116	嘉義縣太保市祥和一路1號
嘉義縣婦女會	05-2224360	嘉義市宣信街264號

臺南市

臺南市生命線	06-2209595	臺南市中山路90號914室
臺南市婦女會	06-2939501 06-2639503	臺南市南門路263號2樓
臺南市社會科	06-2262010	臺南市中正路1號
臺南市露晞中心	06-2344009	臺南市勝利路85號2樓

臺南縣

臺南縣政府社會科	06-6322906	臺南縣新營市民治路36號
臺南佛教慈恩婦女會	06-2367088	臺南縣永康鄉勝利村勝利街11 巷10號
臺南縣婦女會	06-6358456	臺南縣新營市公誠街2之1號

高雄縣

高雄縣社會科	07-7473632	鳳山市光復路二段132號
高雄縣婦幼館	07-7466900	鳳山市光復路二段120號
高雄縣婦女會	07-7462287	鳳山市中山東路12號

高雄市

高雄市生命線	07-2319595	高雄市大同一路181-6號9樓
高雄市婦女會	07-2012200 07-2214568	高雄市前金區旺盛街186號
高雄市婦女福利中心	07-7466900	鳳山市光復路二段120號
高雄市晚晴協會	07-3844209	高雄市三民區九如一路458號 12F
高雄市福澤基金會	07-2820153 轉5	高雄市新興區明星街68號
高雄市宏法寺慈恩婦女會	07-2311180	高雄市新興區仁愛　街302號
高雄市立人協會	07-2512775 07-2012023	高雄市前金區中華三路68號 6F
高雄市吳德美婦女工作室	07-8111197	高雄市前鎮區新生路40號
高雄市家庭教育服務中心	07-2212474 07-2311337	高雄市前金區中正路209號4F

高雄市生命線婦女園地	07-2819595	高雄市新興區大同一路181之6號
高雄市基督教家庭協談中心	07-2270303	高雄市民生一路1之22號

屏東縣

屏東縣生命線	08-7369595	屏東市長春街42-1號
屏東縣婦女會	08-7666388	屏東市桂林街38之2號4樓
屏東縣社會科	08-7322721	屏東市自由路527號

花蓮縣

花蓮縣婦女會	038-323301	花蓮市復興街48號
花蓮縣社會科社會課	038-223874	花蓮市府前路17號
花蓮縣生命線	038-339595	花蓮市民國路34號2樓
花蓮縣福愛會	038-523819	花蓮縣吉安鄉南海二街237巷3號
花蓮縣善牧中心	038-328000	花蓮市民權四街1號
花蓮天主教瑪爾大修女會	038-610257	花蓮縣新城鄉博愛路60之1號

臺東縣

臺東縣社會科社會課	089-320172	臺東市中山路276號
臺東縣生命線	089-349595	臺東市更生路338號4樓
臺東縣婦女會	089-323125	臺東市更生路338號
臺東縣仁愛之家	089-227592	臺東市中興路3段549號
臺東美滿家庭服務中心	089-322804	臺東市福建路259號
臺東天主教青年中心	089-328554	臺東市福建路259號
臺東宜灣天主堂	089-871367	臺東縣成功鎮宜灣路107號

澎湖縣

澎湖縣政府社會科	06-9264068	澎湖縣馬公市治平路32號

主要參考書目

一、中文部分

丁大田 (1995)。〈生物學上的女性〉。在江漢聲等主編《性教育》。臺北：性林文化。101–120.

天主教善牧基金會 (1996)。「反對兒童商業化的性剝削世界大會」臺灣地區會前座談會會議資料。

王麗容 (1994)。《婦女與社會政策》。台北：巨流圖書。

王麗容 (1995)。〈婦女福利政策篇〉。在中國國民黨中央婦女工作會編《婦女政策白皮書》。中國國民黨中央婦工會。185–246。

王叢桂 (1996)。《雙生涯家庭工作者家庭承諾與工作價值關係的探討》。行政院國家科學委員會專題研究，計畫編號：NSC–85–2417–H–031–003 G6。

內政部(1996)。〈國際消除貧窮年宣言〉。《社區發展季刊》。第七十六期。158–166.

唐先梅 (1996)。〈個人與家庭管理〉。在黃迺毓等編著《家庭管理》。臺北：國立空中大學。197–222.

古明君 (1996)。《情慾的文化資本與身體馴訓——技職教育體系中青少女的性／情慾》。「性教育、性學、性別暨同性戀研究」國際學術研討會。中央大學性／別研究室。66–79.

江漢聲 (1995)。〈生物學上的男性〉。在江漢聲等主編《性教

育》。臺北：性林文化。81–100.

江漢聲（1996）。〈男女性生理的發育與性教育的重點〉。在陳皎眉等著《兩性關係》。臺北：國立空中大學。93–100.

江漢聲（1996）。〈性與孕〉。在陳皎眉等著《兩性關係》。臺北：國立空中大學。111–130.

朱柔若（1996）。《社會科學研究方法與資料分析》。臺北：揚智文化。

伊慶春（1994）。〈擇偶過程之網路與婚姻關係：對介紹人、婚姻配對、和婚姻滿意度之分析〉。在伊慶春主編《臺灣民眾的社會意向》。臺北：中央研究院。135–178.

李美枝（1994）。〈性別角色與兩性差異〉。《心理學》（修定版）。臺北：國立空中大學。271–290.

李美枝（1996）。〈從兩性親密關係的研究闡釋研究者主體性的位階〉。《中國心理學會通訊》。臺北：中國心理學會。12–26.

李茂興（1995）。《社會心理學》。臺北：揚智文化。

余漢儀（1995）。《兒童虐待──現象檢視與問題反思》。臺北：巨流圖書。

林忠正（1994）。〈家庭理財與金錢遊戲：兼論臺灣與美國家庭理財之比較〉。在伊慶春編《臺灣民眾的社會意向》。179–200.

林美和（1995）。〈婦女教育政策篇〉。在中國國民黨中央婦女工作會編《婦女政策白皮書》。中國國民黨中央婦女工作會。33–100.

林蕙瑛（1995）。〈約會與戀愛〉。在江漢聲等主編《性教育》。臺北：性林文化。147–167.

林蕙瑛（1995）。〈擇偶與婚前準備〉。在江漢聲等主編《性教育》。臺北：性林文化。169–188.

林燕卿（1995）。〈學校性教育〉。在江漢聲等主編《性教育》。臺北：性林文化。439–458.

保成六法全書（1991）。臺北：保成出版。

俞筱鈞（1996）。《適應與心理衛生——人生週期之常態適應》。臺北：揚智文化。

俞筱鈞、郭靜晃、彭淑華(1996)。《學齡前兒童托育之研究》。行政院研究發展考核委員會（委託專案）。

周月清（1995）。《婚姻暴力》。臺北：巨流圖書。

吳芝儀、李奉儒（1996）。《質的評鑑與研究》。臺北：桂冠圖書。

許文耀（1997）。〈青少年自傷行為輔導〉。「教育改革與學校輔導工作」研討會論文。教育部訓育委員會。204-229.

馬尚仁（1996）。《心理學新論》。臺北：揚智文化。

胡幼慧（1996）。《質性研究》。臺北：巨流圖書。

胡幼慧（1996）。《三代同堂——迷思與陷阱》。臺北：巨流圖書。

梁雙蓮（1995）。〈婦女政治參與政策篇〉。在中國國民黨中央婦女工作會編《婦女政策白皮書》。399-464.

徐蓮蔭（1997）。《離婚》。臺北：揚智文化。

晏涵文等（1992）。〈幼稚園至小學六年級、家長及教師對實施性教育內容之需求研究〉。《衛生教育雜誌》。第十三期。中華民國衛生教育學會。446-447.

陳皎眉（1996）。〈青春期的兩性關係〉。在陳皎眉等著《兩性關係》。臺北：國立空中大學。29-62.

陳皎眉（1997）。〈校園中兩性關係輔導〉。「教育改革與學校輔導工作」研討會論文。教育部訓育委員會。108-129.

陳惠馨（1996）。〈婚姻中的兩性關係〉。在陳皎眉等著《兩性關係》。臺北：國立空中大學。183-206.

張欣戊（1990）。〈性別角色的形成〉。在賴保禎等著《發展心理學》。臺北：國立空中大學。205-231.

張君玫 (1996)。《社會科學的理念》。臺北：巨流圖書。

教育部訓育委員會 (1997)。《校園文化與青少年問題──青少年問題的現況分析》。教育部訓育委員會。

彭懷真 (1995)。〈同性戀〉。在江漢聲等編《性教育》。臺北：性林文化。253-270.

彭懷真 (1996)。《婚姻與家庭》。臺北：巨流圖書。

郭玲惠 (1995)。〈婦女婚姻暨家庭權益相關政策〉。在中國國民黨中央婦女工作會編《婦女政策白皮書》。282-398.

郭靜晃、吳幸玲 (1993)。《發展心理學：心理社會理論與實務》。臺北：揚智文化。

張英陣 (1996)。《單親家庭的經濟性協助需求》。「單親家庭福利服務」研討會論文。內政部。1-13.

婦女新知 (1997)。1月號。臺北：現代婦女基金會。

黃富源 (1995)。〈婦女人身安全政策篇〉。在中國國民黨中央婦女工作會編《婦女政策白皮書》。248-280.

黃德祥 (1994)。《青少年發展與輔導》。臺北：五南圖書。

黃瑞祺 (1995)。〈社會批判理論的基礎──哈伯瑪斯學說的旨趣〉。《空大學訊》。第一七〇期。40-54.

曾瑞真、曾玲珉 (1996)。《人際關係與溝通》。臺北：揚智文化。

馮燕 (1996)。《托育服務：生態觀點的分析》。臺北：巨流圖書。

薛琦 (1997)。〈貧窮、就業與社會福利〉。「跨世紀的台灣社會福利發展」研討會論文。國際社會福利協會中華民國總會。1-25.

詹火生 (1995)。〈婦女勞動政策篇〉。在中國國民黨中央婦女工作會編《婦女政策白皮書》。102-147.

劉惠琴 (1996)。〈大學生「分手」行為研究──結構因素與歷程因素〉。講義資料。

劉秀娟 (1995)。《幼兒玩性與社會性遊戲之研究》。中國文化大學兒童福利研究所未發表之碩士論文。

劉秀娟 (1996)。《幼兒玩性與社會遊戲的評量》。臺北：揚智文化。

劉秀娟 (1996)。《家庭暴力》。臺北：揚智文化。

劉秀娟 (1997)。《老年家庭》。臺北：揚智文化。

劉秀娟 (1997)。《幼兒玩性發展之初探──以臺北地區1994－1997年的幼兒資料為例》。未發表之自費研究。

劉秀娟、林明寬 (1996)。《兩性關係》。臺北：揚智文化。

賈馥茗、楊深坑(1993)。《教育學方法論》。臺北：五南圖書。

鄭丞傑 (1995)。〈人類的性反應〉。在江漢聲等編《性教育》。臺北：性林文化。229–252.

鄭淑子 (1992)。〈大學生的性別角色取向、道德雙重標準和異性交往態度之研究〉。《實踐學報》。第二十三期。實踐設計管理學院。55–103.

簡春安 (1997)。《婚姻與家庭》。臺北：國立空中大學。

簡維政(1993)。《青少年性態度及性行為影響因素之研究》。中國文化大學兒童福利研究所未發表之碩士論文。

羅國英 (1996)。《青少年前期的親子關係與同儕關係：其比較及關聯研究》。行政院國家科學委員會專題研究。計畫編號：NSC–85–2413–H–031–001.

羅惠筠、陳秀珍 (1992)。《現代心理學：生活適應與人生成長》。臺北：美亞書版。

電視文化委員會 (1997)。〈拒絕電視性騷擾〉。《電視文化家書》第九十期。臺北：中華文化復興總會。3–7.

謝臥龍 (1996)。《兩性文化與社會》。臺北：心理出版社。

婆婆媽媽遊說團(1996年9月)。〈家務勞動有價值──家庭主婦不是米蟲〉。《婦女新知》第一七二期。臺北：婦女新知基金會。

4–5.

黎曼妮（1989）。《報紙廣告中女性角色的研究——以一九六〇年至一九八九年聯合報廣告爲例》。輔仁大學大眾傳播研究所未發展之碩士論文。

二、外文部分

Adler, T.(1990). Restraint is in style, new sex surverys find. *APA Monitor*. 24.

Ainsworth, M. D. S.(1979). Infant–mother attachment. *American Psychologist, 34*. 932–937.

Allgeier, E. R. (1987). Coercive versus consensual sexual interactions. in V. P. Makosky (Ed.), *The G Stamley Hall Lecture Series, 7*. Washington, DC：American Psychological Association. 7–63.

Allis, S. (1990). What do men really want？*Women：The road ahead* [*special issue of time magazine*]. 80–82.

Alpert–Gillis, L. J., & Connell, J. P. (1989). Gender and sex–role influences on children's self–esteem. *Journal of Personality, 57*. 97–114.

American Association of University Women. (1991). *Shortchanging girls, shortchanging America*. Washington. DC：The Greenberg–Lake Analysis Group.

Anderson, N. S. (1981). Cognition, learning, and momory. In M.A. Baker (Ed.), *Sex differences in human performance*. Chichester：Wiley. 37–54.

Angier, N. (1990). Scientists say gene on Y chromosome makes a man a man. *New York Times*. A1, A9.

Antill, J. K. (1987). Parents' beliefs and values about

sex roles, sex differences, and sexuality : Their sources and implications. In P. Shaver & C. Hendrick (Eds.) , *Sex and gender.* Newbury Park, CA : Sage. 294–328.

Archer, J. (1989) . The relationship between gender –role measures : A review. *British Journal of Social Psychology, 28.* 173–184.

Aries, E. (1987) . Gender and communication. In P. Shaver & C. Hendrick (Eds.) , *Sex and gender.* Newbury Park, CA : Sage. 149–176.

Aries, E. J., & Olver, R. R. (1985) . Sex differences in the development of a separale sense of self during infancy : Directions for future research. *Psychology of Women Quarterly, 9.* 513–531.

Aronson, E., Wilson, T. D., & Akert, R. M. (1994) . *Social psychology : The heart and the mind.* New York : Harper—Collins College Publishers.

Astin, A. W. (1991) . The American freshman : National norms for fall 1990. *Chronicle of Higher Education.* A31.

Austin, A. M. B., Salehi, M., & Leffler, A. (1987) . Gender and developmental differences in children's conversations. *Sex Roles, 16.* 497–510.

Balswick, J. (1988) . *The inexpressive male.* Lexington, MA : Lexington Books.

Barringer, F. (1991) . Changes in U. S. households : Single parents amid soloitude. *New York Times.* A1, A18.

Barth, R. J., & Kinder, B. N. (1988) . A theoretical analysis of sex differences in same—sex friendships. *Sex*

Roles, 19. 349–363.

Basow, S. A. (1986) . Correlates of sex–typing in Fiji. *Psychology of Women Quarterly, 10.* 429–442.

Basow, S. A., & Medcalf, K. L. (1988) . Academic achievement and attributions among college students : Effects of gender and sex typing. *Sex Roles, 19.* 555–567.

Basow, S. A.(1992). *Gender stereotypes and roles(3rd.)* California : Brooks／Cole Publishing Company.

Bem, S. L. (1976) . Probing the promise of androgyny. In A. Kaplan & J. Bean (Eds.) , *Beyond sex role stereo-types : Readings toward a psychology of androgyny.* Boston : Little, Brown. 47–62.

Bem, S. L. (1985) . Androgyny and gender schema theory : A conceptual and empirical integration. In T . B. Sonderegger (Ed.) , *Nebraska Symposium on Motivation, 1984 : Psychology and gender,* Vol.32 Lincoln, NE : University of Nebraska Press. 179–226.

Bem, S. L. (1987) . Gender schema theory and the romantic tradition. In P. Shaver & C. Hendrick (Eds.) , *Sex and gender.* Newbury Park, CA : Sage. 251–271.

Benbow, C. P., & Stanley, J. C. (1980) . Sex differences in mathematical ability : Fact or artifact ? *Science, 210.* 1262–1264.

Benbow, C. P., & Stanley, J. C. (1983) . Sex differences in mathematical reasoning ability : More facts. *Science, 222.* 1029–1031.

Blais, M. R., Vallerand, R. J., Briere, N. M., Gagnon , A., & Pelletier, L. G. (1990) . Singificance structure , and gender differences in life domains of college students. *Sex Roles, 22.* 199–212.

Bogdon, R. C., & Biklen S. K. (1992) . *Qualitative research for education*∶ *An introduction to theory and methods.* Boston∶ Allyn And Bacon.

Brehm, S. S. (1992) . Intimate relationships (2rd.) , New York∶ McGraw–Hill, Inc.

Bronfenbrenner, U. (1974) . Developmental research, public policy and the ecology of childhood. *Child Development, 45.* 1–5.

Bronfenbernner, U. (1977) . Toward and experimental ecology of human development. *American Psychologist, 32.* 513–531.

Burns, A., & Homel, R. (1989) . Gender division of tasks by parents and their children, *Psychology of Women Quarterly, 13.* 113–125.

Cahn, D. D. (1994) . *Conflict in personal relationships,* New Jersey∶ Lawrence Brlbaum Associates , Publishers.

Condry, S. M., Condry, J. C., Jr., & Pogatshnik, L. W. (1983) . Sex differences∶ A study of the ear of the beholder. *Sex Roles, 9.* 697–704.

Cook, A. S., Fritz, J. J., McCornack, B. L., & Visperas, C. (1985) . Early gender differences in the functional usage of language. *Sex Roles, 12.* ·909–915.

Dan, A. J. (1979) . The menstrual cycle and sex–related differences in cognitive variability. In M. A. Witting & A. C. Petersen (Eds.) , *Sex–related differences in cognitive functioning*∶ *Developmental issues.* New York∶ Academic

Press. 241–260.

Daniels, P., & Weingarten, K. (1988) . The fatherhood click : The timing of parenthood in men's lives. In P. Bronstein & C. P. Cowan (Eds.) , *Fatherhood today* : *Men' s changing role in the family.* New York : Wiely. 36–52.

Deaux, K., & Kite, M. E. (1987) . Thinking about gender. In B. B. Hess & M. M. Ferree (Eds.) , *Analyzing gender* : *A handbook of social science research* . Newbury Park, CA : Sage. 92–117.

Denzin, N. K., & Lincoln, Y. S. (1994) . *Handbook of gualitative research.* New Delhi : Sage.

Dey, I. (1993) . *Qualitative data analysis* : *A user–friendly guide for social scientists.* New York : Routledge.

Donenberg, G. R. & Hoffman, L. W. (1988) . Gender differences in moral development. *Sex roles, 18.* 701–717.

Dooley, D. (1984) . *Social research methods.* New Jersey : Prentice–Hall, Inc. (臺北：師大書苑發行及經銷)。

Egaly, A. H., & Kite, M. E. (1987) . Are stereotypes of nationalities applied to both women and men？ *Journal of Personality and Social Psychology, 53.* 451–462.

Ely, M. (1991) . *Doing qualitative vesearch* : *Circles within circles.* New York : The Falmer Press.

Epstein, C. F. (1988) . *Deceptive distinctions* : *Sex, gender and the social order.* New Haven, CT : Yale University Press.

Feeney, J., & Noller, P. (1996) . *Adult Attachment.* New Delhi : Sage.

Fein, R. (1978) . Research on fathering : Social policy,

and an emergent perspective. *Journal of Social Issues, 34* (1). 122–135.

Geer, J. H., & Broussard, D. B. (1990) . Scaling sexual behavior and arousal : Consistency and sex differences. *Journal of Personality and Social Psychology, 58.* 664–671.

Gilligan, C., Lyons, N. P. & Hanmer, T. J. (Eds.) . (1990) . *Making connections : The relational worlds of adolescent girls at Emma Willard School.* Combridge,. MA : Harvard University Press.

Hartup, W. W. (1983) . The peer system. In P. Mussen E. Heatherington(Ed.). *Hardbook of child psychology,* 4(4th ed.) . New York : Wiley. 104–196 .

Hultgren, F. H. (1989). *Alternative modes of inquiry.* American Home Economics Association.

Hill, C. T., & Stull, D. E. (1987) . Gender and self –disclosure : strategies for exploring the issues. In V. J. Derlega & J. H. Berg (Eds.) . *Self–disclosure : Theory, research, and therapy.* New York : Plenum press.

Hyde, J. S., Fennema, E., & Lamon, S. J. (1990) . Gender differences in the mathematics performance : A meta–analysis. *Psychological Bulletin, 107.* 139–155.

Jeffreys, S. (1990) . Eroticizing Women's subordination . In D. Leidholdt & J. G. Raymond (Eds.) . *The sexual liberals and the uttack on feminism.* New York : Pergamon Press. 132–135.

Kelly, H. H. (1983) . *Close relationships,* New York : W. H. Freeman and Company.

Kelly, K. E., Houston, B. K. (1985) . Type a behavior

in employed women : Relation to work, marital, and lei-
sure variables, social support, stress, tension, and health.
Journal of Personality and Social Psychology, 48. 1067
–1079.

Kohlberg, L. (1969) . Stage and sequence : The
cognitive –developmental approach to socialization. In D.
A. Goslin (Ed.) . *Handbook of socialization and research.*
Chicago : Rand McNally. 347–480.

Krueger, R. A. (1994) . *Focus group.* CA : sage.

Kuhn, T. S. (1970) . *The structure of scientific revolu-
tions.* London : The University of Chicago Press.

Layder, D. (1993) . *New strategies in social research :
An introducation and guide.* Cambridge, MA : Policy
Press.

Linn, M. C., & Hyde, J. S. (1989) . Gender, math-
ematics, and science. *Educational Research.* 17–27.

Lynn, D. B. (1979) . *Doughters and parents : Past,
present, and future.* Monterey, CA : Brooks／Cole.

Maccoby, E. E. (1990) . Gender and relationships : A
developmental account. *American Psychologist, 45*. 513–520.

Maccoby, E. E., & Jacklin, C. N. (1974) . *The psychol-
ogy of sex differences.* Stanford, CA : Stanford University
Press.

Major, B., Schmidlin, A. M., & Williams, L. (1990) .
Gender patterns in social touch : The impact of setting
and age. *Journal of Personality and Social Psychology, 58*.
634–643.

Masters, W. H., & Johnson, V. (1996) . *Human sexual*

response. Boston：Little, Brown.

　Miller, C. T. (1984) . Self–schemas, gender, and social comparison：A clarification of the related attributes hypothesis. *Journal of Personality and Social Psychology, 46.* 1222–1229.

　Money, J. (1986) . *Venuses penuese：Sexology, sexosophy, and exigency theory.* Buffalo, NY：Prometheus.

　Money, J. (1988) . *Gay, straight. and in between：The sexology of erotic orientation.* New York：Oxford University Press.

　Money, J., & Ehrhardt, A. A. (1972) . *Man and woman , boy and girl.* Baltimore：Johns Hopkins University Press.

　Muehlenhard, C. L., & Falcon, P. L. (1990) . Men's heterosocial skill and attitudes toward women as predictors of verbal sexual coercion and forceful rape. *Sex Roles, 23.* 241–259.

　Narus, L. R., Jr., & Fischer, J. L. (1982) . Strong but not silent：A reexamination of expressivity in the relationships of men. *Sex Roles, 8.* 159–168.

　Nielsen, J. M. (1990) . *Sex and gender in society：Perspective on stratification* (2nd ed.) . Prospect Heights, IL：Waveland.

　Nearly half of teen girls trying to diet. survey says. (1991, November 11) . *Morning Call.* A7.

　Newman, B. M., & Newman, P. R. (1986). *Development through life：A psychosocial approach.* California：Brooks／Cole.

O'Neil, J. M., & Fishman, D. M. (1986) . Adult men's career transitions and gender-role themes. In Z. Leibowitz & D. Lea (Eds.) , *Adult career development* : *Concepts, issues, and practices*. Alexandria, VA : American Association for Counseling and Development. 132–162.

O'Neil, J. M., Helms B. J., Gable. R. K., David, L., & Wrightsman, L. S. (1986) . Gender-role conflict scale : College men's fear of femininity. *Sex Roles, 14*. 335–350.

Pomerleau, A., Bolduc. D., Malcuit, G., & Cossette, L. (1990) . Pink or bule : Environmental stereotypes in the first two years of life. *Sex Roles, 22*. 359–367.

Quina, K., Wingard, J. A., & Bates, H. G. (1987) . Language style and gender stereotypes in person perception. *Psychology of Women Quarterly, 11*. 111–122.

Rhode, D. L. (1990) . Definitions of difference. In D . L. Rhode(Ed.) , *Theoretical perspectives on sexual difference*. New Haven : Yale University Press. 197–212.

Rose, S., & Frieze, I. H. (1989) . Young singles' scripts for a first date. *Gender and Society, 3*. 258–268.

Rubin, Z., Peplau, L. A., & Hill, C. T. (1981) . Loving and leaving : Sex differences in romantic attachments. *Sex Roles, 7*. 821–835.

Scarr, S., Phillips, D., & McCartney, K. (1990) . Facts, fantasies, and the future of child care in the United States. *Psychological Science, 1*. 26–35.

Scupin, R. (1992) . Anthropological explanations. *Culture anthropology: A global perspective*. New Jersey: Prentice-Hall Inc. 91-104.

Seager, J., & Olson, A. (1986) . *Women in the world* : *An international atlas.* New York : Simon & Schuster.

Shaffer, D. R. (1996) . *Developmental Psychology* : *Childhood and adolescence* (4th ed) . New York : Brooks∕ Cole, and ITP.

Smith, B. (1982) . Racism and women's studies. In G. Hull, P. Scott, & B. Smith (Eds.) , *But some of us are brave.* Old Westbury, NY : Feminist Press. 48–51.

Spodek, B., & Saracho, O. N. (1994) . *Right from the start* : *teaching children age three to eight,* Boston : Allyn and Bacon.

Spradley, J. P. (1980) . *Participant observation.* New York : Holt, Rinehart and Winston.

Sprey–Wessing, T. (1996) . Childhood and preschool education in changing society. Seminar paper. Department of Home Economics of College of Education of National Taiwan Normal Teachers University. R.O.C.

Sprey–Wessing, T. (1996) . Family education∕Family education. center–Parent education. Seminar paper. Department of Home Economics of College of education of National Taiwan Normal Teachers University. R.O.C.

Steinbacher, R., & Gilroy, F. (1990) . Sex selection technology : A prediction of its use and effect. *Journal of Psychology, 124.* 283 288.

Steinbacher, R., & Holmes, H. B. (1987) . Sex choice : Survival and sisterhood. In G. Corea et al. (Eds.) , *Man —made women* : *How new reproductive technologies affect women.* Bloomington : Indiana University Press. 52–63.

Strauss, A., & Corbin, J. (1990) . *Basics of qualitative research* : Grounded theory procedures and techniques. New Delhi : Sage.

Tannen, D. (1990) . *You just don't understand* : *Women and men in conversation.* New York : Morrow.

Thomas, A., & Chess, S. (1977) . *Temperament and development.* New York : Brunner–Mazel.

Tinker, I. (Ed.) . (1990) .*Persistent inequalities* : *Women and world development.* New York : Oxford University Press.

Trotter, R. J. (1983, August) . Baby face. *Psychology Today.* 15–20.

Vandenberg, S. G. (1987) . Differences in mental retardation and their implications for sex differences in ability. In J. M. Reinisch, L. A. Rosenblum, & S. A. Sanders (Eds.) , *Masculinity／femininity* : *Basic perspectives.* New York : Oxford University Press . 157–171.

Van Hasselt, V. B., & Herren, M. (1992) . *Handbook of social development* : *A lifespan perspective.* New York : Plenum Press.

Verbrugge, L. M. (1987) . Role responsibilities, role burdens, and physical health. In F. J. Crosby (Ed.) , *Spouse, parent, worker* : *On gender and multiple roles.* New Haven : Yale University Press. 154–166.

Vollmer, F. (1986) . Why do men have higher expectancy than women？ *Sex Roles, 14.* 351–362.

Watson, P. J., Taylor, D., & Morris, R. J. (1987) . Narcissism, sex roles, and self–functioning. *Sex Roles, 16.*

335–350.

Weisner, T. S., & Wilson–Mitchell, J. E. (1990) . Non-conventional family life–styles and sex typing in 6–year–olds. *Child Development, 61.* 1915–1933.

Whitley, B. E., Jr.(1988a). Masculinity, femininity, and self–esteem：A multitrait–multimethod analysis. *Sex Roles, 18.* 419–432.

Whitley, B. E., Jr. (1990) . The relationship of hetero-sexuals' attributions for the causes of homosexuality to attitudes toward lesbians and gay men. *Personality and Social Psychology Bulletin. 16.* 369–377.

Zilbergeld, B. (1978) . *Male sexuality：A guide to sexual fulfillment.* Boston：Little, Brown.

Zimbardo, P. G., & Weber, A. L. (1994) . *Psychology.* New York：HarperCollins College Publishers.

索　引

F

G

H

I

心理學叢書 27

兩性教育

編 著 者／劉秀娟

出 版 者／揚智文化事業股份有限公司

發 行 人／葉忠賢

總 編 輯／林新倫

登 記 證／局版北市業字第 1117 號

地　　址／台北市新生南路三段 88 號 5 樓之 6

電　　話／2366-0309

傳　　眞／23660310

郵政劃撥／19735365　葉忠賢

網　　址／http：//www.ycrc.com.tw

E-mail／service@ycrc.com.tw

印　　刷／鼎易印刷事業股份有限公司

法律顧問／北辰著作權事務所　蕭雄淋律師

ＩＳＢＮ／957-818-056-X

三版一刷／1999 年 10 月

三版十三刷／2004 年 3 月

定　　價／新台幣 450 元

國家圖書館出版品預行編目資料

兩性教育＝Gender education／劉秀娟編著.
　-- 三版. ---臺北市：揚智文化，1999
　〔民88〕
　　面：　公分. --（心理學叢書；27）
參考書目：面
含索引
ISBN　957-818-056-X（平裝）

1.兩性關係　2.性－教育

544.7　　　　　　　　　　　　　　88012459

心理學叢書

發展心理學

郭靜晃、吳幸玲/譯

本書是以心理社會理論為整合性架構，並據此
來探討個體發展的各個層面。最後論述個體在
不同階段連續的相互作用，和在這階段與其他
發展階段的相互經驗之重要性。

心理學《合訂本》

郭靜晃/等著

心理學是一門以科學為基礎的學科，又與其他行為科學，如哲學、精神醫學、社會學等息息相關。心理學的目的乃在於瞭解自己，進而提升發揮人類潛能，使人更有自信、愛心來幫助個人生活的成長及提高生活的品質。本書在內容上採取學術與實用相互並重的原則，除了介紹心理學的理論外，也加諸了本土化的研究結果，針對心理學領域再做一深入淺出的説明。

組織行為《精華版》

李茂興 /等譯

本書涵蓋了學術界普遍認定屬於組織行為的核心主題，並納入了大量的文化比較資料，從地域性觀點，探討不同國家與不同文化的組織行為之異同。

諮商與心理治療的理論與實務

李茂興/譯

本書的內容是對九大諮商與心理治療方法，作全面性探討與評價。其旨在闡釋當代各治療學派的理論概要與實務操作，並突顯諮商領域中的幾項基本議題。

諮商與心理治療的理論與實務 ——學習手冊

李茂興/譯

本學習手冊為搭配《諮商與心理治療的理論與實務》〔原文第五版〕而設計。旨在促進學子掌握諮商理論的精髓與治療實務的學習。內容包括各種測驗、討論問題及個案範例等。

團體諮商的理論與實務

張景然、吳芝儀/譯

本書概述了團體歷程的基本要素，介紹了團體治療中特有的倫理和專業的種種問題，並對十種有關團體諮商研究之主要概念和技術方法進行了綜合概述。

生涯發展的理論與實務

吳芝儀/譯

本書係為有志於從事有效生涯規劃的人，提供有關個人生涯發展、生涯選擇與決定的一些主要論點，同時為各個學習階段的生涯規劃，提出具體可行的協助策略和步驟。

人際關係與溝通

曾端真/等譯

本書針對現代人冷默疏離的人際關係，予以技巧性的分析與示列，詳細說明溝通的情境、技巧與種類，並且明白地指陳現代人應如何學習與運用語言與非語言的溝通，達成有效的人際溝通。

人際傳播

沈慧聲/譯

本書在介紹人際互動間的關係，旨在說明人與人之間互動的模式，以及互動後的行為反應。其中包括友誼、親情與愛情等的人際互動應有的反應與模式，更將人際傳播視為各項傳播中的重頭戲。

人際溝通

李燕、李浦群/譯

本書深入思考人們如何溝通,如何與
人建立人際關係,並透過生動的練習
及參與,來幫助人們增加溝通能力,
以使人們可以應用這些新發現的知識
來擴增其人際溝通能力。

人格理論

陳正文/等譯

丁興祥/校閱

本書詳述各著名之心理學家,如佛
洛伊德、榮格等背景及其理論的發
展與形成,並針對各著名心理學家
所提出的理論、人性觀、衡鑑方法
,以及實徵研究,進行討論並提供
理論評價。

人格心理學

林宗鴻/譯

本書內容除了闡釋人格之定義、人格
研究之方法等外,亦涵蓋了各學派之
心理學說。眾多心理學大師之人物介
紹及設計了許多專欄穿插其間,更為
本書增添特色。

家庭叢書

家庭暴力

劉秀娟/譯

本書最大的特色是作者透過學理的
角度來分析一般人對暴力的不當詮
釋與看法，並且引證真實的案例與
實徵研究來澄清暴力的內涵，進而
探究處遇及預防策略。此外，對發
生在家庭中各種親密關係的暴力，
均加以分析探究，同時也涵蓋了青
少年的約會暴力。

教育部兩性平等教育委員會性侵害防治小組特別推薦